중학

전국 시·도교육청 주관 **영어듣기능력평가 실전 대비서**

영어듣기
능력평가
완벽대비

|중2|

듣기평가 MP3
바로듣기 & 다운로드

⬇ 정답과 해설 및 듣기 MP3 파일은 EBS 중학사이트(mid.ebs.co.kr)에서 다운로드 받으실 수 있습니다.

| 교 재 내 용 문 의 | 교재 내용 문의는 EBS 중학사이트
(mid.ebs.co.kr)의 교재 Q&A 서비스를
활용하시기 바랍니다. | 교 재 정 오 표 공 지 | 발행 이후 발견된 정오 사항을 EBS 중학사이트
정오표 코너에서 알려 드립니다.
교재 검색 → 교재 선택 → 정오표 | 교 재 정 정 신 청 | 공지된 정오 내용 외에 발견된 정오 사항이
있다면 EBS 중학사이트를 통해 알려 주세요.
교재 검색 → 교재 선택 → 교재 Q&A |

효과가 상상 이상입니다.

예전에는 아이들의 어휘 학습을 위해 학습지를 만들어 주기도 했는데,
이제는 이 교재가 있으니 어휘 학습 고민은 해결되었습니다.
아이들에게 아침 자율 활동으로 할 것을 제안하였는데,
"선생님, 더 풀어도 되나요?"라는 모습을 보면,
아이들의 기초 학습 습관 형성에도 큰 도움이 되고 있다고 생각합니다.

ㄷ초등학교 안OO 선생님

어휘 공부의 힘을 느꼈습니다.

학습에 자신감이 없던 학생도 이미 배운 어휘가 수업에 나왔을 때 반가워합니다.
어휘를 먼저 학습하면서 흥미도가 높아지고
동기 부여가 되는 것을 보면서 어휘 공부의 힘을 느꼈습니다.

ㅂ학교 김OO 선생님

학생들 스스로 뿌듯해해요.

처음에는 어휘 학습을 따로 한다는 것 자체가 부담스러워했지만,
공부하는 내용에 대해 이해도가 높아지는 경험을 하면서
스스로 뿌듯해하는 모습을 볼 수 있었습니다.

ㅅ초등학교 손OO 선생님

앞으로도 활용할 계획입니다.

학생들에게 확인 문제의 수준이 너무 어렵지 않으면서도
교과서에 나오는 낱말의 뜻을 확실하게 배울 수 있었고,
주요 학습 내용과 관련 있는 낱말의 뜻과 용례를
정확하게 공부할 수 있어서 효과적이었습니다.

ㅅ초등학교 지OO 선생님

학교 선생님들이 확인한
어휘가 문해력이다의 학습 효과!
직접 경험해 보세요

학기별 교과서 어휘 완전 학습
<어휘가 문해력이다>
—— 예비 초등 ~ 중학 3학년 ——

중학

전국 시·도교육청 주관 **영어듣기능력평가 실전 대비서**

영어듣기
능력평가
완벽대비

| 중2 |

차 례

강	페이지

Educational Broadcasting System

Contents

강	페이지

듣기
MP3
파일

이 책의 구성 및 특징

EBS <중학 영어듣기능력평가 완벽대비> 교재는 '전국 시·도교육청 주관 영어듣기능력평가' 실전대비서로서, 문항을 통해 이해 능력을 점검하며 의사소통 능력을 향상시키고자 하였다. 각 회별 세부 구성과 특징은 다음과 같다.

영어듣기능력평가

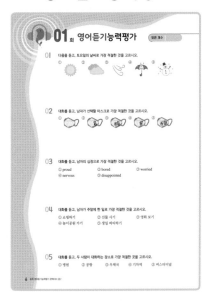

Dictation

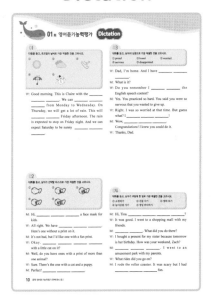

쉬어가기 페이지

영어듣기능력평가 섹션

총 12회의 실제 영어듣기능력평가와 같은 테스트로 구성하였다. 전국 16개 시·도 교육청 공동 주관 영어듣기능력평가의 기출 유형 및 출제 가능성이 높은 신유형의 문제들을 포함하고 있다.

Dictation 섹션

받아쓰기 활동과 더불어 듣기평가 문제를 미니 문제로 제시하였다. 영어의 연음 현상, 발음이 비슷하여 혼동하기 쉬운 단어 혹은 해당 듣기평가 문제 풀이에 필요한 주요 표현 등에 빈칸을 두어, 듣기에 집중하며 복습할 수 있도록 하였다.

Fun with Comics 섹션

네 컷 만화로 구성한 Fun with Comics는 단어 그대로의 의미를 해석하는 것으로는 잘 이해가 되지 않는 어구(idiom)나 생활영어에서 유용한 표현, 잘못 쓰면 오해를 할 수 있는 표현을 재미있는 대화 상황 속에서 습득하도록 하였다.

How to Listen 섹션

영어의 다양한 연음 규칙, 억양, 혼동하기 쉬운 발음 등 듣기 능력 향상에 도움이 될 정보를 제공하였다. Mini Check-up 문제를 이용하여 배운 내용을 바로 점검하는 활동이 되도록 하였다.

이 책의 효과적인 활용법

본 방송 교재를 효과적으로 활용하기 위해서는 다음과 같은 점에 유의하여 학습에 충실을 기하도록 한다.

1 나만의 계획을 세우고 지속적으로 실천하라!

영어의 네 가지 영역(듣기, 말하기, 읽기, 쓰기) 중 특히 '듣기' 영역의 경우 지속적으로 학습하지 않으면 그 능력을 향상시키기 쉽지 않다. 따라서 나만의 계획(일간, 주간, 월간)을 세우고 규칙적이고 지속적으로 학습해야 한다. 또한 이 교재를 12회까지 딱 한 번 풀어보는 것으로 끝내지 않고 추후 2~3회 지속적으로 복습한다면, 실전에서 어떤 유형의 문제가 나오든 당황하지 않고 쉽게 풀 수 있을 것이다.

2 [문제풀이]→[강좌시청]→[어휘학습]→[받아쓰기]의 4단계로 학습하라!

본 교재의 학습을 위해 <EBS 중학> 사이트에서 음원 파일을 다운로드 받을 수 있고 해설 강좌를 시청할 수도 있다. [1단계] 음원 파일을 이용해서 1번부터 20번까지 집중해서 풀어본다. [2단계] 강좌 시청을 통해 문항별 해설을 확인하며, 특히 틀린 문제에 대한 설명은 반복해서 듣는다. [3단계] 교재의 정답과 해설이나 영어 사전을 이용하여 몰랐던 어휘를 학습한다. [4단계] 음원 파일을 다시 들으면서 교재의 Dictation 부분의 빈칸을 채우고 주요 표현을 복습한다.

3 실전에 임하는 자세로 도전하라!

<전국 16개 시·도교육청 공동 주관 영어듣기능력평가>는 약 20분 정도의 시간을 집중해서 듣고 풀어야 하는 시험이기 때문에, 평소 실전에 임하듯이 연습하지 않으면 실제 시험 현장에서 집중력을 잃기 쉽다. 따라서 본 교재를 학습할 때 위에서 설명한 4단계 학습 중 [문제풀이] 단계에서는 20문제를 처음부터 끝까지 중간에 끊지 않고 풀어보는 훈련을 하는 것이 실전에 큰 도움이 된다.

4 문제 유형별 접근 비법을 공략하라!

중학교 듣기 영역 성취기준은 일상생활이나 친숙한 일반적 주제에 관한 말 혹은 대화를 듣고 그 흐름을 이해하며 중심 내용이나 세부 정보를 파악하는 능력을 기르는 데 있다. 본 교재에는 이 성취기준과 최근 영어듣기능력평가 기출문제들을 분석하여 듣기 문제의 유형별 해결 방법을 자세하게 실었기 때문에, 매회 문제를 풀면서 유형별로 최적화된 문제 풀이 전략을 연습한다면 실제 시험에 어떤 유형의 문제가 나오더라도 쉽게 해결할 수 있을 것이다.

01 다음을 듣고, 토요일의 날씨로 가장 적절한 것을 고르시오.

① 　② 　③ 　④ 　⑤

02 대화를 듣고, 남자가 선택할 마스크로 가장 적절한 것을 고르시오.

① 　② 　③ 　④ 　⑤

03 대화를 듣고, 남자의 심정으로 가장 적절한 것을 고르시오.

① proud　　　② bored　　　③ worried
④ nervous　　⑤ disappointed

04 대화를 듣고, 남자가 주말에 한 일로 가장 적절한 것을 고르시오.

① 쇼핑하기　　② 선물 사기　　③ 영화 보기
④ 놀이공원 가기　⑤ 생일 파티하기

05 대화를 듣고, 두 사람이 대화하는 장소로 가장 적절한 곳을 고르시오.

① 병원　　② 공항　　③ 우체국　　④ 기차역　　⑤ 버스터미널

06 대화를 듣고, 여자의 마지막 말의 의도로 가장 적절한 것을 고르시오.

① 조언　　　② 사과　　　③ 실망　　　④ 거절　　　⑤ 비난

07 대화를 듣고, 여자가 가져오고 싶어 하는 물건으로 가장 적절한 것을 고르시오.

① 안경　　　② 우산　　　③ 필통　　　④ 청바지　　　⑤ 운동화

08 대화를 듣고, 여자가 대화 직후에 할 일로 가장 적절한 것을 고르시오.

① 전화하기　　　　② 선물 사기　　　　③ 편지 쓰기
④ 꽃 주문하기　　　⑤ 식당 예약하기

09 대화를 듣고, 남자가 현장학습에 대해 언급하지 <u>않은</u> 것을 고르시오.

① 날짜　　　　② 장소　　　　③ 집합 시간
④ 준비물　　　⑤ 복장

10 다음을 듣고, 남자가 하는 말의 내용으로 가장 적절한 것을 고르시오.

① 온라인 예절　　　② 운동의 중요성　　　③ 도서관 이용 규칙
④ 불면증 해결 방법　⑤ 다이어트의 위험성

1 대화를 듣고, 식당에 대한 내용과 일치하지 <u>않는</u> 것을 고르시오.

① 음식이 맛있다.
② 가격이 적당하다.
③ 종업원이 친절하다.
④ 음식이 따뜻하게 나온다.
⑤ 대기 시간이 길지 않다.

2 대화를 듣고, 남자가 전화를 건 목적으로 가장 적절한 것을 고르시오.

① 농구 경기 관람권을 예매하기 위해서
② 학부모 회의 불참을 통보하기 위해서
③ 농구장 소음에 대해 항의하기 위해서
④ 아들의 전학 절차를 물어보기 위해서
⑤ 농구 코트 이용에 대해 문의하기 위해서

3 대화를 듣고, 여자가 지불해야 할 금액으로 가장 적절한 것을 고르시오.

① $35   ② $45   ③ $50   ④ $80   ⑤ $85

4 대화를 듣고, 두 사람의 관계로 가장 적절한 것을 고르시오.

① 아빠 – 딸   ② 작가 – 독자   ③ 의사 – 환자
④ 교사 – 학생   ⑤ 기자 – 과학자

5 대화를 듣고, 남자가 여자에게 제안한 일로 가장 적절한 것을 고르시오.

① 충분히 자기   ② 옷 갈아입기   ③ 더 일찍 일어나기
④ 침대 정리하기   ⑤ 학교 일찍 가기

16 대화를 듣고, 남자가 다시 도서관에 가는 이유로 가장 적절한 것을 고르시오.

① 책을 빌리기 위해서　　　　　② 학생증을 찾기 위해서
③ 봉사활동을 하기 위해서　　　④ 시험공부를 하기 위해서
⑤ 프린터를 사용하기 위해서

17 다음 그림의 상황에 가장 적절한 대화를 고르시오.

①　　　　②　　　　③　　　　④　　　　⑤

18 다음을 듣고, 여자가 비행에 대해 언급하지 <u>않은</u> 것을 고르시오.

① 비행기 편명　　　② 소요 시간　　　③ 출발지
④ 도착지　　　　　⑤ 날씨

19~20 대화를 듣고, 남자의 마지막 말에 이어질 여자의 말로 가장 적절한 것을 고르시오.

19 Woman: _____

① I prefer pizza.　　　　　　② Let's order pizza.
③ That's a great idea.　　　　④ The delivery is not free.
⑤ How about ordering it now?

20 Woman: _____

① No. My favorite color is red.
② I'm sure he will help you a lot.
③ I'd like to buy a new backpack.
④ Sure. You just need to show the receipt.
⑤ I'm sorry, but I don't want a blue backpack.

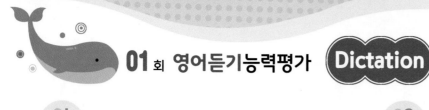

01

다음을 듣고, 토요일의 날씨로 가장 적절한 것을 고르시오.

① ② ③
④ ⑤

W: Good morning. This is Claire with the _____ _____ _____. We can _____ _____ _____ from Monday to Wednesday. On Thursday, we will get a lot of rain. This will _____ _____ Friday afternoon. The rain is expected to stop on Friday night. And we can expect Saturday to be sunny _____ _____ _____.

02

대화를 듣고, 남자가 선택할 마스크로 가장 적절한 것을 고르시오.

① ② ③
④ ⑤

M: Hi, _____ _____ _____ a face mask for kids.

W: All right. We have _____ _____ _____. Here's one without a print on it.

M: It's not bad, but I'd like one with a fun print.

W: Okay. _____ _____ _____ _____ _____ with a little cat on it?

M: Well, do you have ones with a print of more than one animal?

W: Sure. There's the one with a cat and a puppy.

M: Perfect! _____ _____ _____.

03

대화를 듣고, 남자의 심정으로 가장 적절한 것을 고르시오.

① proud　　② bored　　③ worried
④ nervous　　⑤ disappointed

W: Dad, I'm home. And I have _____ _____ _____.

M: What is it?

W: Do you remember I _____ _____ the English speech contest?

M: Yes. You practiced so hard. You said you were so nervous that you wanted to give up.

W: Right. I was so worried at that time. But guess what? I _____ _____ _____!

M: Wow, _____ _____ _____. Congratulations! I knew you could do it.

W: Thanks, Dad.

04

대화를 듣고, 남자가 주말에 한 일로 가장 적절한 것을 고르시오.

① 쇼핑하기　　② 선물 사기　　③ 영화 보기
④ 놀이공원 가기　　⑤ 생일 파티하기

M: Hi, Tina. _____ _____ _____ _____?

W: It was good. I went to a shopping mall with my friends.

M: _____ _____. What did you do there?

W: I bought a present for my sister because tomorrow is her birthday. How was your weekend, Zach?

M: _____ _____ _____. I went to an amusement park with my parents.

W: What rides did you go on?

M: I rode the roller coaster. It was scary but I had _____ _____ _____ fun.

05

대화를 듣고, 두 사람이 대화하는 장소로 가장 적절한 곳을 고르시오.
① 병원　　　　② 공항　　　　③ 우체국
④ 기차역　　　⑤ 버스터미널

W: Hi. _____ _____ _____ _____?
M: Yeah. I just landed, and I realized that I left my smartphone on the plane. Can I go inside and get it?
W: No, you're not _____ _____ _____ _____ on the plane.
M: Then what should I do?
W: _____ _____ _____ your seat number.
M: My seat number is 13C.
W: Okay. I'll call a staff member and ask them to _____ _____ your smartphone.

07

대화를 듣고, 여자가 가져오고 싶어 하는 물건으로 가장 적절한 것을 고르시오.
① 안경　　　　② 우산　　　　③ 필통
④ 청바지　　　⑤ 운동화

M: Did you hear the news? Our class is _____ _____ _____ _____ this Wednesday.
W: What is it?
M: Our teacher said we're going to have a _____ _____ _____.
W: A flea market? I don't know what that is.
M: We _____ _____ _____ that we don't use like umbrellas or pencil cases. Then we sell them _____ _____ _____.
W: Oh, I see. Can I bring in anything that I want? I'd like to bring in my sneakers.
M: Sure.

06

대화를 듣고, 여자의 마지막 말의 의도로 가장 적절한 것을 고르시오.
① 조언　　　　② 사과　　　　③ 실망
④ 거절　　　　⑤ 비난

W: George, _____ _____ _____ _____ _____ on Friday?
M: Yes, I do. I'm going to go to the movies with Eric.
W: _____ _____. What movie are you going to watch?
M: We _____ _____ _____. We're checking the top movies showing now.
W: I heard that there are a lot of good movies. I hope you two have a great time.
M: Thanks. Do you want to come with us?
W: _____ _____ _____, _____ _____ _____.

08

대화를 듣고, 여자가 대화 직후에 할 일로 가장 적절한 것을 고르시오.
① 전화하기　　② 선물 사기　　③ 편지 쓰기
④ 꽃 주문하기　⑤ 식당 예약하기

W: Tomorrow is my dad's birthday. I want to do _____ _____ _____ him. Do you have any good ideas?
M: Hmm. What about writing him a letter?
W: My brother's already doing that.
M: Then, _____ _____ making folded paper flowers for him?
W: That sounds great. But _____ _____ _____ _____.
M: Emily's good at folding paper flowers. What about _____ _____ _____ _____ you?
W: Okay, I'll call her now.

09

대화를 듣고, 남자가 현장학습에 대해 언급하지 않은 것을 고르시오.
① 날짜   ② 장소   ③ 집합 시간
④ 준비물   ⑤ 복장

M: Mom, May 14th is the _____ _____ _____ _____.

W: Oh, it's next Friday. Where are you going?

M: We're going to the National History Museum.

W: You _____ _____ very excited. What do you have to bring?

M: The teacher said we need to bring some water and an umbrella.

W: Okay. _____ _____ _____ _____ wear your school uniform on that day?

M: No. We can wear anything we want. I'm _____ _____ _____ wearing my new jacket!

10

다음을 듣고, 남자가 하는 말의 내용으로 가장 적절한 것을 고르시오.
① 온라인 예절   ② 운동의 중요성   ③ 도서관 이용 규칙
④ 불면증 해결 방법   ⑤ 다이어트의 위험성

M: Today, I'd like to talk about the _____ _____ _____. There are several reasons why you should exercise regularly. First, it can _____ _____ _____ and weight gain. Second, it can help keep your bones strong. Third, it can _____ _____ _____ better. For these reasons, exercise is good for your health. Try to _____ _____ _____ _____ of exercising.

11

대화를 듣고, 식당에 대한 내용과 일치하지 않는 것을 고르시오.
① 음식이 맛있다.
② 가격이 적당하다.
③ 종업원이 친절하다.
④ 음식이 따뜻하게 나온다.
⑤ 대기 시간이 길지 않다.

W: Minho, _____ _____ _____ _____ the restaurant that newly opened?

M: You mean the one next to the hospital? I've _____ _____ there.

W: Oh, how was it?

M: The food was delicious, and the prices were good, too.

W: _____ _____ the service?

M: The waiters were really kind, and the food was served hot. But there were so many customers that I had to wait over an hour.

W: I see. Actually, I'm _____ _____ there this weekend. Thanks.

12

대화를 듣고, 남자가 전화를 건 목적으로 가장 적절한 것을 고르시오.
① 농구 경기 관람권을 예매하기 위해서
② 학부모 회의 불참을 통보하기 위해서
③ 농구장 소음에 대해 항의하기 위해서
④ 아들의 전학 절차를 물어보기 위해서
⑤ 농구 코트 이용에 대해 문의하기 위해서

[Telephone rings.]

W: Hello, *Jefferson Middle School*. _____ _____ _____ _____ _____ _____?

M: Hi. My son attends your school. And I just have a quick question.

W: Okay. What's your question?

M: Can my son and I use the school basketball court _____ _____ _____ _____?

W: Sure. The court isn't open to the public during the weekdays, but it's _____ _____ _____ _____ during the weekend.

M: _____ _____. Thank you.

W: You're very welcome.

13

대화를 듣고, 여자가 지불해야 할 금액으로 가장 적절한 것을 고르시오.

① $35 ② $45 ③ $50
④ $80 ⑤ $85

W: Excuse me. I'd like to buy a shirt.

M: Okay. _____ _____ _____ _____ some of our shirts. Here's this black one. It's 35 dollars.

W: Great. I like it. Do you have _____ _____ _____ _____, too? I want to buy a pair with the shirt.

M: Sure. This pair is 50 dollars. But you _____ _____ _____ _____.

W: So they're 45 dollars?

M: Right. So you'll pay 80 dollars _____ _____.

W: Great. I'll take them.

14

대화를 듣고, 두 사람의 관계로 가장 적절한 것을 고르시오.

① 아빠 – 딸 ② 작가 – 독자 ③ 의사 – 환자
④ 교사 – 학생 ⑤ 기자 – 과학자

M: What's wrong, Julie? You look sad.

W: Hi, Mr. Williams. I _____ _____ _____ with Nina in science class. She's not talking to me.

M: That's too bad. Do you want to _____ _____ _____ her?

W: Yes. What should I do?

M: What about writing a letter to her?

W: That's _____ _____ _____. I'll try that. Thank you, Mr. Williams.

M: You're welcome. You and Nina are my best students. I hope you'll _____ _____ _____ each other.

15

대화를 듣고, 남자가 여자에게 제안한 일로 가장 적절한 것을 고르시오.

① 충분히 자기 ② 옷 갈아입기 ③ 더 일찍 일어나기
④ 침대 정리하기 ⑤ 학교 일찍 가기

W: I'm so hungry.

M: Didn't you _____ _____ today?

W: No, I never have breakfast because I'm always busy in the morning.

M: What time do you usually wake up?

W: I wake up at 8. Then I _____ _____ _____, wash my face, get dressed, and run to school.

M: _____ _____ _____ wake up earlier? Skipping breakfast isn't _____ _____ _____.

W: You're right. I'll do that. Thanks.

16

대화를 듣고, 남자가 다시 도서관에 가는 이유로 가장 적절한 것을 고르시오.

① 책을 빌리기 위해서
② 학생증을 찾기 위해서
③ 봉사활동을 하기 위해서
④ 시험공부를 하기 위해서
⑤ 프린터를 사용하기 위해서

W: Brian, _____ _____ _____ _____?

M: The library. I have to get there quickly.

W: Why are you going there again? You told me you went there yesterday.

M: I did. I _____ _____ _____ _____ yesterday, but I left my student ID card there. I'm worried that someone took it.

W: You don't _____ _____ _____ _____ it. The librarian most likely has your ID card.

M: _____ _____ _____. I'm sorry, but I really have to get going.

W: Okay. Bye.

01회 영어듣기능력평가 **Dictation**

17

다음 그림의 상황에 가장 적절한 대화를 고르시오.

① ② ③ ④ ⑤

① W: I broke my finger yesterday.
   M: I'm _____ _____ _____ _____.
② W: Why do you buy books online?
   M: Because it's _____ _____ buying them at a bookstore.
③ W: What does your mother do?
   M: She is an author. She writes books for children.
④ W: _____ _____ _____ _____ _____ you to get to school?
   M: It usually takes 30 minutes.
⑤ W: Can you _____ _____ _____ _____?
   M: Of course. Let me open the door.

18

다음을 듣고, 여자가 비행에 대해 언급하지 않은 것을 고르시오.
① 비행기 편명   ② 소요 시간   ③ 출발지
④ 도착지   ⑤ 날씨

W: Good morning, passengers. This is your _____ _____. I'd like to welcome everyone on flight OE357. We're _____ _____ _____ _____. It'll take about _____ _____ _____ _____ _____ to get to Jeju Airport. The weather in Jeju is nice. Please just _____ _____, relax, and enjoy the flight. Thank you.

19~20 대화를 듣고, 남자의 마지막 말에 이어질 여자의 말로 가장 적절한 것을 고르시오.

19

Woman: _____
① I prefer pizza.
② Let's order pizza.
③ That's a great idea.
④ The delivery is not free.
⑤ How about ordering it now?

M: _____ _____ _____ _____ to have for dinner today?
W: Maybe we can order pizza. What do you think?
M: Well, I _____ _____ _____ something spicy today.
W: Okay. I like spicy food, too.
M: Then let's order *ddeokbokki*.
W: Oh, we have all the _____ _____ *ddeokbokki* in our refrigerator.
M: Sounds nice. Then _____ _____ _____ make it together?

20

Woman: _____
① No. My favorite color is red.
② I'm sure he will help you a lot.
③ I'd like to buy a new backpack.
④ Sure. You just need to show the receipt.
⑤ I'm sorry, but I don't want a blue backpack.

W: Good morning. _____ _____ _____ for you?
M: I'm looking for a backpack for my son. _____ _____ _____ one?
W: Sure. How about this blue one with a big front pocket?
M: Hmm. His old backpack was blue. He'd like a _____ _____.
W: What about this red one? It's our most popular backpack.
M: It looks good. I'll take it. _____ _____ _____ _____ for another one if my son doesn't like it?

Fun with Comics

Funny? Fun?

 Tip 위 만화에서 여학생은 왜 기분이 나빠졌을까요? 우리가 영어로 사람의 성격을 묘사할 때 '재미있다'는 의미로 funny라는 표현을 쓰는 실수를 하는 경우가 있습니다. funny는 '우스꽝스러운, 웃긴'의 의미로 듣기에 따라서는 기분이 나쁠 수도 있는 말입니다. 따라서 위의 경우 '재미있다'는 의미를 표현하려면 interesting이나 fun을 써야 합니다. 또한 소개팅은 blind date, 소개팅에서 남녀를 소개시켜 주는 것은 fix A up with B(A를 B와 소개시켜 주다)라고 표현하는 것도 함께 알아두세요.

 # How to Listen

자음 / s /, / z / 뒤에 you, your가 따라오면 각각 / ʃ /, / ʒ /로 바뀌어 소리가 난다.

 Listening Practice

/ s / + / y / → / ʃ /
ex. I'll miss your smile.

/ z / + / y / → / ʒ /
ex. Where is your phone?

Mini Check-up

다음 주어진 발음이 나는 곳에 연음 표시를 하시오.

1. I'll pass you the ball. / ʃ /
2. You'll freeze your toes. / ʒ /
3. Can I use your computer? / ʒ /
4. Let me guess your answer. / ʃ /

01 다음을 듣고, 서울의 날씨로 가장 적절한 것을 고르시오.

①  ②   ③   ④   ⑤

02 대화를 듣고, 두 사람이 구입할 티셔츠로 가장 적절한 것을 고르시오.

①  ②   ③   ④   ⑤

03 대화를 듣고, 남자의 심정으로 가장 적절한 것을 고르시오.

① upset　　② proud　　③ bored　　④ scared　　⑤ excited

04 대화를 듣고, 여자가 주말에 한 일로 가장 적절한 것을 고르시오.

① 책 읽기　　　　② 영화 보기　　　　③ 강의 수강하기
④ 봉사활동 하기　　⑤ 시험 공부하기

05 대화를 듣고, 두 사람이 대화하는 장소로 가장 적절한 곳을 고르시오.

① 버스　　② 지하철　　③ 경찰서　　④ 쇼핑몰　　⑤ 분실물 센터

06 대화를 듣고, 여자의 마지막 말의 의도로 가장 적절한 것을 고르시오.

① 조언   ② 거절   ③ 감사   ④ 허가   ⑤ 초대

07 대화를 듣고, 여자가 살 물건으로 가장 적절한 것을 고르시오.

① 기타   ② 풍선   ③ 폭죽   ④ 케이크   ⑤ 음료수

08 대화를 듣고, 두 사람이 대화 직후에 할 일로 가장 적절한 것을 고르시오.

① 중고 거래하기   ② 인터넷 검색하기   ③ 친구에게 물어보기
④ 수리점에 전화하기   ⑤ 새 카메라 구입하기

09 대화를 듣고, 남자가 자신의 친구에 대해 언급하지 <u>않은</u> 것을 고르시오.

① 이름   ② 사는 곳   ③ 성격
④ 장래 희망   ⑤ 좋아하는 음식

10 다음을 듣고, 여자가 하는 말의 내용으로 가장 적절한 것을 고르시오.

① 온라인 쇼핑의 장점
② 좋은 전화번호 만들기
③ 웹사이트 회원 가입 절차
④ 비밀번호가 유출되는 이유
⑤ 강력한 비밀번호를 만드는 방법

11 대화를 듣고, 남자가 추천해준 노트북에 대한 내용과 일치하지 <u>않는</u> 것을 고르시오.

① 세일 중이다.
② 4가지 색깔이 있다.
③ 가장 가벼운 모델이다.
④ 터치스크린을 가지고 있다.
⑤ 스크린이 가장 큰 모델이다.

12 대화를 듣고, 남자가 전화를 건 목적으로 가장 적절한 것을 고르시오.

① 내일 날씨가 어떤지 묻기 위해서
② 우산을 골라달라고 요청하기 위해서
③ 학교에 함께 갈 것을 제안하기 위해서
④ 폭우로 학교가 휴교함을 알리기 위해서
⑤ 비가 오니 데리러 와달라고 말하기 위해서

13 대화를 듣고, 남자가 지불해야 할 금액으로 가장 적절한 것을 고르시오.

① $18 ② $20 ③ $36 ④ $40 ⑤ $50

14 대화를 듣고, 두 사람의 관계로 가장 적절한 것을 고르시오.

① 교사 – 학생 ② 종업원 – 손님 ③ 승무원 – 승객
④ 가수 – 리포터 ⑤ 자동차 정비사 – 고객

15 대화를 듣고, 남자가 여자에게 제안한 일로 가장 적절한 것을 고르시오.

① 약 먹이기 ② 차가운 물 주기 ③ 수의사에게 가기
④ 잠 많이 재우기 ⑤ 집안 온도 올리기

16 대화를 듣고, 여자가 교무실에 가는 이유로 가장 적절한 것을 고르시오.

① 반성문을 쓰기 위해서   ② 선생님께 사과하기 위해서
③ 선생님과 상담하기 위해서   ④ 모르는 것을 질문하기 위해서
⑤ 과학 숙제를 제출하기 위해서

17 다음 그림의 상황에 가장 적절한 대화를 고르시오.

①   ②   ③   ④   ⑤

18 다음을 듣고, *Hana Central Park*에 대해 언급하지 <u>않은</u> 것을 고르시오.

① 규모   ② 개장 연도   ③ 위치   ④ 개방 시간   ⑤ 입장료

19~20 대화를 듣고, 남자의 마지막 말에 이어질 여자의 말로 가장 적절한 것을 고르시오.

19 Woman: _____

① Thank you.   ② I like steak.
③ Enjoy your meal.   ④ Well done, please.
⑤ That sounds great.

20 Woman: _____

① Yes, I am hungry.
② I want to go swimming, too.
③ No, she lives on the third floor.
④ No, you're not allowed to do that.
⑤ Yes, we can raise a bird at home.

01

다음을 듣고, 서울의 날씨로 가장 적절한 것을 고르시오.

① ② ③ ④ ⑤

W: Here's today's weather forecast _____ _____ _____. In New York, there will be heavy rain. So don't forget your umbrella. In Paris, the _____ _____ _____ below zero. And there will be a lot of snow. So _____ _____ when driving. In Seoul, it'll be sunny and clear. There's no chance of rain, so _____ _____ _____ wear sunglasses when you go outside.

02

대화를 듣고, 두 사람이 구입할 티셔츠로 가장 적절한 것을 고르시오.

① ② ③ ④ cute ⑤ special

M: Look at these T-shirts. _____ _____ _____ _____ for Jacob?

W: I like this one with a teddy bear. It is so cute.

M: Yeah, but he already has a T-shirt with a teddy bear print.

W: Okay. Then _____ _____ _____ _____ with a dinosaur?

M: Not bad. But I think this one's better. It has an English word on it.

W: It has 'special' _____ _____ _____. It's cool. Jacob will like it, too.

M: _____ _____ _____.

W: Okay.

03

대화를 듣고, 남자의 심정으로 가장 적절한 것을 고르시오.

① upset   ② proud   ③ bored
④ scared   ⑤ excited

W: Minsu, what are you going to do _____ _____ _____?

M: I'm going to go to Canada with my parents.

W: That _____ _____. How long are you going to be there?

M: We're staying there for one month. So it's _____ _____ _____ really experience Canadian culture.

W: Right. Sounds like fun. Please show me pictures of your trip later.

M: Okay, I will. I can't wait to go there.

W: I hope you _____ _____ _____.

04

대화를 듣고, 여자가 주말에 한 일로 가장 적절한 것을 고르시오.

① 책 읽기   ② 영화 보기   ③ 강의 수강하기
④ 봉사활동 하기   ⑤ 시험 공부하기

W: Good morning, Tom. How was your weekend?

M: It was good. I went to _____ _____ _____ with my dad. How about you?

W: I went to the library with Jimin.

M: Did you study for your _____ _____?

W: No. We volunteered there. We cleaned up the study room and arranged books _____ _____ _____.

M: How nice of you! You must be a little tired today.

W: I am but _____ _____ _____.

05

대화를 듣고, 두 사람이 대화하는 장소로 가장 적절한 곳을 고르시오.
① 버스　　　　② 지하철　　　　③ 경찰서
④ 쇼핑몰　　　⑤ 분실물 센터

W: Hi. _____ _____ _____ _____ _____?

M: I left my Bluetooth earphones on the subway last night. Were there any earphones found?

W: Yes. _____ _____ are they?

M: They are purple.

W: _____ _____ _____. *[pause]* We have three pairs of purple earphones. Can you describe yours in more detail?

M: There's a big scratch on the left one, and I wrote my name on them, John.

W: These must be yours. _____ _____ _____.

06

대화를 듣고, 여자의 마지막 말의 의도로 가장 적절한 것을 고르시오.
① 조언　　　　② 거절　　　　③ 감사
④ 허가　　　　⑤ 초대

W: Alex, what's wrong? You don't _____ _____ _____.

M: I'm stressed out _____ _____ my science grade.

W: But you always study really hard. Aren't you satisfied with your grade?

M: _____ _____ _____. I study all day long, but my grades aren't that good.

W: Have you talked about that with your teacher?

M: No, I haven't. Should I?

W: Yeah. You should learn _____ _____ _____ from your teacher first.

07

대화를 듣고, 여자가 살 물건으로 가장 적절한 것을 고르시오.
① 기타　　　　② 풍선　　　　③ 폭죽
④ 케이크　　　⑤ 음료수

M: Tomorrow is Parents' Day. Let's _____ _____ _____ _____ for Mom and Dad.

W: That's a great idea. _____ _____ _____ _____?

M: Let's decorate the living room with some balloons. And let me sing them a song.

W: Okay. What song?

M: Actually, I _____ _____ _____ for them. I'll play the guitar and sing it.

W: All right. Then I'll _____ _____ _____ and decorate the living room.

M: I'm so excited. They'll be so surprised.

08

대화를 듣고, 두 사람이 대화 직후에 할 일로 가장 적절한 것을 고르시오.
① 중고 거래하기　　② 인터넷 검색하기　　③ 친구에게 물어보기
④ 수리점에 전화하기　⑤ 새 카메라 구입하기

M: Hey, Susie. How are you?

W: _____ _____. I dropped my camera in some water this morning.

M: Oh, that's too bad. Did you quickly _____ _____ _____?

W: Yes, I did. But my camera is not working at all. It won't even _____ _____.

M: I think you should visit a camera repair shop.

W: _____ _____ _____ where one is?

M: No, I don't. Let's look it up on the Internet right now.

09

대화를 듣고, 남자가 자신의 친구에 대해 언급하지 않은 것을 고르시오.
① 이름 　　② 사는 곳 　　③ 성격
④ 장래 희망 　　⑤ 좋아하는 음식

M: Mom, I _____ _____ _____ _____,
　 Jenny, in my art club. Can I invite her over to our
　 house tomorrow?

W: Of course. Where does she live?

M: She lives near our house. It's _____ _____
　 the post office.

W: I see. _____ _____ _____ _____?

M: She's really active and outgoing. Everyone in the
　 club likes her.

W: She _____ _____. Do you know what food
　 she likes? I want to make something nice for her.

M: She likes *bibimbap*. Thanks, Mom.

10

다음을 듣고, 여자가 하는 말의 내용으로 가장 적절한 것을 고르시오.
① 온라인 쇼핑의 장점
② 좋은 전화번호 만들기
③ 웹사이트 회원 가입 절차
④ 비밀번호가 유출되는 이유
⑤ 강력한 비밀번호를 만드는 방법

W: Do you want to make a strong password? _____
　 _____ _____ _____ you can follow.
　 First, mix letters and numbers. Second, _____
　 _____ together. Third, make the password at
　 least 12 characters long. The more characters it
　 has, the better it is. Fourth, _____ _____
　 _____ your birthday or phone number. Dictaion
　 _____ _____ _____ when you make a
　 password.

11

대화를 듣고, 남자가 추천해준 노트북에 대한 내용과 일치하지 <u>않는</u> 것을 고르시오.
① 세일 중이다.
② 4가지 색깔이 있다.
③ 가장 가벼운 모델이다.
④ 터치스크린을 가지고 있다.
⑤ 스크린이 가장 큰 모델이다.

W: Hello. I'd like to buy a laptop. _____ _____
　 _____ one?

M: Sure. What about this one? It's _____ _____.

W: It looks nice. What features does it have?

M: It comes in four colors. And this model is lighter
　 than _____ _____ _____. It's only 1.2
　 kilograms.

W: I like it. Does it have a touch screen?

M: Yes, it does. And it has _____ _____
　 _____ screen of all the models.

W: Great. I'll take it.

12

대화를 듣고, 남자가 전화를 건 목적으로 가장 적절한 것을 고르시오.
① 내일 날씨가 어떤지 묻기 위해서
② 우산을 골라달라고 요청하기 위해서
③ 학교에 함께 갈 것을 제안하기 위해서
④ 폭우로 학교가 휴교함을 알리기 위해서
⑤ 비가 오니 데리러 와달라고 말하기 위해서

[Cellphone rings.]

W: Hello.

M: Mom! It's me. I'm _____ _____ _____
　 home now, but it's raining really hard.

W: Really? I didn't know that.

M: It just suddenly _____ _____. I didn't bring
　 my umbrella.

W: I see. What do you want me to do?

M: Can you come _____ _____ _____? I'm
　 at school. I'll be here.

W: Okay. I'll _____ _____ in 15 minutes.

M: Thanks, Mom.

13

대화를 듣고, 남자가 지불해야 할 금액으로 가장 적절한 것을 고르시오.

① $18 ② $20 ③ $36
④ $40 ⑤ $50

W: How was the food today?

M: It was great. The steak was _____ _____.

W: Glad you liked it. So you had a steak and _____ _____ _____ chicken soup. That'll be 36 dollars.

M: I also had _____ _____ _____ cheesecake.

W: Oh, right. You ordered a dessert, too. Then your total is 40 dollars.

M: Okay. _____ _____ _____, can I use this birthday discount coupon?

W: Oh, sure. You get 50% off, so it's 20 dollars.

14

대화를 듣고, 두 사람의 관계로 가장 적절한 것을 고르시오.

① 교사 - 학생 ② 종업원 - 손님 ③ 승무원 - 승객
④ 가수 - 리포터 ⑤ 자동차 정비사 - 고객

W: Excuse me, sir. We're going to land soon. You need to _____ _____ _____.

M: I see. What should I do?

W: Please _____ _____ _____ _____.

M: Oh, I forgot I wasn't wearing it. _____ _____ should I do?

W: Could you please put up the window shade, too?

M: Sure. _____ _____ _____ we arrive at the airport?

W: Around 20 minutes, sir.

M: Thank you.

15

대화를 듣고, 남자가 여자에게 제안한 일로 가장 적절한 것을 고르시오.

① 약 먹이기 ② 차가운 물 주기 ③ 수의사에게 가기
④ 잠 많이 재우기 ⑤ 집안 온도 올리기

M: Bomi, what's the matter? _____ _____ _____.

W: My dog is sick. He won't eat anything. He just sleeps all day.

M: Oh, did you give him some warm water? I heard that drinking warm water _____ _____ _____ sick dogs.

W: I already tried that, but it didn't work. _____ _____ _____ _____ I should do?

M: What about going to the vet? I'm sure an animal doctor can help.

W: Okay. Thanks for your suggestion.

M: I hope he will _____ _____ _____.

16

대화를 듣고, 여자가 교무실에 가는 이유로 가장 적절한 것을 고르시오.

① 반성문을 쓰기 위해서
② 선생님께 사과하기 위해서
③ 선생님과 상담하기 위해서
④ 모르는 것을 질문하기 위해서
⑤ 과학 숙제를 제출하기 위해서

M: Sally, where are you going?

W: I'm going to the teachers' office.

M: Why? Is there _____ _____?

W: Yes. During English class, my teacher caught me doing my science homework.

M: You're _____ _____ _____ do that, Sally. You should _____ _____ your English teacher.

W: I know. That's why I'm going to the teachers' office. I'll tell her I'm sorry.

M: I'm sure she'll _____ _____.

17

다음 그림의 상황에 가장 적절한 대화를 고르시오.

① ② ③ ④ ⑤

① M: _____ _____ is this book?

　W: It's 10 dollars.

② M: Why were you _____ _____ _____?

　W: I woke up late so I missed the bus.

③ M: Excuse me. _____ _____ _____ _____ I sit here?

　W: Of course not. Go ahead.

④ M: What do you want to be in the future?

　W: I want to be a librarian.

⑤ M: What are you interested in?

　W: I'm _____ _____ playing sports.

18

다음을 듣고, *Hana Central Park*에 대해 언급하지 <u>않은</u> 것을 고르시오.

① 규모　　　② 개장 연도　　　③ 위치
④ 개방 시간　　　⑤ 입장료

M: Hello, everyone. _____ _____ _____ _____ *Hana Central Park*? The park opened in 2008. It's _____ _____ 42nd Avenue near city hall. The park is open every day from 8 a.m. to 6 p.m. The _____ _____ is $5 for adults and $3 for children. If you have _____ _____ _____ the park, please visit our website. Thank you.

19~20 대화를 듣고, 남자의 마지막 말에 이어질 여자의 말로 가장 적절한 것을 고르시오.

19

Woman: _____
① Thank you.
② I like steak.
③ Enjoy your meal.
④ Well done, please.
⑤ That sounds great.

M: Hello. _____ _____ _____ to order?

W: No, I'm not. I can't decide _____ _____ _____. What are your specials for today?

M: We have steak, tomato spaghetti, and chicken salad.

W: All right. I'd like to have a chicken salad.

M: Okay. Would you like _____ _____?

W: Yes. I'd like to have steak, too.

M: Great. _____ _____ _____ _____ your steak?

20

Woman: _____
① Yes, I am hungry.
② I want to go swimming, too.
③ No, she lives on the third floor.
④ No, you're not allowed to do that.
⑤ Yes, we can raise a bird at home.

W: _____ _____ _____ _____ riding the ferry? Do you like it?

M: Yes, I love it, Mom. It's so fun. Thanks for taking me on it.

W: _____ _____. I wanted you to experience something new.

M: _____ _____ _____ _____, too? People are going outside on the second floor.

W: Of course. _____ _____ _____ _____.

M: Great! I want to give some snacks to the birds. Can I feed them?

Fun with Comics

A running machine? A treadmill!

Tip 우리말로 running machine이라고 부르는 운동기구를 영어로는 treadmill이라고 합니다. 따라서 '나는 러닝머신 위에서 운동을 했다.'라는 표현은 'I ran on a treadmill.'입니다. 운동을 하는 헬스클럽은 영어로 health club이라기보다는 gym이나 fitness center라고 표현하는 경우가 훨씬 더 많습니다.

How to Listen

동사의 규칙변화 과거형(-ed)은 단어가 p, f, k 등으로 끝날 때는 /t/로, t나 d로 끝날 때는 /ɪd/로, 그 밖에는 /d/로 발음된다.

 Listening Practice

-(e)d /t/	help − helped talk − talked
-(e)d /ɪd/	rest − rested visit − visited
-(e)d /d/	travel − traveled stay − stayed

Mini **Check-up**

다음 단어들의 과거형의 발음이 어디에 해당하는지 알맞은 곳에 넣어 봅시다.

close   happen   like   need   rent   drop

-(e)d /t/	-(e)d /ɪd/	-(e)d /d/
1.	3.	5.
2.	4.	6.

01 다음을 듣고, 일요일 오후의 날씨로 가장 적절한 것을 고르시오.

①   ②   ③   ④   ⑤

02 대화를 듣고, 여자가 그린 그림으로 가장 적절한 것을 고르시오.

①  ②   ③

④   ⑤

03 대화를 듣고, 남자의 심정으로 가장 적절한 것을 고르시오.

① shy   ② relaxed   ③ pleased
④ satisfied   ⑤ disappointed

04 대화를 듣고, 여자가 어제 한 일로 가장 적절한 것을 고르시오.

① 친구와 놀기   ② 악기 연습하기   ③ 영어 학원 가기
④ 친구 숙제 도와주기   ⑤ 바이올린 대회 참가하기

05 대화를 듣고, 두 사람이 대화하는 장소로 가장 적절한 곳을 고르시오.

① 학교   ② 박물관   ③ 영화관   ④ 도서관   ⑤ 우체국

06 대화를 듣고, 여자의 마지막 말의 의도로 가장 적절한 것을 고르시오.

① 동의   ② 반대   ③ 제안   ④ 부탁   ⑤ 추천

07 대화를 듣고, 남자가 가지고 가야 하는 물건으로 가장 적절한 것을 고르시오.

① 튜브   ② 수건   ③ 슬리퍼   ④ 수영복   ⑤ 비상약품

08 대화를 듣고, 두 사람이 대화 직후에 할 일로 가장 적절한 것을 고르시오.

① 자전거 타기   ② 자전거 고치기   ③ 인터넷 쇼핑하기
④ 기상청에 전화하기   ⑤ 앱으로 날씨 확인하기

09 대화를 듣고, 여자가 팝송 대회에 대해 언급하지 <u>않은</u> 것을 고르시오.

① 개최 날짜   ② 참가비   ③ 우승 상품   ④ 신청 방법   ⑤ 신청 기한

10 다음을 듣고, 남자가 하는 말의 내용으로 가장 적절한 것을 고르시오.

① 축구 규칙 설명   ② 대회 참가 홍보   ③ 축하 파티 안내
④ 동아리 가입 권유   ⑤ 체육관 폐쇄 공지

11 대화를 듣고, 미술관에 대한 내용과 일치하지 <u>않는</u> 것을 고르시오.

① 새로운 미술 작품이 매우 인기 있다.
② 이번 달에는 예약이 꽉 찼다.
③ 국경일을 포함하여 매일 문을 연다.
④ 오전 9시에 열고 오후 5시에 닫는다.
⑤ 20명 이상 방문 시 단체 할인이 있다.

12 대화를 듣고, 여자가 전화를 건 목적으로 가장 적절한 것을 고르시오.

① 예약을 취소하기 위해서
② 예약 시간을 변경하기 위해서
③ 회의 일정을 조정하기 위해서
④ 진료 시간을 물어보기 위해서
⑤ 진료비에 대해 문의하기 위해서

13 대화를 듣고, 현재 시각으로 가장 적절한 것을 고르시오.

① 11:00　　② 11:30　　③ 12:00　　④ 12:30　　⑤ 1:00

14 대화를 듣고, 두 사람의 관계로 가장 적절한 것을 고르시오.

① 경찰관 – 운전자　　② 택시 기사 – 승객　　③ 공항 직원 – 여행객
④ 여행사 직원 – 손님　　⑤ 매표소 직원 – 고객

15 대화를 듣고, 여자가 남자에게 부탁한 일로 가장 적절한 것을 고르시오.

① 가족 사진 찍기　　② 사진 프린트하기　　③ 종이에 풀칠하기
④ 영어 숙제 제출하기　　⑤ 가족 소개 글 쓰기

16 대화를 듣고, 여자가 학교에 결석한 이유로 가장 적절한 것을 고르시오.

① 몸이 아파서   ② 할머니 댁에 가서

③ 통학 버스를 놓쳐서   ④ 할아버지가 아프셔서

⑤ 부모님 일을 도와야 해서

17 다음 그림의 상황에 가장 적절한 대화를 고르시오.

①   ②   ③   ④   ⑤

18 다음을 듣고, 여자가 마술 공연에 대해 언급하지 <u>않은</u> 것을 고르시오.

① 입장료   ② 시작 시각   ③ 공연 목적   ④ 공연 장소   ⑤ 좌석 수

19~20 대화를 듣고, 남자의 마지막 말에 이어질 여자의 말로 가장 적절한 것을 고르시오.

19 Woman: _____

① Yes, I like it.   ② Of course, I can.

③ I broke the window.   ④ A window seat, please.

⑤ Can you open the window?

20 Woman: _____

① What a great idea!   ② No, I don't like dogs.

③ I'm sorry to hear that.   ④ Because it is very safe.

⑤ I'm going to stay at a hotel.

01

다음을 듣고, 일요일 오후의 날씨로 가장 적절한 것을 고르시오.

① ② ③
④ ⑤

M: This is the _____ _____ for the weekend. We've had long _____ _____ from Monday to Friday. But, tomorrow, on Saturday, the rain will stop and we'll have _____ _____ _____ skies. It'll be a great day for a picnic. On Sunday morning, it'll still be sunny. But in the afternoon, it'll be snowy and cold, so _____ _____.

02

대화를 듣고, 여자가 그린 그림으로 가장 적절한 것을 고르시오.

① ② ③
④ ⑤

M: Let's review shapes. Draw _____ _____ _____. First, draw a large square.

W: _____ _____ _____ a shape with two long sides and two short sides?

M: No, that's a rectangle. A square has four equal sides.

W: Oh, _____ _____. What's next?

M: Then, draw a circle inside the square. And draw a star inside the circle.

W: One circle inside the square and one star inside the circle. I'm done.

M: _____ _____!

03

대화를 듣고, 남자의 심정으로 가장 적절한 것을 고르시오.

① shy ② relaxed ③ pleased
④ satisfied ⑤ disappointed

M: Mom, who were you _____ _____ _____ _____ with?

W: I was talking to your uncle.

M: What were you talking about? _____ _____?

W: No. Actually, it was bad. He said he and his family can't come visit us this summer vacation.

M: Really? Why not? I was _____ _____ _____ seeing them. I really miss them.

W: I know. But your cousins have camps to attend during the vacation. _____ _____ _____.

04

대화를 듣고, 여자가 어제 한 일로 가장 적절한 것을 고르시오.

① 친구와 놀기 ② 악기 연습하기 ③ 영어 학원 가기
④ 친구 숙제 도와주기 ⑤ 바이올린 대회 참가하기

M: What did you do yesterday?

W: I went to Jane's house.

M: Did you _____ _____ together?

W: No. These days, she's _____ _____ _____ a violin contest.

M: Oh, I heard that. Then why did you go to her house?

W: Actually, I helped her _____ _____ _____ _____.

M: English homework?

W: Yes. She's so _____ the contest that she needed my help with her homework.

05

대화를 듣고, 두 사람이 대화하는 장소로 가장 적절한 곳을 고르시오.
① 학교　　　　② 박물관　　　　③ 영화관
④ 도서관　　　　⑤ 우체국

W: James, did you turn your smartphone off?

M: No. I just turned on _____ _____. Isn't that good enough?

W: No. It can still _____ _____ _____. You have to follow some etiquette rules here.

M: Okay. _____ _____ _____ _____ _____?

W: Well, do not stretch your legs out or kick the seat in front of you.

M: All right. I won't.

W: Lastly, do not talk _____ _____ _____.

M: Okay.

06

대화를 듣고, 여자의 마지막 말의 의도로 가장 적절한 것을 고르시오.
① 동의　　　　② 반대　　　　③ 제안
④ 부탁　　　　⑤ 추천

W: Minho, _____ _____ _____ _____ about keeping animals in a zoo?

M: I don't think it's good.

W: Why do you think that?

M: I've read that zoo animals often _____ _____ and become ill.

W: I've read that, too. I think animals should stay _____ _____ _____.

M: Right. Also, it's cruel to keep animals for people's entertainment.

W: _____ _____ _____ with you more.

07

대화를 듣고, 남자가 가지고 가야 하는 물건으로 가장 적절한 것을 고르시오.
① 튜브　　　　② 수건　　　　③ 슬리퍼
④ 수영복　　　　⑤ 비상약품

M: I'm _____ _____ _____ our trip.

W: Me, too. I can't wait.

M: I already packed my swimsuit. Should I bring some towels, too?

W: No, you don't need to. There will be _____ _____ towels for us to use.

M: Then what else should I pack? The _____ _____ _____?

W: I already packed it. Just bring your swimsuit. That'll be enough.

M: Okay, _____ _____!

08

대화를 듣고, 두 사람이 대화 직후에 할 일로 가장 적절한 것을 고르시오.
① 자전거 타기　　　② 자전거 고치기　　　③ 인터넷 쇼핑하기
④ 기상청에 전화하기　　　⑤ 앱으로 날씨 확인하기

M: Yumi, what are you going to do this afternoon?

W: I want to _____ _____ _____ _____ _____, but I heard it's going to rain.

M: _____ _____ _____? When I checked the weather on the Internet, there was nothing about rain.

W: I'll call the weather station and _____ _____ it'll rain or not.

M: You don't have to. I have a weather forecast app on my smartphone.

W: Great! Let's _____ _____ _____ on your app.

09

대화를 듣고, 여자가 팝송 대회에 대해 언급하지 <u>않은</u> 것을 고르시오.
① 개최 날짜　　　② 참가비　　　③ 우승 상품
④ 신청 방법　　　⑤ 신청 기한

W: Jiho, _____ _____ _____ _____
_____ attend the school pop song contest?

M: Oh, I haven't heard about it.

W: It's going to be on June 15th.

M: Okay. What is the _____ _____ _____
_____?

W: The winner will get a Bluetooth keyboard.

M: That's cool. _____ _____ _____ enter it.
How do I sign up?

W: You can _____ _____ on the school website.
The deadline is June 7th.

M: Thank you.

10

다음을 듣고, 남자가 하는 말의 내용으로 가장 적절한 것을 고르시오.
① 축구 규칙 설명　　　② 대회 참가 홍보　　　③ 축하 파티 안내
④ 동아리 가입 권유　　　⑤ 체육관 폐쇄 공지

M: Good morning, students! This is Principal
Waterson! I have _____ _____ _____
to share. Our school soccer team won the middle
school championship yesterday. So, we're going to
_____ _____ _____ today. A celebration
party will _____ _____ at 3 o'clock. Please
come to the gym. There will be _____
_____. And there will be a video of their game
yesterday. Thank you.

11

대화를 듣고, 미술관에 대한 내용과 일치하지 <u>않는</u> 것을 고르시오.
① 새로운 미술 작품이 매우 인기가 있다.
② 이번 달에는 예약이 꽉 찼다.
③ 국경일을 포함하여 매일 문을 연다.
④ 오전 9시에 열고 오후 5시에 닫는다.
⑤ 20명 이상 방문 시 단체 할인이 있다.

W: Hi. I'd like to take my students to your art museum
for a field trip.

M: Okay. But since the new artwork is so popular,
we're _____ _____ this month.

W: _____ _____. I'll visit next month. Are you
open every day during the week?

M: Yes. We're open every day _____ _____
national holidays.

W: What are the museum's opening hours?

M: We're open 9 a.m. to 5 p.m.

W: Okay. Do you _____ _____ _____?

M: Yes. You get a 30 percent discount if there are 20
or more people.

12

대화를 듣고, 여자가 전화를 건 목적으로 가장 적절한 것을 고르시오.
① 예약을 취소하기 위해서
② 예약 시간을 변경하기 위해서
③ 회의 일정을 조정하기 위해서
④ 진료 시간을 물어보기 위해서
⑤ 진료비에 대해 문의하기 위해서

[Telephone rings.]

M: *Dr. Kim's Clinic.* _____ _____ _____
_____ _____?

W: Hello. My name is Susan Lee. I have an
appointment for this Friday.

M: _____ _____ please. *[pause]* Yes, I found it.
What can I do for you, Ms. Lee?

W: I'm calling to ask if I can _____ _____
_____. An important meeting came up that day.

M: Okay. Do you want to reschedule your
appointment?

W: No, thank you. I'll check my schedule and
_____ _____ _____.

13

대화를 듣고, 현재 시각으로 가장 적절한 것을 고르시오.

① 11:00　　　② 11:30　　　③ 12:00
④ 12:30　　　⑤ 1:00

W: Tony, are you not ready yet? We _____ _____ _____.

M: I'm almost ready. The movie starts at 12:30, right?

W: Right. But we have to buy some popcorn and drinks.

M: Okay. _____ _____ _____ _____ _____ to get to the movie theater?

W: It takes 30 minutes by bus. But if the bus is late, we won't _____ _____ _____ get there on time.

M: It's 11:30 now. We still have an hour before the movie starts.

W: I know. But that's not _____ _____ _____ _____.

14

대화를 듣고, 두 사람의 관계로 가장 적절한 것을 고르시오.

① 경찰관 – 운전자　　② 택시 기사 – 승객　　③ 공항 직원 – 여행객
④ 여행사 직원 – 손님　⑤ 매표소 직원 – 고객

M: Hello, ma'am. Do you know why I pulled you over?

W: I'm _____ _____ _____.

M: You were driving too fast. The speed limit here is 60 kilometers per hour.

W: Oh, I'm sorry. I'm _____ _____ _____ _____ the airport to pick up some friends.

M: Driving so fast on this narrow road is really dangerous. Please show me your driver's license.

W: _____ _____ _____. Am I going to get a speeding ticket?

M: Yes. You should _____ _____ _____, ma'am.

15

대화를 듣고, 여자가 남자에게 부탁한 일로 가장 적절한 것을 고르시오.

① 가족 사진 찍기　　② 사진 프린트하기　　③ 종이에 풀칠하기
④ 영어 숙제 제출하기　⑤ 가족 소개 글 쓰기

W: Dad, do you have a recent photo of our family?

M: I'm sure there's one _____ _____ _____. I'll check. Why do you need it?

W: Because my English homework is about introducing my family.

M: I see. _____ _____ _____. *[pause]* I found a few pictures. Do you want to choose one?

W: Sure. I like this one. Can you please print it out? I need to glue it on _____ _____ _____ paper.

M: Okay. I'll do that _____ _____.

16

대화를 듣고, 여자가 학교에 결석한 이유로 가장 적절한 것을 고르시오.

① 몸이 아파서
② 할머니 댁에 가서
③ 통학 버스를 놓쳐서
④ 할아버지가 아프셔서
⑤ 부모님 일을 도와야 해서

M: Hi, Kate. How are you? I _____ _____ _____ you.

W: Hi, Kevin. I'm good. Why were you worried about me?

M: Because you were _____ _____ _____ yesterday. I thought you were sick.

W: Oh, I wasn't sick at all.

M: Then why weren't you at school?

W: I was visiting my grandma's house. It was her birthday. I _____ _____ _____ _____ there.

M: Good to hear that. Now I _____ _____.

17

다음 그림의 상황에 가장 적절한 대화를 고르시오.

① ② ③ ④ ⑤

① W: You don't look well. What's the matter?

M: I _____ _____ _____.

② W: Would you like it _____ _____ _____
_____ _____?

M: To go, please.

③ W: How do you feel about your new bike?

M: I like it a lot. It's very light.

④ W: Can you stand on your hands?

M: Sure. It's _____ _____ _____ _____.

⑤ W: Thank you for inviting me for dinner.

M: My pleasure. _____ _____.

18

다음을 듣고, 여자가 마술 공연에 대해 언급하지 않은 것을 고르시오.

① 입장료　　② 시작 시각　　③ 공연 목적
④ 공연 장소　　⑤ 좌석 수

W: _____, _____. This is the president of the
magic club. We're _____ _____ _____
this Wednesday. It is a free magic show. It'll start
at 3 p.m. It'll be _____ _____ _____ on
the 5th floor. There are only 100 seats, so hurry to
get one. I _____ _____ _____
at the magic show. Thank you.

19~20
대화를 듣고, 남자의 마지막 말에 이어질 여자의 말로 가장 적절한 것을 고르시오.

19

Woman: _____

① Yes, I like it.
② Of course, I can.
③ I broke the window.
④ A window seat, please.
⑤ Can you open the window?

W: Hello. _____ _____ _____ buy a train
ticket.

M: I can _____ _____ _____ _____.
Where are you traveling to?

W: I need a round-trip ticket from Seoul to Busan.

M: Okay. When are you traveling?

W: I will go on Thursday and _____ _____ this
Sunday.

M: Would you like a window seat or an _____
_____?

20

Woman: _____

① What a great idea!
② No, I don't like dogs.
③ I'm sorry to hear that.
④ Because it is very safe.
⑤ I'm going to stay at a hotel.

M: Linda, I heard that you're _____ _____
_____ _____ _____ this weekend.

W: Right. But there is a problem. I need someone to
_____ _____ _____ my dog.

M: What about asking Amy? She loves dogs.

W: I already did. But her mom is _____ _____
_____ _____.

M: That's too bad.

W: I don't know _____ _____ _____.

M: Why don't you leave your dog in a pet hotel?

Fun with Comics

The handle? The steering wheel!

Wow, Suji! Is this your car? It looks cool. When did you buy it?

A month ago.

You must feel so good to drive a new car.

Yes, but the handle is a little bit stiff.

The handle? You mean the steering wheel?

Sorry?

We call that a steering wheel.

I miss my old steering wheel.

Don't worry. You'll get used to it soon.

Tip 자동차 운전대는 영어로 handle이라고 부르지 않습니다. steering wheel이라고 하지요. 그래서 '운전하다, 운전대를 잡다'를 be behind the wheel이라고 합니다. (e.g. Tom was behind the wheel. Tom이 운전을 했다.) handle은 동사로 '다루다, 처리하다'의 의미이고 명사로는 '손잡이'라는 의미로 쓰이지만 우리가 말하는 자동차 운전대를 의미하지는 않습니다. 또한 자동차 계기판은 dashboard라고 하니 함께 알아두세요.

How to Listen

선택의문문에서 두 개 중 어떤 것을 선택할지 묻는 것과 세 개 중 어떤 것을 선택할지 묻는 것은 억양이 다르다.

 Listening Practice

- Is the fish baked (↗) or fried (↘)?
- Would you like vanilla (↗), chocolate (↗), or strawberry ice cream (↘)?

Mini Check-up

옆에 나온 것처럼 다음 선택의문문의 억양을 표시해 봅시다.

1. Will you have coffee before the main dish (　) or after the main dish (　)?
2. Would you like a baked potato (　), potato chips (　), or French fries (　)?

맞은 개수

01 다음을 듣고, 일요일의 날씨로 가장 적절한 것을 고르시오.

①   ②   ③   ④   ⑤

02 대화를 듣고, 여자가 선택할 강아지 옷으로 가장 적절한 것을 고르시오.

①   ②   ③ 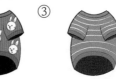 ④   ⑤

03 대화를 듣고, 여자의 심정으로 가장 적절한 것을 고르시오.

① angry   ② nervous   ③ excited
④ bored   ⑤ disappointed

04 대화를 듣고, 남자가 지난 토요일에 한 일로 가장 적절한 것을 고르시오.

① 야구장 가기   ② 봉사활동 하기   ③ 저녁 준비하기
④ 바이올린 연주하기   ⑤ 피아노 연주하기

05 대화를 듣고, 두 사람이 대화하는 장소로 가장 적절한 곳을 고르시오.

① 학교   ② 식당   ③ 사진관
④ 놀이동산   ⑤ 콘서트홀

06 대화를 듣고, 여자의 마지막 말의 의도로 가장 적절한 것을 고르시오.

① 조언   ② 비난   ③ 격려   ④ 거절   ⑤ 칭찬

07 대화를 듣고, 여자가 가져올 물건으로 가장 적절한 것을 고르시오.

① 초   ② 풍선   ③ 폭죽
④ 파티 모자   ⑤ 생일 축하 카드

08 대화를 듣고, 두 사람이 대화 직후에 할 일로 가장 적절한 것을 고르시오.

① 발표하기   ② 보고서 쓰기   ③ 도서관 가기
④ 선생님 만나기   ⑤ 컴퓨터 구입하기

09 대화를 듣고, 남자가 *Butterfly Festival*에 대해 언급하지 <u>않은</u> 것을 고르시오.

① 장소
② 시기
③ 티켓 가격
④ 티켓 예매 사이트
⑤ 특별한 활동의 종류

10 다음을 듣고, 남자가 하는 말의 내용으로 가장 적절한 것을 고르시오.

① 학생회실 공사 일정
② 학생회장 선거 공약
③ 방과 후 프로그램 종류
④ 금연 포스터 제작 방법
⑤ 구호 제작 아이디어 모집

11 대화를 듣고, 과학 대회에 대한 내용과 일치하지 <u>않는</u> 것을 고르시오.

① 4월 21일, 과학의 날에 열린다.
② 누구나 참가할 수 있다.
③ 물로켓 만들기 활동이 있다.
④ 과학에 관한 글을 쓸 수 있다.
⑤ 한 사람이 2개의 활동에 참여할 수 있다.

12 대화를 듣고, 남자가 전화를 건 목적으로 가장 적절한 것을 고르시오.

① 도서관 카드를 만들기 위해서
② 책 반납 날짜를 연장하기 위해서
③ 도서관에서 봉사활동을 하기 위해서
④ 책 반납기 이용 방법에 대해 문의하기 위해서
⑤ 도서관이 화요일에 문을 여는지 알아보기 위해서

13 대화를 듣고, 여자가 지불해야 할 금액으로 가장 적절한 것을 고르시오.

① $20   ② $40   ③ $50   ④ $80   ⑤ $100

14 대화를 듣고, 두 사람의 관계로 가장 적절한 것을 고르시오.

① 교사 – 학생   ② 의사 – 환자   ③ 점원 – 손님
④ 작가 – 독자   ⑤ 기자 – 과학자

15 대화를 듣고, 여자가 남자에게 제안한 일로 가장 적절한 것을 고르시오.

① 대기자 명단에 이름 올리기
② 화요일과 토요일에 수업 듣기
③ 토요일에 수영 알려 주기
④ 초보자를 위한 수영 수업 개설하기
⑤ *Ocean Sports World*에서 시간제 근무하기

16 대화를 듣고, 남자가 매일 운동하는 이유로 가장 적절한 것을 고르시오.

① 살을 빼기 위해서   ② 헬스클럽에 가기 위해서
③ 좋은 습관을 형성하기 위해서   ④ 스포츠 행사에 참가하기 위해서
⑤ 멋진 모습으로 사진을 찍기 위해서

17 다음 그림의 상황에 가장 적절한 대화를 고르시오.

①   ②   ③   ④   ⑤

18 다음을 듣고, 여자가 자신에 대해 언급하지 <u>않은</u> 것을 고르시오.

① 직업   ② 경력   ③ 잘하는 것   ④ 전화번호   ⑤ 월수입

19~20 대화를 듣고, 남자의 마지막 말에 이어질 여자의 말로 가장 적절한 것을 고르시오.

19 Woman: _____

① I'm excited.   ② Cartoons are funny.
③ I want to be a doctor.   ④ I can't wait to meet her.
⑤ You'll do better next time.

20 Woman: _____

① Practice makes perfect.
② She prefers math to English.
③ Why did she cry after it was over?
④ Did you prepare a lot for the contest?
⑤ Let's take her out to her favorite restaurant.

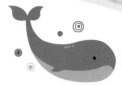

01

다음을 듣고, 일요일의 날씨로 가장 적절한 것을 고르시오.

① ② ③ ④ ⑤

W: Good afternoon. _____ _____ will continue until Saturday. So you'll _____ _____ _____ seeing the first sunrise of the new year. However, _____ _____ _____ wear warm clothes. It will be very cold and windy. On Sunday, snow will begin falling from Dokdo. Then, _____ _____ _____ all over the country.

02

대화를 듣고, 여자가 선택할 강아지 옷으로 가장 적절한 것을 고르시오.

① ② ③ ④ ⑤

M: Hello. May I help you?

W: Hi. I'm _____ _____ _____ _____ for my dog. She's about 4 kg.

M: What about this pink shirt? _____ _____ _____ for 50% off.

W: Well, I already have one with stripes.

M: _____ _____ _____ _____ , too.

W: Hmm. Do you have any with an animal pattern?

M: We have this _____ _____ _____ _____ .

W: Oh, it's cute. I'll take it. Thank you.

03

대화를 듣고, 여자의 심정으로 가장 적절한 것을 고르시오.

① angry　　②　nervous　　③　excited
④ bored　　⑤　disappointed

M: You know what? I _____ _____ _____ _____ us tickets for the *MAH* concert.

W: Really? _____ _____ _____ _____ .

M: I think it's because I booked them at a PC room. There's really fast Internet there.

W: Wow! I can't wait. _____ _____ _____ _____ ?

M: It's next Saturday at 8 p.m.

W: Great. _____ _____ _____ _____ and having dinner? I'll treat you.

M: Okay. Let's go to *Pizza Palace*.

04

대화를 듣고, 남자가 지난 토요일에 한 일로 가장 적절한 것을 고르시오.

① 야구장 가기　　②　봉사활동 하기　　③　저녁 준비하기
④ 바이올린 연주하기　　⑤　피아노 연주하기

W: Hi, Liam. Did you go to the baseball game with Olivia last Saturday?

M: No, I _____ _____ _____ that day.

W: Oh, did you go to the nursing home again?

M: Yeah. I _____ _____ _____ and did the dishes.

W: _____ _____ _____ _____ next time? I'd like to play the piano for the elderly, if possible.

M: _____ _____ . I'll play the violin.

W: Awesome!

05

대화를 듣고, 두 사람이 대화하는 장소로 가장 적절한 곳을 고르시오.

① 학교　　　　② 식당　　　　③ 사진관
④ 놀이동산　　⑤ 콘서트홀

W: Look. I got a lot of likes for these pictures I uploaded to _____ _____ _____ _____.

M: I like them, too. Your new hairstyle looks good.

W: Thanks.

M: So _____ _____ _____ _____ _____ doing now?

W: How about going to get a hamburger? _____ _____.

M: Good idea! After eating, _____ _____ _____ a roller coaster.

W: Okay. I want to try the water ride, too.

06

대화를 듣고, 여자의 마지막 말의 의도로 가장 적절한 것을 고르시오.

① 조언　　　　② 비난　　　　③ 격려
④ 거절　　　　⑤ 칭찬

W: What's that poster about, Eric?

M: It's about the new _____ _____ _____ _____.

W: Oh, cool! When is it?

M: It's this Friday. _____ _____ _____ _____ _____.

W: What's scheduled for the ceremony?

M: A popular writer, Kim Miyoung, _____ _____ _____ _____. There's also a book signing event. How about going to the opening ceremony together?

W: Oh, I'd love to, but _____ _____ _____ _____.

07

대화를 듣고, 여자가 가져올 물건으로 가장 적절한 것을 고르시오.

① 초　　　　　② 풍선　　　　③ 폭죽
④ 파티 모자　　⑤ 생일 축하 카드

[Cellphone rings.]

W: Hi, Mark. What's up?

M: Hey, Lisa. _____ _____ _____ _____ _____ throwing a surprise birthday party for our homeroom teacher tomorrow morning?

W: That's a great idea.

M: Okay. Then we need to _____ _____ _____ and buy a birthday card.

W: I can buy some balloons for the party.

M: I already have some. Can you _____ _____ _____ _____ instead and bring it to school?

W: _____ _____. I'll get to school early, before 7:30.

08

대화를 듣고, 두 사람이 대화 직후에 할 일로 가장 적절한 것을 고르시오.

① 발표하기　　　② 보고서 쓰기　　③ 도서관 가기
④ 선생님 만나기　⑤ 컴퓨터 구입하기

W: Jake, have you chosen your presentation topic yet?

M: Yeah. I'm going to _____ _____ _____.

W: That's a great topic. Upcycling is really _____ _____ _____ _____.

M: Right. We can save money, too.

W: Are you going to introduce people to upcycling ideas?

M: Yeah. I need to _____ _____ _____ to get some ideas.

W: I do too for my presentation. _____ _____ _____ _____ _____ to use the computers.

M: All right.

09

대화를 듣고, 남자가 Butterfly Festival에 대해 언급하지 않은 것을 고르시오.

① 장소 ② 시기 ③ 티켓 가격
④ 티켓 예매 사이트 ⑤ 특별한 활동의 종류

M: Guess what? I'm going to the *Hampyeong Expo Park* for the *Butterfly Festival*.

W: That's cool. _____ _____ _____ _____?

M: It's the last week in April.

W: _____ _____ _____ _____?

M: They're 7,000 won for adults, 4,000 won for teenagers, and 3,000 won for children.

W: They're not expensive. _____ _____ _____ special activities are there?

M: They'll have art activities. You'll also _____ _____ _____ _____ _____ free-flying butterflies.

10

다음을 듣고, 남자가 하는 말의 내용으로 가장 적절한 것을 고르시오.

① 학생회실 공사 일정
② 학생회장 선거 공약
③ 방과 후 프로그램 종류
④ 금연 포스터 제작 방법
⑤ 구호 제작 아이디어 모집

M: Hello, students. I'm the student council president, Lee Kiyoung. During the first week of May, we're having a _____ _____ _____. For the campaign, we need some _____ _____. So please _____ _____ _____ _____ with us. All are welcome. Please come to the student council room _____ _____ _____. Thank you.

11

대화를 듣고, 과학 대회에 대한 내용과 일치하지 않는 것을 고르시오.

① 4월 21일, 과학의 날에 열린다.
② 누구나 참가할 수 있다.
③ 물로켓 만들기 활동이 있다.
④ 과학에 관한 글을 쓸 수 있다.
⑤ 한 사람이 2개의 활동에 참여할 수 있다.

W: Hi, Jimin. What are you looking at?

M: Hi, Emma. I'm looking at a notice about _____ _____ _____.

W: When is it?

M: It's on April 21st, *Science Day*. Anyone can join.

W: I see. _____ _____ _____ _____?

M: It says we can make a water rocket. We can also write _____ _____ _____ _____.

W: Can we take part in both?

M: No. We can do _____ _____ _____ _____.

12

대화를 듣고, 남자가 전화를 건 목적으로 가장 적절한 것을 고르시오.

① 도서관 카드를 만들기 위해서
② 책 반납 날짜를 연장하기 위해서
③ 도서관에서 봉사활동을 하기 위해서
④ 책 반납기 이용 방법에 대해 문의하기 위해서
⑤ 도서관이 화요일에 문을 여는지 알아보기 위해서

[Telephone rings.]

W: Hello. This is the *Onnuri Library* information desk. How may I help you?

M: Hi. _____ _____ _____ on Tuesdays? I have some books to return.

W: I'm sorry, but we're closed on Tuesdays.

M: Then how can I _____ _____ _____ _____?

W: You can use _____ _____ _____ _____ on the first floor.

M: Do I need my _____ _____ to return the books?

W: No, you don't.

M: Oh, thank you.

13

대화를 듣고, 여자가 지불해야 할 금액으로 가장 적절한 것을 고르시오.

① $20   ② $40   ③ $50   ④ $80   ⑤ $100

M: Good afternoon. _____ _____ _____ _____ _____?

W: Hi. How much is that black backpack?

M: It's $80.

W: That's a lot of money. Do you have _____ _____ _____?

M: Yes, this white one. It's on sale for 50% off. It's $40.

W: Why is it _____ _____ _____ _____ the black one?

M: Because it's the last white one. And you cannot _____ _____ _____ _____ _____.

W: Okay, I'll take it. Here's $40.

14

대화를 듣고, 두 사람의 관계로 가장 적절한 것을 고르시오.

① 교사 - 학생   ② 의사 - 환자   ③ 점원 - 손님
④ 작가 - 독자   ⑤ 기자 - 과학자

W: Martin, _____ _____ _____.

M: I just read an article about ocean pollution. I'm really worried about sea animals.

W: Same here. _____ _____ is killing them.

M: Right. In fact, I'd like to _____ _____ _____ about ocean pollution in science class.

W: Oh, so you can let all of your classmates know about it too, right?

M: Yes.

W: Great idea. _____ _____ _____ _____, visit me in the teachers' office.

M: Thank you, Ms. Lee.

15

대화를 듣고, 여자가 남자에게 제안한 일로 가장 적절한 것을 고르시오.

① 대기자 명단에 이름 올리기
② 화요일과 토요일에 수업 듣기
③ 토요일에 수영 알려 주기
④ 초보자를 위한 수영 수업 개설하기
⑤ *Ocean Sports World*에서 시간제 근무하기

W: Hi, Jake. Have you _____ _____ _____ a beginner swimming class?

M: Hi, Mina. No, not yet.

W: You know that the *Ocean Sports World* has classes _____ _____ _____ _____, right?

M: I know. But I want to take their Saturday morning class. They said _____ _____ _____.

W: Then why don't you put your name _____ _____ _____ _____?

M: Oh, that's a good idea. Thanks.

W: No problem.

16

대화를 듣고, 남자가 매일 운동하는 이유로 가장 적절한 것을 고르시오.

① 살을 빼기 위해서
② 헬스클럽에 가기 위해서
③ 좋은 습관을 형성하기 위해서
④ 스포츠 행사에 참가하기 위해서
⑤ 멋진 모습으로 사진을 찍기 위해서

W: William, _____ _____ _____ _____?

M: I'm going to the gym. You know, I go there every day.

W: You're in really good shape. Are you getting ready for a sporting event?

M: No. Actually, I'm planning on _____ _____ _____ at a photo studio next month.

W: Wow! That's cool.

M: I want to _____ _____ _____ _____ _____ so I'm exercising a lot these days.

W: I'd like to see the pictures later. _____ _____ _____ _____.

17

다음 그림의 상황에 가장 적절한 대화를 고르시오.

①   ②   ③   ④   ⑤

① M: What's the _____ _____ _____ _____?

W: Today's special is fish.

② M: We're taking off shortly, so please _____ _____ _____ _____.

W: Okay, I will.

③ M: _____ _____ _____ _____ this T-shirt.

W: Okay, is there anything wrong with it?

④ M: What does he look like?

W: He's tall and has curly blonde hair.

⑤ M: _____ _____ _____ _____ _____ in your free time?

W: I listen to rock music.

18

다음을 듣고, 여자가 자신에 대해 언급하지 않은 것을 고르시오.
① 직업   ② 경력   ③ 잘하는 것
④ 전화번호   ⑤ 월수입

W: Hello. Are you planning _____ _____ _____ _____ or vacation? I can _____ _____ _____ _____ your dog. I'm a professional dog walker. I have 10 years of experience. _____ _____ _____ walking dogs and bathing them. I offer a 10% discount for two or more dogs. My phone number is 010-732-7979. _____ _____ _____ _____ for more information.

19~20 대화를 듣고, 남자의 마지막 말에 이어질 여자의 말로 가장 적절한 것을 고르시오.

19

Woman: _____
① I'm excited.
② Cartoons are funny.
③ I want to be a doctor.
④ I can't wait to meet her.
⑤ You'll do better next time.

W: You look down. _____ _____ _____?

M: I have to write a report on my dream job. But I don't have one.

W: I'm sure you do. Wait! You're really good at drawing cartoons.

M: Well, right. _____ _____ _____ _____.

W: Then how about thinking about being a cartoonist?

M: Oh, I like that. _____ _____ _____ _____.

W: No problem.

M: By the way, do you _____ _____ _____ _____?

20

Woman: _____
① Practice makes perfect.
② She prefers math to English.
③ Why did she cry after it was over?
④ Did you prepare a lot for the contest?
⑤ Let's take her out to her favorite restaurant.

W: Hi, Noah. _____ _____ winning first place in the math contest.

M: Thanks. I still can't believe it.

W: How about Mia? Did she win a prize?

M: She didn't even though she prepared a lot for the contest.

W: She _____ _____ _____ _____.

M: Yeah. She even cried after the contest.

W: Oh, _____ _____ _____ _____ _____.

M: So how do you think we can _____ _____ _____?

Fun with Comics

Fighting! vs. Cheer Up!

Fighting, Amy!

I am not fighting.

You want to win, don't you?

Fighting!

I am not a boxer.

Tip 누군가를 응원할 때 Fighting!(파이팅!)이란 표현을 많이 쓰죠? 하지만 fighting은 '싸우다'라는 의미의 동사 fight의 현재분사로 '싸우는, 호전적인'이라는 뜻을 가지며 영어권 국가에서 쓰는 응원의 표현이 아닙니다. "싸우자!"라는 투혼을 불러일으키는 의미의 응원을 하려면 동사형을 이용하여 Fight!라고 말할 수 있습니다만, 일반적인 응원 표현으로는 Cheer up!. Go for it!. Go, go! 등이 있습니다.

How to Listen

「주어+be동사」는 빠르게 발음될 때 축약형처럼 하나의 소리로 들리기도 한다.

 Listening Practice

- I am going to Rome.
  → I'm going to Rome.

- You are different from me.
  → You're different from me.

Mini Check-up

〈보기〉와 같이 빠르게 읽었을 때 축약되어 하나의 소리로 들릴 수 있는 부분을 찾아 축약형을 쓰고 읽어 봅시다.

〈보기〉 We are finally here.   We're

1. I am very thirsty. _____

2. It is still hurting a little. _____

01 다음을 듣고, 남부 지방의 내일 날씨로 가장 적절한 것을 고르시오.

①   ②   ③   ④   ⑤

02 대화를 듣고, 여자가 설명하는 동작으로 가장 적절한 것을 고르시오.

①   ②   ③   ④   ⑤

03 대화를 듣고, 인터뷰를 마친 여자의 심정으로 가장 적절한 것을 고르시오.

① upset   ② bored   ③ scared   ④ worried   ⑤ satisfied

04 대화를 듣고, 남자가 어제 한 일로 가장 적절한 것을 고르시오.

① 청바지 사기   ② 여자 선물 사기   ③ 청바지 수선하기
④ 스마트폰 고치기   ⑤ 스마트폰 구입하기

05 대화를 듣고, 두 사람이 대화하는 장소로 가장 적절한 곳을 고르시오.

① 기차역   ② 미술관   ③ 쇼핑몰   ④ 영화관   ⑤ 놀이동산

06 대화를 듣고, 여자의 마지막 말의 의도로 가장 적절한 것을 고르시오.

① 요청   ② 걱정   ③ 사과   ④ 동의   ⑤ 불평

07 대화를 듣고, 남자가 내일 가져올 물건으로 가장 적절한 것을 고르시오.

① 우비   ② 물통   ③ 모자   ④ 카메라   ⑤ 운동화

08 대화를 듣고, 남자가 대화 직후에 할 일로 가장 적절한 것을 고르시오.

① 체육관에 가기   ② 회의 참석하기   ③ 농구공 빌려오기
④ 친구들과 농구 하기   ⑤ 스승의 날 행사 준비하기

09 대화를 듣고, 여자가 garage sale에 대해 언급하지 <u>않은</u> 것을 고르시오.

① 시간   ② 장소   ③ 판매할 물건
④ 방문 인원   ⑤ 목적

10 다음을 듣고, 여자가 하는 말의 내용으로 가장 적절한 것을 고르시오.

① 환경오염 경고   ② 분리수거의 의미   ③ 쓰레기봉투 안내
④ 재활용 쓰레기 종류   ⑤ 쓰레기 줄이기 홍보

11 대화를 듣고, 한국 민속촌에 대한 내용과 일치하지 <u>않는</u> 것을 고르시오.

① 용인에 위치해 있다.
② 수원역에서 무료 셔틀버스를 운행한다.
③ 영어로 된 오디오 가이드가 있다.
④ 오디오 가이드를 무료로 대여할 수 있다.
⑤ 주말에는 밤 9시까지 영업한다.

12 대화를 듣고, 남자가 전화를 건 목적으로 가장 적절한 것을 고르시오.

① 주문을 취소하기 위해서   ② 티셔츠를 주문하기 위해서
③ 배송 주소를 변경하기 위해서   ④ 주문 번호를 확인하기 위해서
⑤ 배달 지연 이유를 묻기 위해서

13 대화를 듣고, 현재 시각을 고르시오.

① 2:00   ② 2:05   ③ 2:15   ④ 3:00   ⑤ 3:15

14 대화를 듣고, 두 사람의 관계로 가장 적절한 것을 고르시오.

① 배우 – 팬   ② 작가 – 독자   ③ 사서 – 학생
④ 교사 – 학부모   ⑤ 서점 점원 – 손님

15 대화를 듣고, 남자가 여자에게 제안한 일로 가장 적절한 것을 고르시오.

① 인사동 가기   ② 인터뷰 질문 만들기
③ 외국인 관광객들 도와주기   ④ 영어 프로젝트 주제 정하기
⑤ 외국인들이 좋아하는 장소에 가 보기

16 대화를 듣고, 여자가 체육관에 가는 이유로 가장 적절한 것을 고르시오.

① 배드민턴을 치기 위해서   ② 수학 숙제를 하기 위해서
③ 학생들을 응원하기 위해서   ④ 친구들과 배구를 하기 위해서
⑤ 선생님들을 응원하기 위해서

17 다음 그림의 상황에 가장 적절한 대화를 고르시오.

①   ②   ③   ④   ⑤

18 다음을 듣고, 남자가 Safari Tour에 대해 언급하지 <u>않은</u> 것을 고르시오.

① 투어 시간   ② 볼 수 있는 동물들
③ 사용되는 차의 종류   ④ 동물 사진 촬영 가능 여부
⑤ 투어 차량 내 금지 사항

19~20 대화를 듣고, 여자의 마지막 말에 이어질 남자의 말로 가장 적절한 것을 고르시오.

19 Man: _____

① I'm just looking around.
② Can you do me a favor?
③ May I speak to Kate Brown?
④ I'm on my way to the library.
⑤ Of course. Everyone is welcome.

20 Man: _____

① Make sure to get some rest.
② Stress is bad for your health.
③ Let's go on a trip to Jeju Island.
④ I'm really curious about the news.
⑤ I'm planning to read 3 books a week.

01

다음을 듣고, 남부 지방의 내일 날씨로 가장 적절한 것을 고르시오.

① ② ③ ④ ⑤

W: The _____ _____ has started. Today, we're expecting _____ _____ _____ _____ _____ _____. There's a 60% chance of rain. So _____ _____ _____ _____ when you go out. Tomorrow will be cloudy over most of the country. But it'll be _____ _____ _____ in the southern parts of the country.

02

대화를 듣고, 여자가 설명하는 동작으로 가장 적절한 것을 고르시오.

① ② ③ ④ ⑤

M: Melissa, you're always so full of energy.

W: It's because I start my day with _____ _____ _____.

M: Really? Can you teach me a simple stretch?

W: Sure. _____ _____ _____ _____. Then place your hands under your shoulders.

M: Okay, and then?

W: _____ _____ _____ _____ _____ slowly.

M: Oh, it's easy. I can do this stretch on my bed, right?

W: Yeah, _____ _____ _____ _____ for 20 seconds.

03

대화를 듣고, 인터뷰를 마친 여자의 심정으로 가장 적절한 것을 고르시오.

① upset   ② bored   ③ scared
④ worried   ⑤ satisfied

M: Harper, where have you been?

W: I was in the science room. I _____ _____ _____ to join the science club.

M: Oh, how did the interview go?

W: Well, I think it went well.

M: Glad to hear that.

W: _____ _____ _____ at all. And I think I gave good answers to all the questions.

M: Great. How did you _____ _____ _____ _____?

W: I read a lot of _____ _____ _____. It was very helpful.

04

대화를 듣고, 남자가 어제 한 일로 가장 적절한 것을 고르시오.

① 청바지 사기   ② 여자 선물 사기   ③ 청바지 수선하기
④ 스마트폰 고치기   ⑤ 스마트폰 구입하기

M: Charlotte, I like your blue jeans. Did you get them recently?

W: No, I got them last year.

M: Oh, they look like _____ _____ _____. They're nice.

W: Thanks. By the way, did you _____ _____ _____ _____ yesterday?

M: No. The repairperson said it would _____ _____ _____ _____ _____.

W: So what are you going to do?

M: Actually, I _____ _____ _____ _____ on my way home from the repair shop.

W: Wow, is that your new smartphone? It's cool.

05

대화를 듣고, 두 사람이 대화하는 장소로 가장 적절한 곳을 고르시오.
① 기차역　　② 미술관　　③ 쇼핑몰
④ 영화관　　⑤ 놀이동산

W: Excuse me, do you have lockers?
M: Yes, over there. They're _____ _____ _____.
W: Thank you. And where can I get tickets for the special exhibition?
M: _____ _____ _____ _____, right next to the exhibition hall.
W: Thanks. And do you have _____ _____?
M: Yes. They start at 10 a.m. and 2 p.m.
W: Oh, where's _____ _____ _____?
M: The tours begin in front of the information desk.

06

대화를 듣고, 여자의 마지막 말의 의도로 가장 적절한 것을 고르시오.
① 요청　　② 걱정　　③ 사과
④ 동의　　⑤ 불평

W: How was culture class with the teacher from Peru?
M: It was good. _____ _____ _____ _____ _____ _____.
W: Me, too. What was your _____ _____ _____ _____?
M: I liked trying on the traditional costume. How about you?
W: I really liked seeing the alpaca dolls. They were so cute.
M: I know. I want to _____ _____ _____ to Peru someday.
W: _____ _____.

07

대화를 듣고, 남자가 내일 가져올 물건으로 가장 적절한 것을 고르시오.
① 우비　　② 물통　　③ 모자
④ 카메라　　⑤ 운동화

M: Finally, tomorrow is our field trip.
W: _____ _____ _____ _____ _____ to Chuncheon by train.
M: Me, too. Have you finished packing?
W: Yeah. I even _____ _____ _____ for you.
M: Oh, that's so nice! Thanks.
W: No problem. By the way, _____ _____ _____ _____ your dad's camera.
M: Okay, I won't. We'll be able to _____ _____ _____ with it.
W: Right. I'm so excited.

08

대화를 듣고, 남자가 대화 직후에 할 일로 가장 적절한 것을 고르시오.
① 체육관에 가기　　② 회의 참석하기
③ 농구공 빌려오기　　④ 친구들과 농구 하기
⑤ 스승의 날 행사 준비하기

W: Hi, Sam. _____ _____ _____ _____ with the basketball?
M: I'm going to the gym to give it to my friends.
W: Don't you remember the meeting? We have to _____ _____ _____ _____ for *Teachers' Day*.
M: Oh, right. I completely forgot.
W: _____ _____ _____ _____ now?
M: Well, I'll join you in 10 minutes. I have to go to the gym first.
W: Okay. _____ _____ _____.

09

대화를 듣고, 여자가 garage sale에 대해 언급하지 <u>않은</u> 것을 고르시오.
① 시간   ② 장소   ③ 판매할 물건
④ 방문 인원   ⑤ 목적

M: Catherine, what are you working on?

W: I'm planning for _____ _____ _____.

M: Oh, when is it?

W: _____ _____ _____ from 10 a.m. to 5 p.m. in my yard. Can you help me?

M: Sure. _____ _____ _____ _____ _____ _____?

W: I'm selling mainly clothes, DVDs, and books.

M: What are you going to do with _____ _____ _____ _____?

W: I'm going to donate it to help street cats.

10

다음을 듣고, 여자가 하는 말의 내용으로 가장 적절한 것을 고르시오.
① 환경오염 경고
② 분리수거의 의미
③ 쓰레기봉투 안내
④ 재활용 쓰레기 종류
⑤ 쓰레기 줄이기 홍보

W: Hi. Today, I want to tell you about _____ _____ in Korea. You have to use certain trash bags to _____ _____ _____. There are various sizes. And the _____ _____ _____ _____ from area to area. So _____ _____ _____ _____ at certain stores near your house.

11

대화를 듣고, 한국 민속촌에 대한 내용과 일치하지 <u>않는</u> 것을 고르시오.
① 용인에 위치해 있다.
② 수원역에서 무료 셔틀버스를 운행한다.
③ 영어로 된 오디오 가이드가 있다.
④ 오디오 가이드를 무료로 대여할 수 있다.
⑤ 주말에는 밤 9시까지 영업한다.

W: Jimin, _____ _____ _____ _____ this weekend?

M: A friend from India is visiting me. I'm going to take him to the *Korean Folk Village*.

W: Cool! It's in Yongin. Are you going to _____ _____ _____?

M: Yes. We'll get off at Suwon Station and take the free shuttle bus.

W: _____ _____ _____ an English audio guide at the folk village? They're only 2,000 won.

M: Great idea.

W: And on the weekend, they're open until 9 p.m. Don't miss _____ _____ _____ _____.

12

대화를 듣고, 남자가 전화를 건 목적으로 가장 적절한 것을 고르시오.
① 주문을 취소하기 위해서
② 티셔츠를 주문하기 위해서
③ 배송 주소를 변경하기 위해서
④ 주문 번호를 확인하기 위해서
⑤ 배달 지연 이유를 묻기 위해서

[Telephone rings.]

W: Hello, this is *Ann's Clothes*. _____ _____ _____ _____ _____?

M: Hi, I ordered a T-shirt two weeks ago. But I still haven't received it.

W: Oh, I'm so sorry about that.

M: I want to _____ _____ _____.

W: Okay. Can I have your name, _____ _____ _____?

M: Sure. My name's John Smith, the address is 123 Oak Road and my order number is 56143.

W: I'm really sorry. I think it was delivered to _____ _____ _____.

13

대화를 듣고, 현재 시각을 고르시오.

① 2:00   ② 2:05   ③ 2:15
④ 3:00   ⑤ 3:15

M: What time is our train to Busan?

W: It's 2:15.

M: Oh, we only have about 15 minutes _____ _____ _____. What platform does it leave from?

W: Platform 3.

M: _____ _____ _____ _____ from here?

W: It's about a five-minute walk away. It's 2 o'clock now. We'll easily _____ _____ _____.

M: Phew. Then let's quickly _____ _____ _____ _____ on our way there.

W: Good idea. Come on, let's go.

14

대화를 듣고, 두 사람의 관계로 가장 적절한 것을 고르시오.

① 배우 – 팬   ② 작가 – 독자   ③ 사서 – 학생
④ 교사 – 학부모   ⑤ 서점 점원 – 손님

W: Hello. It's an honor _____ _____ _____ _____ _____.

M: Thank you for coming to _____ _____ _____ _____. What's your name?

W: My name is Kim Sarang. I really love your books.

M: Thank you.

W: I want to be a writer like you. How do you _____ _____ _____ such great ideas?

M: Well, when I'm _____ _____ _____, I just take a walk. I also read a lot of books.

W: Thank you for sharing.

15

대화를 듣고, 남자가 여자에게 제안한 일로 가장 적절한 것을 고르시오.

① 인사동 가기
② 인터뷰 질문 만들기
③ 외국인 관광객들 도와주기
④ 영어 프로젝트 주제 정하기
⑤ 외국인들이 좋아하는 장소에 가 보기

M: Do you have any ideas for the English project?

W: Well, _____ _____ _____ _____ foreigners?

M: About what?

W: We can ask them about their favorite places in Seoul.

M: Good idea. Then we can _____ _____ _____ with the class. I like that.

W: But where can we interview foreigners?

M: _____ _____ _____ Insadong. There are a lot of foreigners there.

W: Great idea. I'll think of _____ _____ _____.

16

대화를 듣고, 여자가 체육관에 가는 이유로 가장 적절한 것을 고르시오.

① 배드민턴을 치기 위해서
② 수학 숙제를 하기 위해서
③ 학생들을 응원하기 위해서
④ 친구들과 배구를 하기 위해서
⑤ 선생님들을 응원하기 위해서

W: Daniel, how about going to the gym?

M: I'm sorry, but I _____ _____ _____ now. I'm busy doing my math homework.

W: I'm not talking about playing badminton. There's a _____ _____ _____.

M: Oh, yeah! The second-grade girls are playing against the female teachers.

W: Right. _____ _____ _____.

M: Okay, let's go. I'm going to cheer for the teachers.

W: You are? I'm going to _____ _____ _____ _____.

17

다음 그림의 상황에 가장 적절한 대화를 고르시오.

Fast Delivery

POST

① ② ③ ④ ⑤

① M: My mom is _____ _____ _____.

　W: I'm sorry to hear that.

② M: Can you help me carry these books?

　W: Sure, _____ _____ _____ _____.

③ M: I want to send this by airmail.

　W: Okay. _____ _____ _____ _____
　for you.

④ M: What are you going to do this Sunday?

　W: I'm going to visit my grandparents.

⑤ M: _____ _____ _____ _____, being
　alone or with friends?

　W: I like being with friends better than being alone.

18

다음을 듣고, 남자가 Safari Tour에 대해 언급하지 <u>않은</u> 것을 고르시오.

① 투어 시간
② 볼 수 있는 동물들
③ 사용되는 차의 종류
④ 동물 사진 촬영 가능 여부
⑤ 투어 차량 내 금지 사항

M: Welcome to *Safari World*. _____ _____
_____ 1 hour and is in groups of five people.
There are lions, tigers, and bears inside the park.
You can see them up close. But remember. You
_____ _____ _____ _____. You may
_____ _____ of the animals from the car.
However, _____ _____ _____
_____ _____ in the car.

19~20 대화를 듣고, 여자의 마지막 말에 이어질 남자의 말로 가장 적절한 것을 고르시오.

19

Man: _____

① I'm just looking around.
② Can you do me a favor?
③ May I speak to Kate Brown?
④ I'm on my way to the library.
⑤ Of course. Everyone is welcome.

W: Jack, where are you going?

M: I'm going to the library to prepare for the _____
_____ _____ _____ tonight.

W: What's the special event?

M: We've invited _____ _____ _____ Kate
Brown _____ _____ _____ _____.

W: Really? I love her books.

M: Same here. I've read all of them.

W: I'd really like to meet her in person. _____
_____ _____ _____ _____, too?

20

Man: _____

① Make sure to get some rest.
② Stress is bad for your health.
③ Let's go on a trip to Jeju Island.
④ I'm really curious about the news.
⑤ I'm planning to read 3 books a week.

M: The summer vacation is finally here.

W: I know. I _____ _____ _____ _____
during the final exam period.

M: You'd better _____ _____ _____
_____ during the summer vacation.

W: I will.

M: Do you have any special plans?

W: Well, I'm going on a trip to Jeju Island with my
family.

M: _____ _____.

W: How about you? _____ _____ _____
_____ for the vacation?

Underground? Tube? Metro? Subway?

Tip 영국, 특히 런던에서는 지하철을 underground라고 부릅니다. 혹은 그 모양이 튜브를 닮았다고 해서 tube라는 별명으로 부르기도 합니다. 프랑스의 파리나 미국의 워싱턴 D.C.에서는 지하철을 metro, 미국의 뉴욕 및 대도시에서는 우리가 잘 알고 있는 단어인 subway라고 합니다.

 ## How to Listen

대화에서 of 다음에 자음으로 시작되는 단어가 오면 of의 [v]음은 거의 들리지 않고, 모음이 올 경우 [v]음이 뒤의 단어에 연결되어 소리 난다.

 Listening Practice

- I am frightened of mice
- Look at the picture of us.

Mini Check-up

밑줄 친 부분의 of의 [v]가 거의 들리지 않는 경우면 ×, [v]음이 뒤의 단어에 연결되어 소리 나는 경우이면 ○ 표시를 해 봅시다.

1. There are a group of people at the theater.   (   )
2. Most of all, he was special.   (   )

06회 영어듣기능력평가

맞은 개수

01 다음을 듣고, 내일 아침 서울 날씨로 가장 적절한 것을 고르시오.

①  ②   ③   ④   ⑤

02 대화를 듣고, 남자가 구매할 시계로 가장 적절한 것을 고르시오.

①   ②   ③ ④   ⑤

03 대화를 듣고, 두 사람의 심정으로 가장 적절한 것을 고르시오.

① shy　　② upset　　③ bored　　④ excited　　⑤ worried

04 대화를 듣고, 남자가 어제 한 일로 가장 적절한 것을 고르시오.

① 책 빌리기　　　　　　② 축구 연습하기
③ 도서관에 가기　　　　④ 축구 시합하기
⑤ 친구에게 행운 빌어주기

05 대화를 듣고, 두 사람이 대화하는 장소로 가장 적절한 곳을 고르시오.

① 텃밭　　② 부엌　　③ 식당　　④ 슈퍼마켓　　⑤ 요리 학원

06 대화를 듣고, 여자의 마지막 말의 의도로 가장 적절한 것을 고르시오.

① 초대   ② 조언   ③ 수락   ④ 안내   ⑤ 제안

07 대화를 듣고, 남자가 내일 가져올 것으로 가장 적절한 것을 고르시오.

① 자   ② 연필   ③ 도화지   ④ 지우개   ⑤ 색연필

08 대화를 듣고, 남자가 대화 직후에 할 일로 가장 적절한 것을 고르시오.

① 탑승권 판매하기   ② 자전거 반납하기
③ 자전거 수리하기   ④ 서울시에 회원 가입하기
⑤ 서울 자전거 앱 다운받기

09 대화를 듣고, 여자가 스터디 카페에 대해 언급하지 <u>않은</u> 것을 고르시오.

① 위치   ② 오픈 날짜   ③ 무료 커피 제공 여부
④ 연간 회원권 가격   ⑤ 20% 할인 조건

10 다음을 듣고, 남자가 하는 말의 내용으로 가장 적절한 것을 고르시오.

① 책에서 정보를 찾는 이유
② 보고서 작성에 적합한 주제
③ 보고서 제출 기한 연장 건의
④ K-pop이 전 세계에 미치는 영향
⑤ 보고서 작성 시 출처 공개의 필요성

11 대화를 듣고, *Snow Crash*에 대한 내용과 일치하지 <u>않는</u> 것을 고르시오.

① 공상과학소설이다.
② metaverse라는 단어가 처음으로 등장한다.
③ 작가 Neal Stephenson이 썼다.
④ 1992년에 출판되었다.
⑤ 이야기에서 미래의 미국을 metaverse라고 불렀다.

12 대화를 듣고, 남자가 전화를 건 목적으로 가장 적절한 것을 고르시오.

① 한국어를 배우기 위해서　　　② 센터에 등록하기 위해서
③ 방문 시간을 바꾸기 위해서　　④ 방문 횟수를 늘리기 위해서
⑤ 봉사활동에 대해 문의하기 위해서

13 대화를 듣고, 록 밴드 *Happy Memory*가 학교에 오는 날짜를 고르시오.

① 5월 8일　　② 5월 10일　　③ 5월 11일　　④ 5월 12일　　⑤ 5월 13일

14 대화를 듣고, 두 사람의 관계로 가장 적절한 것을 고르시오.

① 의사 – 간호사　　② 약사 – 손님　　③ 코치 – 선수
④ 재활치료사 – 환자　　⑤ 수의사 – 동물 보호자

15 대화를 듣고, 남자가 여자에게 제안한 일로 가장 적절한 것을 고르시오.

① 공포 영화 고르기　　② 영화 내용 분석하기　　③ 시험공부 함께 하기
④ 시험 후 계획 세우기　　⑤ 함께 영화 보러 가기

16 대화를 듣고, 학생회 회원들이 벼룩시장을 준비하는 이유로 가장 적절한 것을 고르시오.

① 기부된 물건들을 사기 위해서
② 스스로 돈을 버는 경험을 하기 위해서
③ 학생 회의실 공사 비용을 모으기 위해서
④ 가난한 나라의 어린이들을 돕기 위해서
⑤ 학교의 학생들이 참가할 활동이 필요해서

17 다음 그림의 상황에 가장 적절한 대화를 고르시오.

①   ②   ③   ④   ⑤

18 다음을 듣고, 남자가 Giant Panda에 대해 언급하지 <u>않은</u> 것을 고르시오.

① 상징인 나라   ② 꼬리 길이   ③ 수명

④ 몸무게   ⑤ 매일 먹는 대나무의 양

19~20 대화를 듣고, 남자의 마지막 말에 이어질 여자의 말로 가장 적절한 것을 고르시오.

19 Woman: _____

① It's up to you.

② It means to eat a lot.

③ You'd better eat vegetables.

④ I had to stop eating sweets.

⑤ You are a great photographer.

20 Woman: _____

① Have you been to Mexico?

② Where is the *Louvre Museum*?

③ I'm interested in drawing pictures.

④ Frida Kahlo was a Mexican painter.

⑤ Sure. I'll book one more ticket for you.

01

다음을 듣고, 내일 아침 서울 날씨로 가장 적절한 것을 고르시오.

① ② ③
④ ⑤

M: Here's today's weather in Seoul. Today will be _____ _____ _____. The sunshine _____ _____ _____. So, please _____ _____ in the strong sunshine. And consider staying inside between 11 a.m. and 3 p.m. It'll become _____ _____ _____ at night. It'll rain tomorrow morning.

02

대화를 듣고, 남자가 구매할 시계로 가장 적절한 것을 고르시오.

① ② 5:00 ③
④ ⑤

W: Hello, how may I help you?

M: Hi, I'm looking for _____ _____ _____.

W: Okay. We have round ones and square ones. _____ _____ _____ _____ _____?

M: I'd like a round one.

W: Then how about this one? It has _____ _____ _____.

M: Well, it looks a little too old-fashioned. I'll take the one with _____ _____ _____ _____ _____.

W: Okay. It's $25.

03

대화를 듣고, 두 사람의 심정으로 가장 적절한 것을 고르시오.

① shy   ② upset   ③ bored
④ excited   ⑤ worried

W: What happened to Jiho? He wasn't at soccer practice today.

M: You know his dog, Lucy, right? _____ _____.

W: Oh, my! So Jiho is looking for her?

M: I guess so.

W: Oh, _____ _____ _____. Lucy is such a lovely dog.

M: I know. _____ _____ _____ _____ _____ _____ for Jiho?

W: Well, how about posting some pictures of Lucy on social media?

M: Okay. Let's call Jiho and _____ _____ _____.

04

대화를 듣고, 남자가 어제 한 일로 가장 적절한 것을 고르시오.

① 책 빌리기   ② 축구 연습하기   ③ 도서관에 가기
④ 축구 시합하기   ⑤ 친구에게 행운 빌어주기

W: Tom, did you go to the library yesterday?

M: No, I couldn't go there. So my mom is going to _____ _____ _____ for me today.

W: Were you busy yesterday?

M: Yeah. I had _____ _____.

W: Oh, I almost forgot. Your team _____ _____ _____ _____ with *Nuri Middle School*, right?

M: Yeah. This Friday is the big day.

W: I'll _____ _____ _____ _____.

M: Thanks.

05

대화를 듣고, 두 사람이 대화하는 장소로 가장 적절한 곳을 고르시오.

① 텃밭   ② 부엌   ③ 식당
④ 슈퍼마켓   ⑤ 요리 학원

M: Mom, I want to have _____ _____ _____
for dinner.

W: Okay, _____ _____ _____ _____ in
the salad?

M: Well, I'd like some tomatoes and cheese in it.

W: We have cheese at home.

M: Then I'll get some tomatoes.

W: Good. I'll _____ _____ _____ from the
meat section.

M: Okay. And Mom, we need to _____ _____
_____, too.

W: All right, I'll get some water, as well.

06

대화를 듣고, 여자의 마지막 말의 의도로 가장 적절한 것을 고르시오.

① 초대   ② 조언   ③ 수락
④ 안내   ⑤ 제안

W: Hi, Kevin, where are you going?

M: Hi, Emily. I'm _____ _____ _____
_____ band practice.

W: You're the lead singer, aren't you? _____
_____ _____ _____ at the school
festival.

M: Thanks. _____ _____ _____
_____ this Friday evening?

W: Nothing special. Why?

M: We're having a concert at the town library. We're
trying to raise money to help the homeless.
_____ _____ _____?

W: Of course, I'd love to.

07

대화를 듣고, 남자가 내일 가져올 것으로 가장 적절한 것을 고르시오.

① 자   ② 연필   ③ 도화지
④ 지우개   ⑤ 색연필

W: Look. It's a notice for our group art project.

M: Oh, we have to _____ _____ _____
_____ _____.

W: Sounds fun. We have to prepare a few things.

M: Let's see. We need pencils, _____, _____
_____ _____.

W: We also need colored pencils. But we don't have to
_____ _____ _____.

M: Right. The art teacher will give it to us.

W: I'll prepare the pencils, erasers, and a ruler.
_____ _____ _____ the colored pencils?

M: Sure. I'll bring them tomorrow.

08

대화를 듣고, 남자가 대화 직후에 할 일로 가장 적절한 것을 고르시오.

① 탑승권 판매하기
② 자전거 반납하기
③ 자전거 수리하기
④ 서울시에 회원 가입하기
⑤ 서울 자전거 앱 다운받기

M: Jane, I want to _____ _____ _____. Do
you know how?

W: Sure. You can use Seoul Bike. It's a public rental
bike service.

M: Sounds good! _____ _____ _____
_____ _____?

W: First, download the Seoul Bike application. Then,
sign up to _____ _____ _____.

M: Okay. And then what?

W: _____ _____ _____. There are various
passes. You can even buy a one-time pass.

M: It's easy. I'll download the application now.

09

대화를 듣고, 여자가 스터디 카페에 대해 언급하지 <u>않은</u> 것을 고르시오.
① 위치　　　　② 오픈 날짜　　　　③ 무료 커피 제공 여부
④ 연간 회원권 가격　　⑤ 20% 할인 조건

W: Guess what? A new study cafe is opening up in the building _____ _____ _____ . _____ our school.

M: Cool. When?

W: On Friday, July 9th.

M: _____ _____ _____ _____? I have to have coffee when I study.

W: They'll actually serve free coffee all day long.

M: Sounds great.

W: You should _____ _____ _____ _____ _____ by the end of this weekend. You'll get a 20% discount.

M: _____ _____! Thanks.

10

다음을 듣고, 남자가 하는 말의 내용으로 가장 적절한 것을 고르시오.
① 책에서 정보를 찾는 이유
② 보고서 작성에 적합한 주제
③ 보고서 제출 기한 연장 건의
④ K-pop이 전 세계에 미치는 영향
⑤ 보고서 작성 시 출처 공개의 필요성

M: Hello, everyone. I know you're busy _____ _____ _____ _____ about K-pop. I just want to tell you one thing. You can use _____ _____ _____ or web pages for your report. But you have to write down _____ _____ _____ _____ _____ . Remember. Just copying something is not allowed. You must also include where you found it. _____ _____ _____ your report.

11

대화를 듣고, *Snow Crash*에 대한 내용과 일치하지 <u>않는</u> 것을 고르시오.
① 공상과학소설이다.
② metaverse라는 단어가 처음으로 등장한다.
③ 작가 Neal Stephenson이 썼다.
④ 1992년에 출판되었다.
⑤ 이야기에서 미래의 미국을 metaverse라고 불렀다.

M: Have you heard of *Snow Crash*?

W: No, what is it?

M: It's a _____ _____ _____ . The word metaverse was first used in it.

W: Oh, really? That's interesting. _____ _____ _____ _____ ?

M: The American writer Neal Stephenson wrote it. _____ _____ _____ in 1992.

W: I see. How was the word metaverse used in the novel?

M: In the story, metaverse is the _____ _____ _____ _____ .

12

대화를 듣고, 남자가 전화를 건 목적으로 가장 적절한 것을 고르시오.
① 한국어를 배우기 위해서
② 센터에 등록하기 위해서
③ 방문 시간을 바꾸기 위해서
④ 방문 횟수를 늘리기 위해서
⑤ 봉사활동에 대해 문의하기 위해서

[Telephone rings.]

W: Hello, this is the *Multicultural Family Support Center*. How may I help you?

M: Hi, I'm interested in _____ _____ _____ there.

W: Oh, great. _____ _____ _____ _____ ? We have children from multicultural families.

M: Sure. _____ _____ _____ there?

W: The children come here around 4 p.m. Can you visit us after 5?

M: Yes. I'll be there after school.

W: How often can you volunteer?

M: _____ _____ _____ . Is that okay?

W: That's perfect.

13

대화를 듣고, 록 밴드 *Happy Memory*가 학교에 오는 날짜를 고르시오.

① 5월 8일　　②5월 10일　　③ 5월 11일
④ 5월 12일　　⑤5월 13일

M: The school festival is coming up. I'm so excited.

W: Me, too. _____ _____ _____ _____, from May 10th to the 12th, right?

M: Yes. And on May 11th, the famous rock band *Happy Memory* is performing at our school. _____ _____ _____ _____.

W: Right. It's really surprising. _____ _____ _____ _____ _____?

M: It's at 8 p.m. How about having dinner together before the concert?

W: _____ _____! Let's have some pizza.

M: All right.

14

대화를 듣고, 두 사람의 관계로 가장 적절한 것을 고르시오.

① 의사 – 간호사
② 약사 – 손님
③ 코치 – 선수
④ 재활치료사 – 환자
⑤ 수의사 – 동물 보호자

W: Thank you for _____ _____ _____ _____ _____ her.

M: My pleasure.

W: Can she go for walks?

M: She can _____ _____ _____ _____. But don't let her run for about two weeks.

W: I see. And should I _____ _____ _____?

M: Yes. Twice a day. And you should get a step. Then she _____ _____ _____ _____ onto the bed or sofa.

W: Okay, I will.

M: Remember that poodles don't have very strong legs.

15

대화를 듣고, 남자가 여자에게 제안한 일로 가장 적절한 것을 고르시오.

① 공포 영화 고르기
② 영화 내용 분석하기
③ 시험공부 함께 하기
④ 시험 후 계획 세우기
⑤ 함께 영화 보러 가기

W: Finally, the final exams are over. I've been really _____ _____.

M: Do you have any special plans?

W: Not really. How about you?

M: Well, I'd like to _____ _____ _____ _____. *A Missing Child* is really popular these days.

W: Oh, I've heard about that movie. It's _____ _____ _____, right?

M: Yes. I like watching horror movies when I'm stressed. _____ _____ _____ _____ _____ _____ together?

W: Okay, let's go.

16

대화를 듣고, 학생회 회원들이 벼룩시장을 준비하는 이유로 가장 적절한 것을 고르시오.

① 기부된 물건들을 사기 위해서
② 스스로 돈을 버는 경험을 하기 위해서
③ 학생 회의실 공사 비용을 모으기 위해서
④ 가난한 나라의 어린이들을 돕기 위해서
⑤ 학교의 학생들이 참가할 활동이 필요해서

W: James, what are the clothes in front of the door for?

M: I'm going to donate them to the _____ _____ _____.

W: Oh, who's putting on the flea market?

M: The student council is.

W: Cool. _____ _____ _____ _____ _____ with the money?

M: They're _____ _____ _____ children in poor countries.

W: How nice! I'll find _____ _____ _____, too.

M: Thanks, Mom.

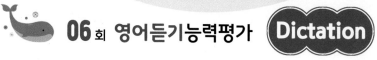

17

다음 그림의 상황에 가장 적절한 대화를 고르시오.

① ② ③ ④ ⑤

① M: What did you think of the book?
  W: Well, _____ _____ _____.
② M: How do you like your new smartphone?
  W: _____ _____ _____ with it.
③ M: Is it okay to take pictures here?
  W: Of course. Go ahead.
④ M: Can I _____ _____ _____?
  W: Sure. I'll take $5 off.
⑤ M: _____ _____ _____ _____ to the subway station at 2 p.m.?
  W: I'm afraid not. How about 2:30?

18

다음을 듣고, 남자가 Giant Panda에 대해 언급하지 않은 것을 고르시오.
① 상징인 나라
② 꼬리 길이
③ 수명
④ 몸무게
⑤ 매일 먹는 대나무의 양

M: These are _____ _____. They're _____ _____ _____ _____. The tail of them is 10 to 15 cm and it is the second-longest _____ _____ _____ _____. Giant pandas live from 20 to 30 years. Their _____ _____ is bamboo. They eat 18 kg of bamboo every day.

19~20 대화를 듣고, 남자의 마지막 말에 이어질 여자의 말로 가장 적절한 것을 고르시오.

19

Woman: _____

① It's up to you.
② It means to eat a lot.
③ You'd better eat vegetables.
④ I had to stop eating sweets.
⑤ You are a great photographer.

W: Hi, Jason. _____ _____ _____ _____ my profile picture.
M: Okay. Wow, you look amazing.
W: Thanks. You know, I _____ _____ _____ and worked out for about 6 months.
M: How did you do it? I _____ _____ _____.
W: It was hard. I love flour, too.
M: Are you eating flour nowadays?
W: Yeah! Let's _____ _____ _____ _____ and spaghetti tonight.
M: "Pig out"? What does that mean?

20

Woman: _____

① Have you been to Mexico?
② Where is the *Louvre Museum*?
③ I'm interested in drawing pictures.
④ Frida Kahlo was a Mexican painter.
⑤ Sure. I'll book one more ticket for you.

M: Hi, Jane. What are you doing?
W: Hi, Kevin. I'm _____ _____ _____ to the Frida Kahlo exhibition, online.
M: Who is Frida Kahlo? I've never heard of her.
W: She was a Mexican painter. Even the *Louvre Museum* _____ _____ _____ of her paintings.
M: Wow. So _____ _____?
W: Yeah. And her life was tough. But she kept drawing pictures.
M: Wow, I'd like to check out her paintings, too. _____ _____ _____ _____?

Fun with Comics

Y-shirt vs. Dress Shirt

I bought a Y-Shirt.

?

Sorry. What Shirt? Why Shirt?

I mean a Y-Shirt.

This is the Shirt. Look at this.

You mean a dress Shirt. It looks nice.

> **Tip** 우리나라에서는 남성들이 정장 재킷 안에 입는 옷을 Y-shirt(와이셔츠)라고 하지만 영어권 국가에서는 Y-shirt 대신 dress shirt라는 표현을 씁니다. dress shirt라고 해서 우리가 흔히 생각하는 여성용 드레스와 관련 있는 말이 아님에 유의하세요.

How to Listen

[t]가 자음 사이에 있을 경우 발음이 약화되거나 거의 소리가 나지 않는 경향이 있다.

Listening Practice

- He was absen(t) from the class.
- I have to suppor(t) my team.

Mini Check-up

〈보기〉와 같이 발음이 약화되거나 거의 소리가 나지 <u>않는</u> 부분을 찾아 괄호를 해 봅시다.

〈보기〉 She sen(t) Mark the letter.

1. They wanted to adopt Kathy.
2. Aunt Laura made this scarf for me.

01 다음을 듣고, 로스앤젤레스의 내일 날씨로 가장 적절한 것을 고르시오.

①  ② ③ ④ ⑤

02 대화를 듣고, 남자가 구입할 축구공으로 가장 적절한 것을 고르시오.

①  ② ③ ④ ⑤

03 대화를 듣고, 여자의 심정으로 가장 적절한 것을 고르시오.

① shy   ② bored   ③ pleased
④ nervous   ⑤ disappointed

04 대화를 듣고, 여자가 어제 한 일로 가장 적절한 것을 고르시오.

① 과학 박물관 방문하기
② 아쿠아리움 가기
③ 실험 영상 보기
④ 영화 시청하기
⑤ 낚시 하기

05 대화를 듣고, 두 사람이 대화하는 장소로 가장 적절한 곳을 고르시오.

① 세차장   ② 워터파크   ③ 자동차 극장
④ 셀프 세탁방   ⑤ 중고차 매장

06 대화를 듣고, 남자의 마지막 말의 의도로 가장 적절한 것을 고르시오.

① 용서 　　② 승낙 　　③ 조언 　　④ 항의 　　⑤ 감사

07 대화를 듣고, 여자가 가져올 물건으로 가장 적절한 것을 고르시오.

① 노트북 　　　　② 프린터기 　　　　③ 빔 프로젝터
④ 온라인 자료 　　⑤ 사회 교과서

08 대화를 듣고, 두 사람이 대화 직후에 할 일로 가장 적절한 것을 고르시오.

① 테니스 시합하기
② 테니스 연습하기
③ 여자의 집에 가기
④ 테니스 레슨 등록하기
⑤ 코치를 위한 선물 구입하기

09 대화를 듣고, 남자가 책에 대해 언급하지 <u>않은</u> 것을 고르시오.

① 제목 　　　　② 작가 　　　　③ 가격
④ 출간일 　　　⑤ 판매 부수

10 다음을 듣고, 남자가 하는 말의 내용으로 가장 적절한 것을 고르시오.

① 수학 강연 안내
② 북 페어 행사 안내
③ 책 읽는 방법 소개
④ 행사 등록 방법 안내
⑤ 행사 자원봉사자 모집

11 대화를 듣고, *Venus Summer Camp*에 대한 내용과 일치하지 <u>않는</u> 것을 고르시오.

① 캠프장은 산속에 있다.
② 캠프의 주제는 물과 관련되어 있다.
③ 캠프 참여자들은 수영을 할 것이다.
④ 캠프 참여자들은 개울에 갈 것이다.
⑤ 캠프 참가비는 무료이다.

12 대화를 듣고, 남자가 전화를 건 목적으로 가장 적절한 것을 고르시오.

① 치과 예약을 바꾸기 위해서
② 아침 식사 약속을 정하기 위해서
③ 치과 진료 예약을 하기 위해서
④ 딸이 집에 있는지 확인하기 위해서
⑤ 딸에게 오늘 일정을 확인시켜 주기 위해서

13 대화를 듣고, 여자가 지불해야 할 금액으로 가장 적절한 것을 고르시오.

① $150　　　② $200　　　③ $250　　　④ $300　　　⑤ $350

14 대화를 듣고, 두 사람의 관계로 가장 적절한 것을 고르시오.

① 사진사 – 손님　　　　　② 화가 – 모델
③ 배우 – 극본 작가　　　　④ 비행기 조종사 – 승무원
⑤ 촬영기사 – 연출자

15 대화를 듣고, 남자가 여자에게 제안한 일로 가장 적절한 것을 고르시오.

① 건강 관리하기　　　　　② 클럽 홍보하기
③ 조깅 시간 바꾸기　　　　④ 규칙적으로 운동하기
⑤ 조깅 클럽에 가입하기

16 대화를 듣고, 남자가 다시 학교에 가는 이유로 가장 적절한 것을 고르시오.

① 친구들과 놀기 위해서　　　② 뮤지컬 관람을 위해서
③ 영어 공부를 하기 위해서　　④ 영어 뮤지컬 연습을 위해서
⑤ 영어책을 가지러 가기 위해서

17 다음 그림의 상황에 가장 적절한 대화를 고르시오.

① ② ③ ④ ⑤

18 다음을 듣고, 여자가 사파리에 대해 언급하지 <u>않은</u> 것을 고르시오.

① 위치   ② 이름   ③ 동물의 수
④ 면적   ⑤ 주의할 점

19~20 대화를 듣고, 여자의 마지막 말에 이어질 남자의 말로 가장 적절한 것을 고르시오.

19 Man: _____

① I want to join you.
② It'll be so much fun!
③ Let's stay for 5 days.
④ The kids would like to go there.
⑤ I've already bought our flight tickets.

20 Man: _____

① That's a great idea.
② I can play the violin.
③ You like dance music.
④ Let's go to the festival.
⑤ You can donate clothes.

07회 영어듣기능력평가 Dictation

01

다음을 듣고, 로스앤젤레스의 내일 날씨로 가장 적절한 것을 고르시오.

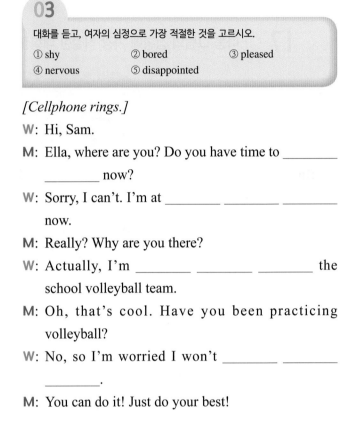

① ② ③
④ ⑤

W: Welcome to *Weather California*. Tomorrow, San Francisco and Sacramento will _____ _____ _____. In San Jose, there will be _____ _____ _____ _____ _____ and clouds, so when you go out, be sure to _____ _____ _____ with you. However, in Los Angeles, it will be warm and sunny, so _____ _____ and enjoy the good weather.

02

대화를 듣고, 남자가 구입할 축구공으로 가장 적절한 것을 고르시오.

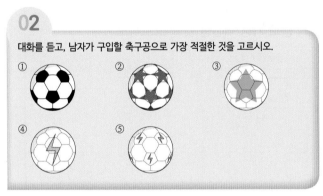

① ② ③
④ ⑤

M: Excuse me. I'm looking to buy _____ _____ _____.

W: Okay. Our soccer balls are right here. This one has _____ _____ on it.

M: It's nice, but I want one with just _____ _____ on it.

W: Then, how about this one with a lightning bolt?

M: I want to have something different. Do you have a ball with one big star?

W: Yes, we do. _____ _____. Do you want it?

M: Yes. I'll take it.

03

대화를 듣고, 여자의 심정으로 가장 적절한 것을 고르시오.

① shy   ② bored   ③ pleased
④ nervous   ⑤ disappointed

[Cellphone rings.]

W: Hi, Sam.

M: Ella, where are you? Do you have time to _____ _____ now?

W: Sorry, I can't. I'm at _____ _____ _____ now.

M: Really? Why are you there?

W: Actually, I'm _____ _____ _____ the school volleyball team.

M: Oh, that's cool. Have you been practicing volleyball?

W: No, so I'm worried I won't _____ _____ _____.

M: You can do it! Just do your best!

04

대화를 듣고, 여자가 어제 한 일로 가장 적절한 것을 고르시오.

① 과학 박물관 방문하기
② 아쿠아리움 가기
③ 실험 영상 보기
④ 영화 시청하기
⑤ 낚시 하기

W: Chris, did you do anything special _____ _____ yesterday?

M: I went fishing with my dad. I caught a big fish! How about you?

W: Wow! That sounds like fun. I went to _____ _____ _____ with my mom.

M: Oh! What did you do there?

W: I did a science experiment. I _____ _____ _____ _____. Then, I watched a video about space.

M: Sounds fun! Let's _____ _____ _____ _____ together some time.

W: Yes, let's do that.

05

대화를 듣고, 두 사람이 대화하는 장소로 가장 적절한 곳을 고르시오.

① 세차장   ② 워터파크   ③ 자동차 극장
④ 셀프 세탁방   ⑤ 중고차 매장

M: Look at all of the cars here.

W: There are _____ _____ _____. We'll have to wait for a while.

M: Right. Look at that car! It's _____ _____.

W: Yeah. Should we wash _____ _____ _____ _____ _____?

M: Yeah, we should. It's been a while since we washed the inside.

W: Okay. Then the inside and outside _____ _____ _____.

M: Let's park our car over there and wait.

06

대화를 듣고, 남자의 마지막 말의 의도로 가장 적절한 것을 고르시오.

① 용서   ② 승낙   ③ 조언   ④ 항의   ⑤ 감사

[Cellphone rings.]

M: Hi, Sarah.

W: Hi, Michael. Are you _____ _____ _____ _____?

M: Yes, I'm having a lot of fun. We haven't _____ _____ for a while.

W: That's why I'm calling you. Do you have time _____ _____ _____?

M: Yes, I do.

W: That's great! Can you come to *Grand Park* _____ _____ _____? I'll bring a volleyball and board games.

M: Of course, I can.

07

대화를 듣고, 여자가 가져올 물건으로 가장 적절한 것을 고르시오.

① 노트북   ② 프린터기   ③ 빔 프로젝터
④ 온라인 자료   ⑤ 사회 교과서

M: Let's start working on _____ _____ _____ _____ tomorrow. We should make the interview sheet first.

W: Good idea. What do we need to make it?

M: I can _____ _____ _____.

W: Okay. How about our textbook? Do you think we'll need it?

M: I don't think so. Can you _____ _____ _____ _____ online and print them out?

W: Of course. I'll _____ _____.

M: Great!

08

대화를 듣고, 두 사람이 대화 직후에 할 일로 가장 적절한 것을 고르시오.

① 테니스 시합하기
② 테니스 연습하기
③ 여자의 집에 가기
④ 테니스 레슨 등록하기
⑤ 코치를 위한 선물 구입하기

W: Hey, James. How have you been? Are you still taking _____ _____?

M: Yes, I am. But I don't feel like I'm improving.

W: Really? I heard about _____ _____ _____ in town. Do you want his contact information?

M: Sure. How can I get it?

W: I have _____ _____ _____ at home.

M: Can you send me his number when you go home?

W: Rather, how about _____ _____ _____ _____ now?

M: Okay, let's do that.

09

대화를 듣고, 남자가 책에 대해 언급하지 <u>않은</u> 것을 고르시오.
① 제목   ② 작가   ③ 가격
④ 출간일   ⑤ 판매 부수

W: Ben, what are you reading?

M: I'm _____ _____ _____, *Pa Rang Sae*. It's a touching story about a bluebird.

W: _____ _____. Who is the author?

M: The author is Min Sun Lee. She's Korean and is so popular these days.

W: I see. When _____ _____ _____? This year?

M: No, it was published on October 14th, 2019. More than ten million copies of this book _____ _____ _____.

W: That's amazing.

10

다음을 듣고, 남자가 하는 말의 내용으로 가장 적절한 것을 고르시오.
① 수학 강연 안내
② 북 페어 행사 안내
③ 책 읽는 방법 소개
④ 행사 등록 방법 안내
⑤ 행사 자원봉사자 모집

M: Good morning, everyone! _____ _____, Thursday, May 19th, we are hosting *Novels & Numbers Night* _____ _____ _____ _____ event. From 5:30 to 7:00 there will be a family math event. _____ _____, you need to sign up first. After 7:00, you will have time to _____ _____ _____ to your favorite book's character in Room 1. Enjoy our book fair event.

11

대화를 듣고, *Venus Summer Camp*에 대한 내용과 일치하지 <u>않는</u> 것을 고르시오.
① 캠프장은 산속에 있다.
② 캠프의 주제는 물과 관련되어 있다.
③ 캠프 참여자들은 수영을 할 것이다.
④ 캠프 참여자들은 개울에 갈 것이다.
⑤ 캠프 참가비는 무료이다.

W: Jace, have you heard of the *Venus Summer Camp*?

M: Yes, I heard _____ _____ is in the mountains.

W: Right. And the theme this year is *Water Week*. Campers will _____ _____ _____ _____. Also, they will go to a stream.

M: It will be a lot of fun. _____ _____ _____ _____?

W: No, it's $300 a week. Do you want to sign up for it?

M: Yeah. Let's _____ _____ _____.

W: Okay. I will ask my mom.

12

대화를 듣고, 남자가 전화를 건 목적으로 가장 적절한 것을 고르시오.
① 치과 예약을 바꾸기 위해서
② 아침 식사 약속을 정하기 위해서
③ 치과 진료 예약을 하기 위해서
④ 딸이 집에 있는지 확인하기 위해서
⑤ 딸에게 오늘 일정을 확인시켜 주기 위해서

[Cellphone rings.]

W: Hello, Dad! What's up?

M: Hi, Edita! Are you _____ _____ at school now?

W: Yes, I am eating _____ _____ _____.

M: Okay. Do you remember you have _____ _____ _____ at 4 today?

W: Ah! I forgot! Are you coming to pick me up at school?

M: Yes. I forgot to _____ _____ this morning. I will be there at 3:30.

W: Okay. See you then.

13

대화를 듣고, 여자가 지불해야 할 금액으로 가장 적절한 것을 고르시오.

① $150 ② $200 ③ $250 ④ $300 ⑤ $350

M: Hello! Welcome to *Central Sports*. What can I do for you?

W: Hi! I'd like to _____ _____ your swimming class. How much is it?

M: It's $100 per month. But if you register for three months, you get _____ _____ _____.

W: Oh, that's a good deal. I will register for three months.

M: Okay, _____ _____ is $250. Let me help you register. Just _____ _____ _____ _____.

W: I will.

14

대화를 듣고, 두 사람의 관계로 가장 적절한 것을 고르시오.

① 사진사 – 손님 ② 화가 – 모델
③ 배우 – 극본 작가 ④ 비행기 조종사 – 승무원
⑤ 촬영기사 – 연출자

W: Hello. Please _____ _____ _____ here. So you are going to use this photo for _____ _____, right?

M: Yes, that's right. I hope I look okay.

W: You look fine. Do you want to look _____ _____ _____ before I take your passport picture?

M: It's okay. I'm ready.

W: Okay. Look here. After I count to three, I will _____ _____ _____. Don't blink.

M: Alright.

15

대화를 듣고, 남자가 여자에게 제안한 일로 가장 적절한 것을 고르시오.

① 건강 관리하기
② 클럽 홍보하기
③ 조깅 시간 바꾸기
④ 규칙적으로 운동하기
⑤ 조깅 클럽에 가입하기

W: Hi, Bill. You look great.

M: Hi, Vivian. Thanks. Actually, _____ _____ _____ these days.

W: Really? I thought you didn't like to exercise.

M: Right. I really _____ _____. But then I joined a jogging club. Now I really like it.

W: Wow, that's good for you.

M: I jog with _____ _____ _____ every day. I feel a lot healthier. How about joining the jogging club?

W: Sure. That'll be great!

16

대화를 듣고, 남자가 다시 학교에 가는 이유로 가장 적절한 것을 고르시오.

① 친구들과 놀기 위해서
② 뮤지컬 관람을 위해서
③ 영어 공부를 하기 위해서
④ 영어 뮤지컬 연습을 위해서
⑤ 영어책을 가지러 가기 위해서

W: Lucas, where are you going?

M: Mom, I'm _____ _____ _____ school.

W: Why are you going back?

M: You already forgot? I am going to start practicing English musicals _____ _____ _____ every Friday.

W: Oh, yeah. Now I remember. So when will you be back home?

M: In _____ _____ _____.

W: Then when you're almost done, could you _____ _____ _____ _____? I can pick you up.

M: Thanks. I'll text you.

07회 영어듣기능력평가 Dictation

17

다음 그림의 상황에 가장 적절한 대화를 고르시오.

① ② ③ ④ ⑤

① M: Where is _____ _____ _____?
   W: I cannot remember where I put it.
② M: Are you okay? The sign says, "_____."
   W: I'm okay. I'll be careful.
③ M: _____ _____ for that puddle!
   W: Oh, I didn't see it. Thank you.
④ M: Do you know where the water tube slide is?
   W: Maybe behind the pool.
⑤ M: Don't run. We have enough time.
   W: I don't want to _____ _____ _____.

18

다음을 듣고, 여자가 사파리에 대해 언급하지 않은 것을 고르시오.
① 위치　　② 이름　　③ 동물의 수
④ 면적　　⑤ 주의할 점

M: Discover _____ _____ in Napu! In our safari, Westvelly, you can see wild lions, _____ _____ and tall giraffes. From wild monkeys to beautiful zebras, _____ _____ _____ live in our 400 m² area. Our safari vehicles are safe, and our guides are experienced. So don't worry _____ _____. Come for a fun safari!

19~20

대화를 듣고, 여자의 마지막 말에 이어질 남자의 말로 가장 적절한 것을 고르시오.

19

Man: _____
① I want to join you.
② It'll be so much fun!
③ Let's stay for 5 days.
④ The kids would like to go there.
⑤ I've already bought our flight tickets.

W: Do you know our kids have no school _____ _____?
M: I know. It's spring break.
W: How about _____ _____ _____ to Hawaii?
M: Good idea. We've been talking about it for a long time.
W: Yeah. So we should _____ _____ _____ _____ and a good hotel to stay at.
M: Okay. Let's start doing that tonight.
W: All right. _____ _____ _____ will we stay there?

20

Man: _____
① That's a great idea.
② I can play the violin.
③ You like dance music.
④ Let's go to the festival.
⑤ You can donate clothes.

W: Hi, Eric. What are you looking at?
M: It's a brochure for _____ _____ _____ this Saturday.
W: Oh, that sounds great! _____ _____ _____ about it.
M: An orchestra _____ _____ on the lawn in front of city hall. It's all free.
W: That's great! Is there anything else?
M: Yes. There will be a flea market _____ _____. You can donate to it.
W: What can I donate to the flea market?

Fun with Comics

Sweet Shop

How was your trip to London?

Wonderful. I went to a wonderful sweet shop.

Sweet shop?

What can you buy in that shop?

Sweet things like candies and chocolates.

Oh, I see. It's a candy store.

 Tip 미국에서는 사탕 가게를 candy store[shop]라고 하지만 영국에서는 sweet shop이라는 표현을 씁니다. 또한 여러분이 좋아하는 French fries를 영국에서는 chips라고 부른답니다.

 ## How to Listen

빠른 대화에서 -ing은 [iŋ]이 약화되어 [in]으로 발음되는 경향이 있다. 특히 [in] 다음에 모음으로 시작되는 단어가 오면 연결되어 발음된다.

 Listening Practice

- Could you bring it here?
- He'll be looking for his shirt.

Mini **Check-up**

다음 밑줄 친 부분이 연결되어 발음되면 O, [in]으로 발음되면 N이라고 표시해 봅시다.

1. Are you com<u>ing to</u> the party? (   )
2. I'm go<u>ing over</u> there.   (   )

01
다음을 듣고, 목요일의 날씨로 가장 적절한 것을 고르시오.

① 　② 　③ 　④ 　⑤

02
대화를 듣고, 남자가 선택할 목걸이로 가장 적절한 것을 고르시오.

① 　② 　③ 　④ 　⑤

03
대화를 듣고, 남자의 현재 심정으로 가장 적절한 것을 고르시오.

① sad　　　　　② angry　　　　　③ relieved

④ excited　　　⑤ embarrassed

04
대화를 듣고, 여자가 어제 한 일로 가장 적절한 것을 고르시오.

① 쇼핑하기　　　② 옷 염색하기　　　③ 선물 포장하기

④ 그림 그리기　　⑤ 가족 여행하기

05
대화를 듣고, 두 사람이 대화하는 장소로 가장 적절한 곳을 고르시오.

① 수족관　　　② 호수　　　③ 놀이동산

④ 과학관　　　⑤ 박물관

06 대화를 듣고, 남자의 마지막 말의 의도로 가장 적절한 것을 고르시오.

① 후회   ② 거절   ③ 격려   ④ 승낙   ⑤ 칭찬

07 대화를 듣고, 남자가 가져올 것으로 가장 적절한 것을 고르시오.

① 장미   ② 과일   ③ 음료수
④ 샌드위치   ⑤ 피크닉 테이블

08 대화를 듣고, 두 사람이 대화 직후에 할 일로 가장 적절한 것을 고르시오.

① 소풍 가기   ② 보트 빌리기   ③ 호수 산책하기
④ 여행 변경하기   ⑤ 여행 계획 세우기

09 대화를 듣고, 남자가 미술관에 대해 언급하지 <u>않은</u> 것을 고르시오.

① 이름   ② 휴무일   ③ 연령 제한
④ 입장료   ⑤ 전시회 종류

10 다음을 듣고, 여자가 하는 말의 내용으로 가장 적절한 것을 고르시오.

① 독서의 중요성
② 도서관 이용 시 주의사항
③ 종이책과 전자책의 장단점
④ 동아리 홈페이지 디자인 공모
⑤ 학교 도서관 웹사이트 사용법

11 대화를 듣고, *Nature Journal Program*에 대한 내용과 일치하지 <u>않는</u> 것을 고르시오.

① *Sono* 박물관에서 진행할 것이다.
② 학생들이 식물을 관찰한 후 그림을 그릴 것이다.
③ 학생들은 식물에 대한 정보도 추가할 것이다.
④ 7월 13일 목요일에 진행될 것이다.
⑤ 학생 참가비는 무료이다.

12 대화를 듣고, 남자가 전화를 건 목적으로 가장 적절한 것을 고르시오.

① 테니스 라켓을 주문하기 위해서
② 주문한 상품을 취소하기 위해서
③ 테니스 강습일을 변경하기 위해서
④ 주문한 상품의 도착일을 알기 위해서
⑤ 주문한 라켓의 색상을 변경하기 위해서

13 대화를 듣고, 여자가 지불해야 할 금액으로 가장 적절한 것을 고르시오.

① $4   ② $5   ③ $6   ④ $7   ⑤ $8

14 대화를 듣고, 두 사람의 관계로 가장 적절한 것을 고르시오.

① 디자이너 – 모델   ② 휴대전화 수리기사 – 손님
③ 택시 기사 – 승객   ④ 영상 제작자 – 배우
⑤ 중고물품 판매자 – 구매자

15 대화를 듣고, 여자가 남자에게 부탁한 일로 가장 적절한 것을 고르시오.

① 옷 주문하기   ② 세탁 세제 사기
③ 드레스 세탁하기   ④ 세탁소에 옷 맡기기
⑤ 세탁소에서 옷 찾아오기

16 대화를 듣고, 여자가 차를 빌리지 <u>못한</u> 이유로 가장 적절한 것을 고르시오.

① 출장을 가야 해서
② 서류가 잘못 되어서
③ 자동차 대여점이 문을 닫아서
④ 신용카드를 안 가져가서
⑤ 운전면허증을 안 가져가서

17 다음 그림의 상황에 가장 적절한 대화를 고르시오.

①   ②   ③   ④   ⑤

18 다음을 듣고, 여자가 캠핑장에 대해 언급하지 <u>않은</u> 것을 고르시오.

① 체크아웃 시간
② 차량 제한 속도
③ 애견 동반 조건
④ 세면장 사용 규칙
⑤ 쓰레기 처리 요령

19~20 대화를 듣고, 남자의 마지막 말에 이어질 여자의 말로 가장 적절한 것을 고르시오.

19 Woman: _____

① I didn't like it there.
② Bring a big bottle of water.
③ Hiking shoes are expensive.
④ I'm going hiking for 2 days.
⑤ How about going swimming?

20 Woman: _____

① I want to buy a card.
② Yes, I'll help Ms. Stevens.
③ Oh, your flowers are pretty.
④ I forgot about *Teachers' Day*.
⑤ Of course. I can help you decide.

01

다음을 듣고, 목요일의 날씨로 가장 적절한 것을 고르시오.

① ② ③
④ ⑤

W: Good morning. Here's the *Weekly Weather Report*. _____ _____, in the morning it'll be snowy, but in the afternoon the snow _____ _____. On Tuesday and Wednesday, it'll be sunny. Wednesday will be the hottest day of the week. Thursday morning, it'll _____ _____ and it will rain till Sunday. Then, be careful _____ _____ _____. Thank you.

02

대화를 듣고, 남자가 선택할 목걸이로 가장 적절한 것을 고르시오.

① ② ③
④ ⑤

W: Hello, may I help you?
M: Yes. I'm _____ _____ _____ _____ to celebrate my 15th wedding anniversary.
W: Congratulations. We have these heart-shaped and _____ _____.
M: I prefer a heart-shaped one.
W: I see. There are three colors of heart-shaped pendant necklaces, red, _____, _____ _____.
M: Oh! My wife will like the purple one. I'll take that one.
W: Okay. That's _____ _____ _____.

03

대화를 듣고, 남자의 현재 심정으로 가장 적절한 것을 고르시오.
① sad ② angry ③ relieved
④ excited ⑤ embarrassed

W: Jason, where are you going?
M: I'm going to _____ _____ to pick up my phone.
W: What? _____ _____ the phone? What happened?
M: Um... Yesterday, I was charging it at the library and I _____ _____ _____ it when I left the library. When I realized, the library was already closed.
W: I see. Did you call the library to check if your phone is still there?
M: Yes. Fortunately, _____ _____ _____ _____ on to my phone.

04

대화를 듣고, 여자가 어제 한 일로 가장 적절한 것을 고르시오.
① 쇼핑하기 ② 옷 염색하기 ③ 선물 포장하기
④ 그림 그리기 ⑤ 가족 여행하기

W: Hey, guess _____ _____ _____ for you.
M: I have no idea. What is it?
W: It's _____ _____ _____! I made it at summer camp yesterday.
M: Oh, the colors are so nice! I love blue. Thanks. I like it a lot.
W: _____ _____ _____. Have you ever had a dyed t-shirt?
M: No, this is _____ _____ _____. Thanks a lot.
W: It's my pleasure!

05

대화를 듣고, 두 사람이 대화하는 장소로 가장 적절한 곳을 고르시오.
① 수족관　　② 호수　　③ 놀이동산
④ 과학관　　⑤ 박물관

W: I just saw sea horses. What are you looking at?

M: Those _____ _____. They're my favorite because they move so slowly, just like me.

W: Oh, _____ _____ _____! Let's go over there. There are so many people here.

M: Wow! Some divers are _____ _____ _____. The fish are following them. That's so interesting.

W: Look! There are _____ _____ _____, too. They're so big!

M: Yeah, they are.

06

대화를 듣고, 남자의 마지막 말의 의도로 가장 적절한 것을 고르시오.
① 후회　　② 거절　　③ 격려
④ 승낙　　⑤ 칭찬

W: Honey, have you seen _____ _____ _____ _____? I can't find it anywhere.

M: Ryan used it last night. He went to the swimming pool with his friends.

W: Oh. Did Ryan _____ _____? I thought you brought him to the swimming pool with the key.

M: No, _____ _____, so I gave the key to Ryan.

W: Maybe he lost it.

M: I feel like it's _____ _____. Sorry.

07

대화를 듣고, 남자가 가져올 것으로 가장 적절한 것을 고르시오.
① 장미　　② 과일　　③ 음료수
④ 샌드위치　　⑤ 피크닉 테이블

M: I am so happy _____ _____. I wonder if there's a nice garden to go to this Sunday.

W: I heard there's _____ _____ _____ at *Flower Hills* garden this weekend.

M: Really? Let's go there. I like roses a lot.

W: Okay, sounds good. I will bring _____ _____ _____. There are picnic tables there.

M: All right. I'll _____ _____ _____.

W: That'll be great!

08

대화를 듣고, 두 사람이 대화 직후에 할 일로 가장 적절한 것을 고르시오.
① 소풍 가기　　② 보트 빌리기　　③ 호수 산책하기
④ 여행 변경하기　　⑤ 여행 계획 세우기

W: David, what are you going to do _____ _____?

M: I don't have any plans yet.

W: Then, how about going boating at *Lake Panorama*? We can _____ _____ _____ online.

M: Sure. That sounds like fun! _____ _____ _____ _____ should we rent?

W: How about a pedal boat? We can look around the beautiful scenery _____ _____ _____ on the boat.

M: That's a great idea! Let's rent one.

09

대화를 듣고, 남자가 미술관에 대해 언급하지 <u>않은</u> 것을 고르시오.

① 이름 ② 휴무일 ③ 연령 제한
④ 입장료 ⑤ 전시회 종류

W: Bill, what are you searching for _____ _____ _____?

M: I'm searching for any current art exhibitions at the *Modern Art Gallery*.

W: When are you going to _____ _____?

M: I was planning on going there on Tuesday, but they're closed on Tuesdays. So, I'm _____ _____ _____.

W: Is it free?

M: No. Kids are free, but it's $25 for adults.

W: _____ _____ _____. Then, what exhibition do you want to see?

M: I want to see the one about modern German arts.

10

다음을 듣고, 여자가 하는 말의 내용으로 가장 적절한 것을 고르시오.

① 독서의 중요성
② 도서관 이용 시 주의사항
③ 종이책과 전자책의 장단점
④ 동아리 홈페이지 디자인 공모
⑤ 학교 도서관 웹사이트 사용법

W: Hello, students. I'd like to tell you _____ _____ _____ the school library website. First, log in to the website _____ _____ _____ and password. Second, type in your favorite genre in the search box. The search engine will _____ _____ to you. Finally, when you click on a book, the school library website will show you _____ _____ _____ _____. Thanks for listening.

11

대화를 듣고, *Nature Journal Program*에 대한 내용과 일치하지 <u>않는</u> 것을 고르시오.

① *Sono* 박물관에서 진행할 것이다.
② 학생들이 식물을 관찰한 후 그림을 그릴 것이다.
③ 학생들은 식물에 대한 정보도 추가할 것이다.
④ 7월 13일 목요일에 진행될 것이다.
⑤ 학생 참가비는 무료이다.

W: Mark, have you heard about the *Nature Journal Program* at *Sono Museum*?

M: No, but it _____ _____! What exactly is it?

W: In the program, participants _____ _____ and sketch them. Then, they add information about the plants.

M: Sounds fun! When is it?

W: It's _____ _____, July 13th.

M: Great! I am free that day. How much does it cost?

W: It's _____ _____ _____. Let's sign up together.

M: Let's do that.

12

대화를 듣고, 남자가 전화를 건 목적으로 가장 적절한 것을 고르시오.

① 테니스 라켓을 주문하기 위해서
② 주문한 상품을 취소하기 위해서
③ 테니스 강습일을 변경하기 위해서
④ 주문한 상품의 도착일을 알기 위해서
⑤ 주문한 라켓의 색상을 변경하기 위해서

[Telephone rings.]

W: Hello, how can I help you?

M: Hi, I _____ _____ _____ _____ 6 days ago, but I haven't received it yet.

W: I am sorry for _____ _____. What's your order number?

M: It's A1234. Can I know when I can get it?

W: Okay. It shows that you'll _____ _____ _____. Again, I'm so sorry for the delay.

M: It's okay. I just need to get it tomorrow. Thanks for _____ _____.

W: Have a good day!

I3

대화를 듣고, 여자가 지불해야 할 금액으로 가장 적절한 것을 고르시오.

① $4 ② $5 ③ $6 ④ $7 ⑤ $8

W: Hello.

M: Hello. What _____ _____ _____ _____ _____?

W: I'd like to have a caffe latte, please. That's $5, right?

M: Right. And if you want _____ _____ instead of regular milk, an additional $1 _____ _____ _____.

W: Oh! Then I'll have oat milk. I think it tastes better.

M: Okay. Your total is $6. Will you _____ _____ _____?

W: Yes, I will.

I4

대화를 듣고, 두 사람의 관계로 가장 적절한 것을 고르시오.

① 디자이너 – 모델
② 휴대전화 수리기사 – 손님
③ 택시 기사 – 승객
④ 영상 제작자 – 배우
⑤ 중고물품 판매자 – 구매자

[Cellphone rings.]

M: Hello?

W: Hello. I'm calling about _____ _____ _____ you're selling online. Is it still for sale?

M: Yes, it is.

W: Great. Does it _____ _____? And are there any scratches on it?

M: Yes, it does. And there are _____ _____. I can send you a short video of the phone and its features if you want.

W: That would be great!

M: Okay. I'll send you a video _____ _____.

W: Thanks.

I5

대화를 듣고, 여자가 남자에게 부탁한 일로 가장 적절한 것을 고르시오.

① 옷 주문하기
② 세탁 세제 사기
③ 드레스 세탁하기
④ 세탁소에 옷 맡기기
⑤ 세탁소에서 옷 찾아오기

W: Mike, have you seen _____ _____ anywhere?

M: Ah. I noticed it had _____ _____ _____ _____, so I took it to the cleaners.

W: Thanks. Then have you got my dress back _____ _____ _____?

M: I am sorry that I forgot to pick it up.

W: It's okay. If you have time to go there today, could you _____ _____ _____ for me?

M: Sure. I'll go in a little while.

W: Thanks.

I6

대화를 듣고, 여자가 차를 빌리지 못한 이유로 가장 적절한 것을 고르시오.

① 출장을 가야 해서
② 서류가 잘못 되어서
③ 자동차 대여점이 문을 닫아서
④ 신용카드를 안 가져가서
⑤ 운전면허증을 안 가져가서

M: Ellie, why do you look so tired?

W: Today I went to _____ _____ _____, but I wasn't able to rent one.

M: Why not?

W: I forgot to bring _____ _____ _____. I just took my driver's license.

M: Oh, so are you going to _____ _____ _____ the rental shop?

W: Yes. I need to because I am going on _____ _____ _____ tomorrow.

M: I hope it goes well this time!

17

다음 그림의 상황에 가장 적절한 대화를 고르시오.

BALLOONS

① ② ③ ④ ⑤

① M: I want to buy _____ _____ _____.

　W: But, you already have so many robots.

② M: Zoey, we are going to a park this afternoon. Choose _____ _____ _____ _____.

　W: Um... I love dolphins! It looks like a real dolphin.

③ M: That dinosaur looks scary.

　W: That's just a paper dinosaur.

④ M: How beautiful your dress is!

　W: It's my favorite! I love _____ _____ _____ _____.

⑤ M: Look at the wallpaper. It's so pretty!

　W: I like it because _____ _____.

18

다음을 듣고, 여자가 캠핑장에 대해 언급하지 않은 것을 고르시오.

① 체크아웃 시간　　② 차량 제한 속도　　③ 애견 동반 조건
④ 세면장 사용 규칙　⑤ 쓰레기 처리 요령

W: Hello! Welcome to *Evergreen* Campground. I'd like to tell you _____ _____ _____ _____ here. First, checkout time is at 12. Second, _____ _____ _____ inside the campground is 10 kilometers per hour. Third, you can _____ _____ _____, but it must always be on a leash. Fourth, throw out recyclable waste in the appropriate container in _____ _____. Thank you and enjoy your stay!

19~20 대화를 듣고, 남자의 마지막 말에 이어질 여자의 말로 가장 적절한 것을 고르시오.

19

Woman: _____

① I didn't like it there.
② Bring a big bottle of water.
③ Hiking shoes are expensive.
④ I'm going hiking for 2 days.
⑤ How about going swimming?

M: Kate, I need to buy _____ _____ _____.

W: Are you going hiking?

M: Yes. I am going to *Yosemite National Park* _____ _____.

W: That will be fun! I have been there before. It would _____ _____ to wear hiking shoes.

M: Oh! I didn't know you've been there. How was it?

W: It was _____ _____! You'll feel the same way.

M: What should I bring besides my hiking shoes?

20

Woman: _____

① I want to buy a card.
② Yes, I'll help Ms. Stevens.
③ Oh, your flowers are pretty.
④ I forgot about *Teachers' Day*.
⑤ Of course. I can help you decide.

M: Paula, *Teachers' Day* _____ _____.

W: I know. Are you planning on getting something for Ms. Stevens?

M: Yeah. I'm planning on giving her some _____ _____ _____ _____. How about you?

W: I'm going to write her a thank-you letter. _____ _____ _____ _____ are you going to get her?

M: Roses.

W: She'll love them!

M: By the way, I don't know _____ _____ to give her. Can you help me choose one?

Fun with Comics

Lend vs. Borrow / Price vs. Prize

Tip lend는 '빌려주다'라는 의미이고, borrow는 '빌려 오다'라는 의미입니다. 또한 price는 '가격'이라는 뜻이고, prize는 '상'이라는 뜻이죠. 반의어나 철자가 비슷한 단어들은 반드시 비교해서 알아두도록 하세요.

 ## How to Listen

[n] 뒤에 입술소리 [m, p, b]가 오면 자연스러운 발음을 위해 동화현상이 일어나서 [n]이 [m] 소리에 가깝게 발음된다.

 Listening Practice

- What do you mea<u>n b</u>y that?
- He is i<u>n p</u>ain.

Mini **Check-up**

동화현상이 일어나는 부분에 밑줄을 그어 봅시다.

1. I'll be there in May.
2. He can believe it now.

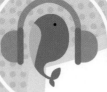

09회 영어듣기능력평가

01 다음을 듣고, 부산의 내일 날씨로 가장 적절한 것을 고르시오.

①  ② ③ ④ ⑤

02 대화를 듣고, 남자가 주문할 수영 모자로 가장 적절한 것을 고르시오.

① ② ③ ④ ⑤

03 대화를 듣고, 여자의 심정으로 가장 적절한 것을 고르시오.

① shy   ② bored   ③ nervous
④ excited   ⑤ cheerful

04 대화를 듣고, 남자가 어제 한 일로 가장 적절한 것을 고르시오.

① 휴식 취하기
② 엄마 병간호 하기
③ 반려견 산책 시키기
④ 병원에 가서 진료 받기
⑤ 반려견 데리고 동물 병원 가기

05 대화를 듣고, 두 사람이 대화하는 장소로 가장 적절한 곳을 고르시오.

① 식당   ② 체육관   ③ 미술관
④ 영화관   ⑤ 콘서트장

06 대화를 듣고, 여자의 마지막 말의 의도로 가장 적절한 것을 고르시오.

① 용서 　　② 조언 　　③ 감사 　　④ 거절 　　⑤ 항의

07 대화를 듣고, 여자가 가져갈 물건으로 가장 적절한 것을 고르시오.

① 천사 날개 장식품 　　② 크리스마스 트리 　　③ 파티용 케이크
④ 다양한 색의 풍선 　　⑤ 산타 모양 장식품

08 대화를 듣고, 두 사람이 대화 직후에 할 일로 가장 적절한 것을 고르시오.

① 공원 산책하기 　　② 수영 강습 받기 　　③ 주민센터에 가기
④ 선수 인터뷰하기 　　⑤ 배영 교육 영상 보기

09 대화를 듣고, 남자가 스터디 룸에 대해 언급하지 <u>않은</u> 것을 고르시오.

① 이름 　　② 수용 인원 　　③ 좌석 배정 방법
④ 운영 시간 　　⑤ 음식물 허용 여부

10 다음을 듣고, 남자가 하는 말의 내용으로 가장 적절한 것을 고르시오.

① 페리 예약 방법
② 바다 사진 촬영 요령
③ 바다 수영 시 안전 규칙
④ 페리 이용 시 명심할 점
⑤ 선실 내 편의 시설 안내

11 대화를 듣고, *Green Walk*에 대한 내용과 일치하지 <u>않는</u> 것을 고르시오.

① 참가자들은 걸으면서 쓰레기를 줍는다.
② 내일 아침에 진행된다.
③ *Grace* 공원에서 진행된다.
④ 총 3시간 동안 진행된다.
⑤ 참가자들은 행사 전에 아침을 같이 먹는다.

12 대화를 듣고, 남자가 인터넷을 검색하는 목적으로 가장 적절한 것을 고르시오.

① 요리책을 사기 위해서
② 생일 선물을 주문하기 위해서
③ 새로운 레시피를 만들기 위해서
④ 제빵사 자격증을 공부하기 위해서
⑤ 케이크 만드는 방법을 찾아보기 위해서

13 대화를 듣고, 여자가 받아야 할 거스름돈의 액수로 가장 적절한 것을 고르시오.

① $4   ② $5   ③ $6   ④ $7   ⑤ $8

14 대화를 듣고, 두 사람의 관계로 가장 적절한 것을 고르시오.

① 기증 센터 직원 – 기증자
② 전자 제품 판매원 – 손님
③ 세탁기 수리기사 – 고객
④ 수리 센터 접수원 – 접수자
⑤ 세탁소 주인 – 직원

15 대화를 듣고, 여자가 남자에게 제안한 일로 가장 적절한 것을 고르시오.

① 학교 같이 가기   ② 시험공부 도와주기   ③ 대회 심사위원 하기
④ 청소 도구 구매하기   ⑤ 팀 프로젝트 함께하기

16 대화를 듣고, 남자가 약속에 늦은 이유로 가장 적절한 것을 고르시오.

① 버스를 놓쳐서
② 삼촌이 늦게 오셔서
③ 엄마를 만나야 해서
④ 영화 티켓을 사야 해서
⑤ 삼촌의 심부름을 해야 해서

17 다음 그림의 상황에 가장 적절한 대화를 고르시오.

①   ②   ③   ④   ⑤

18 다음을 듣고, 여자가 *Saving Water* 주간에 대해 언급하지 <u>않은</u> 것을 고르시오.

① 실시 기간
② 참가 비용
③ 실시 이유
④ 참가 대상
⑤ 실천 내용

19~20 대화를 듣고, 여자의 마지막 말에 이어질 남자의 말로 가장 적절한 것을 고르시오.

19 Man: _____

① I like your sneakers.
② I don't like shopping.
③ I need new shoes, too.
④ I will refund these jeans.
⑤ I have to finish my homework.

20 Man: _____

① I don't need it.
② Let me help you.
③ I want some snacks.
④ Swimming is a good exercise.
⑤ You need to get a new swimsuit.

09회 영어듣기능력평가 Dictation

01

다음을 듣고, 부산의 내일 날씨로 가장 적절한 것을 고르시오.

① ② ③ ④ ⑤

M: Welcome to *Korea Weather*. Tomorrow, in Seoul, there will be _____ _____ _____ _____. It'll be slippery on the roads, so be careful when you go out. In Daegu, it will _____ _____ in the morning but in the afternoon the rain _____ _____. In Mokpo, it'll be sunny, but in Busan, it'll _____ _____ all day long tomorrow.

02

대화를 듣고, 남자가 주문할 수영 모자로 가장 적절한 것을 고르시오.

① ② ③ ④ ⑤

W: Dad, I need _____ _____ _____ _____. This one is too small for me.

M: Okay. I'll _____ _____ _____. What color would you like? There are blue, red or yellow.

W: I'd like _____ _____ _____. My old one is yellow.

M: Oh! This one has a pattern on it.

W: Let's see. What's the pattern?

M: It _____ _____ on it.

W: It's cool. I will take that.

M: Okay. Let me order it.

03

대화를 듣고, 여자의 심정으로 가장 적절한 것을 고르시오.

① shy   ② bored   ③ nervous
④ excited   ⑤ cheerful

[Cellphone rings.]

M: Hi, Mina!

W: Eric, are you _____ _____ _____ now?

M: Yes. What's the matter?

W: I'm at the airport now. I am sure I booked _____ _____ _____. But I can't find my ticket on the app now.

M: Did you try to _____ _____ _____ in your email?

W: I tried but my phone's Internet is not working. That's why I am calling you. I don't have much time.

M: Okay. Just wait. I'll _____ _____ _____ _____.

04

대화를 듣고, 남자가 어제 한 일로 가장 적절한 것을 고르시오.

① 휴식 취하기
② 엄마 병간호 하기
③ 반려견 산책 시키기
④ 병원에 가서 진료 받기
⑤ 반려견 데리고 동물 병원 가기

W: Matt, you look so tired.

M: My dog _____ _____ in the middle of the night so I had to take her to the vet.

W: Oh, no. Is she okay now?

M: Yes, she is better. But she is still _____ _____ _____.

W: I'm glad to hear _____ _____. So are you going to pick her up after school?

M: No. My mom's going to do that. I _____ _____ _____.

W: That's good. Try to go to bed early tonight.

05

대화를 듣고, 두 사람이 대화하는 장소로 가장 적절한 곳을 고르시오.
① 식당　　　　② 체육관　　　　③ 미술관
④ 영화관　　　⑤ 콘서트장

M: What time does the movie start?

W: It starts _____ _____ _____.

M: Good. We have time to buy some popcorn and drinks.

W: Yeah. It's _____ _____. You bought the movie tickets.

M: You don't need to. Your birthday _____ _____, so I wanted to treat you.

W: Thanks. That's so kind of you. Then let's get the popcorn and drinks _____ _____ _____ _____.

M: Okay.

06

대화를 듣고, 여자의 마지막 말의 의도로 가장 적절한 것을 고르시오.
① 용서　　　　② 조언　　　　③ 감사
④ 거절　　　　⑤ 항의

W: Nate, did you _____ _____ _____? You told me the deadline is tomorrow morning.

M: Not yet. I am working on it. I still have a lot to do.

W: Really? _____ _____? I thought you were almost done.

M: While working on it yesterday, suddenly my computer just restarted.

W: So? Did you save your file?

M: No, I didn't. I _____ _____. That's why I couldn't finish it yet.

W: You should always _____ _____ _____ while working on the computer.

07

대화를 듣고, 여자가 가져갈 물건으로 가장 적절한 것을 고르시오.
① 천사 날개 장식품　　② 크리스마스 트리　　③ 파티용 케이크
④ 다양한 색의 풍선　　⑤ 산타 모양 장식품

W: Orion, my class is having _____ _____ _____ next week.

M: Sounds fun! Tell me more about the party.

W: Everybody will bring _____ _____ _____ and decorate a Christmas tree.

M: That's a great idea! So what are you bringing?

W: I am bringing an angel wings ornament.

M: Oh, I have a _____ _____ _____. If you want, I can lend it to you.

W: Thanks. But I think my _____ _____ _____ is enough.

08

대화를 듣고, 두 사람이 대화 직후에 할 일로 가장 적절한 것을 고르시오.
① 공원 산책하기
② 수영 강습 받기
③ 주민센터에 가기
④ 선수 인터뷰하기
⑤ 배영 교육 영상 보기

W: Hi, Paul. Where are you going?

M: I _____ _____ _____ the community center swimming pool.

W: Oh. Are you _____ _____ _____?

M: Yeah. I'm learning the backstroke these days.

W: That's good! Actually, I _____ _____ _____ taking swimming lessons, too.

M: Do you want to go to the community center to _____ _____ _____ about the lesson?

W: Yeah. Can I go with you?

M: Of course. It takes only 5 minutes to get there.

09회 영어듣기능력평가 Dictation

09

대화를 듣고, 남자가 스터디 룸에 대해 언급하지 <u>않은</u> 것을 고르시오.
① 이름　　　② 수용 인원　　　③ 좌석 배정 방법
④ 운영 시간　　　⑤ 음식물 허용 여부

W: Have you heard about _____ _____
_____ _____ in the school library?
M: Yeah. The study room is called "*Hanwoori*."
W: I like that name.
M: The room _____ _____ _____. There is a
kiosk at the entrance. You just _____ _____
_____ to get a seat.
W: Can you bring in drinks there?
M: No. I heard that food and drinks _____
_____.
W: Okay. Makes sense.

10

다음을 듣고, 남자가 하는 말의 내용으로 가장 적절한 것을 고르시오.
① 페리 예약 방법
② 바다 사진 촬영 요령
③ 바다 수영 시 안전 규칙
④ 페리 이용 시 명심할 점
⑤ 선실 내 편의 시설 안내

M: Hello, *Miracle Ferry* passengers. Thank you for
_____ _____ _____. Let me tell you a
few things to keep in mind before we leave for the
Pier Building. When moving _____ _____
_____ from the cabin, hold on to the safety bar.
Also, please _____ _____ _____ to the
top deck to take pictures. Make sure you _____
_____ _____ with you when you get off.

11

대화를 듣고, *Green Walk*에 대한 내용과 일치하지 <u>않는</u> 것을 고르시오.
① 참가자들은 걸으면서 쓰레기를 줍는다.
② 내일 아침에 진행된다.
③ *Grace* 공원에서 진행된다.
④ 총 3시간 동안 진행된다.
⑤ 참가자들은 행사 전에 아침을 같이 먹는다.

W: Are you _____ _____ _____ the *Green Walk*?
M: The *Green Walk*? What's that?
W: It's an event where people _____ _____
_____ _____ and pick up trash along the
way.
M: That sounds great! When and where does it happen?
W: The event will be held _____ _____ at
Grace Park.
M: How long is the event?
W: For 3 hours from 9 to 12. After the event, there will
be _____ _____ _____.
M: Sounds fun. I'd like to go.

12

대화를 듣고, 남자가 인터넷을 검색하는 목적으로 가장 적절한 것을 고르시오.
① 요리책을 사기 위해서
② 생일 선물을 주문하기 위해서
③ 새로운 레시피를 만들기 위해서
④ 제빵사 자격증을 공부하기 위해서
⑤ 케이크 만드는 방법을 찾아보기 위해서

W: What are you _____ _____ on the Internet?
M: I am searching for how to cook a lemon cake.
W: Why are you making a cake? Is _____
_____ coming up?
M: Yes. My mom's birthday is tomorrow.
W: Oh, that's great! So are you looking for _____
_____ _____?
M: No. A lot of people put _____ _____
_____ online. I want to find an easy one to follow.
W: That's a good idea!

13

대화를 듣고, 여자가 받아야 할 거스름돈의 액수로 가장 적절한 것을 고르시오.
① $4   ② $5   ③ $6   ④ $7   ⑤ $8

W: Hello. I'd like to buy some tickets.

M: Okay. _____ _____ _____ do you need?

W: Two adult tickets and two child tickets.

M: _____ _____ _____ the children?

W: One is 8 years old and the other is 4 years old.

M: Adults are $10, and children are $5. Children _____ _____ are free.

W: Then the total would be $25. Here's $30.

M: Okay. Here's $5, _____ _____.

14

대화를 듣고, 두 사람의 관계로 가장 적절한 것을 고르시오.
① 기증 센터 직원 – 기증자
② 전자 제품 판매원 – 손님
③ 세탁기 수리기사 – 고객
④ 수리 센터 접수원 – 접수자
⑤ 세탁소 주인 – 직원

W: Have you found out why the washing machine doesn't work well?

M: Not yet. But _____ _____ _____ makes strange sounds like you said.

W: Yes, that's right.

M: There's _____ _____ but I can't find the reason right now.

W: Are you taking it to _____ _____ _____?

M: Yes, I am. Is it okay with you?

W: Yes. Please _____ _____ _____.

15

대화를 듣고, 여자가 남자에게 제안한 일로 가장 적절한 것을 고르시오.
① 학교 같이 가기
② 시험공부 도와주기
③ 대회 심사위원 하기
④ 청소 도구 구매하기
⑤ 팀 프로젝트 함께하기

W: Have you heard about _____ _____ _____ _____? It's a contest for teams of two people.

M: No, I haven't heard of it. Is there a theme?

W: Yeah. It's about finding ways to _____ _____ _____ _____.

M: Sounds fun. Are you thinking of entering the contest?

W: Yes. Would you like to _____ _____?

M: Sure. Let's do it together!

W: Okay. I'll _____ _____ _____ for our contest.

16

대화를 듣고, 남자가 약속에 늦은 이유로 가장 적절한 것을 고르시오.
① 버스를 놓쳐서
② 삼촌이 늦게 오셔서
③ 엄마를 만나야 해서
④ 영화 티켓을 사야 해서
⑤ 삼촌의 심부름을 해야 해서

M: Sarah, I am so sorry _____ _____.

W: It's okay. What happened? Did you miss the bus?

M: No, I didn't. My mom asked me to get something _____ _____ _____ right when I was about to leave.

W: So did you _____ _____ _____ him?

M: Yes. But he was little late. That's why I am late.

W: I see. No worries. I already bought _____ _____ _____.

M: Thank you. Let's get in there.

17

다음 그림의 상황에 가장 적절한 대화를 고르시오.

① ② ③ ④ ⑤

① M: Mom, my ice cream _____ _____.
　W: Don't worry. Let me wipe it for you.
② M: I want to buy _____ _____ _____.
　W: No, you recently got one.
③ M: I will make ice cream for Dad.
　W: You are such a good son.
④ M: My hands are so dirty from _____ _____
　　_____.
　W: Go to the bathroom and wash your hands.
⑤ M: This bicycle is too big for me.
　W: I think you _____ _____ _____.

18

다음을 듣고, 여자가 *Saving Water* 주간에 대해 언급하지 <u>않은</u> 것을 고르시오.

① 실시 기간　　②참가 비용　　③ 실시 이유
④ 참가 대상　　⑤ 실천 내용

W: Can I have your attention, please? _____
_____ _____ *Saving Water* week. We're
having this special week because *Earth Day*
_____ _____. All students and teachers at
our school are encouraged to participate. First,
when you're washing your hands in the restroom,
_____ _____ the water. Second, instead of
running the water, use a cup to _____ _____
_____. Thank you for listening.

19~20　대화를 듣고, 여자의 마지막 말에 이어질 남자의 말로 가장 적절한
것을 고르시오.

19

Man: _____
① I like your sneakers.
② I don't like shopping.
③ I need new shoes, too.
④ I will refund these jeans.
⑤ I have to finish my homework.

W: Scott, have you _____ _____ _____?
M: Yes, I have, Mom.
W: Great. Do you want to _____ _____ with
　me? I am going to the department store.
M: Sure. I'll go with you.
W: All right. Is there anything _____ _____?
M: Yeah. I need a new pair of jeans. All of mine
　_____ _____ _____.
W: Okay. Do you need anything else?

20

Man: _____
① I don't need it.
② Let me help you.
③ I want some snacks.
④ Swimming is a good exercise.
⑤ You need to get a new swimsuit.

W: Dad, look at _____ _____! It's so pretty.
M: Yes, it is. Are you going to change _____
　_____ _____?
W: Yes. I'll go change in the bathroom.
M: Okay. And make sure you wear your swim goggles.
W: All right.
M: And have you _____ _____ _____?
W: No, I haven't yet. It's hard for me to put it
　_____ _____ _____.

Eye shopping vs. Window shopping

 Tip 우리나라에서는 물건을 사지 않고 그냥 구경만 하는 것을 eye shopping이라고 하는데 미국에서는 쓰지 않으며 대신 window shopping이라고 합니다. 가끔 방송에서 i shopping이라는 말이 나오기는 하는데, 이는 인터넷 쇼핑을 의미합니다.

 ## How to Listen

자음으로 끝나는 단어의 바로 뒤에 모음이 오면 자음은 모음과 연결되어 들린다.

 Listening Practice

- Please pick up the pen.
- Will the new teacher like us?

Mini Check-up

자음과 모음이 연결되어 들릴 수 있는 부분에 표시해 봅시다.

1. I'd like you to take it to the school.
2. She is going to make an apple pie.

01 다음을 듣고, 토요일의 날씨로 가장 적절한 것을 고르시오.

①   ②   ③   ④   ⑤

02 대화를 듣고, 여자가 그린 그림으로 가장 적절한 것을 고르시오.

①   ②  ③   ④   ⑤

03 대화를 듣고, 여자의 심정으로 가장 적절한 것을 고르시오.

① upset　　　　　② bored　　　　　③ worried
④ excited　　　　⑤ nervous

04 대화를 듣고, 남자가 어제 한 일로 가장 적절한 것을 고르시오.

① 찻잔 구입하기　　　② 왁스 만들기　　　③ 찻잔 양초 만들기
④ 웹사이트 찾아보기　⑤ 문자 보내기

05 대화를 듣고, 두 사람이 대화하는 장소로 가장 적절한 곳을 고르시오.

① 체육관　　　　　② 악기점　　　　　③ 버스 터미널
④ 자전거 대여점　⑤ 자전거 수리점

06 대화를 듣고, 남자의 마지막 말의 의도로 가장 적절한 것을 고르시오.

① 비난   ② 조언   ③ 동의   ④ 거절   ⑤ 용서

07 대화를 듣고, 남자가 가져올 물건으로 가장 적절한 것을 고르시오.

① 설탕   ② 계란   ③ 밀가루
④ 버터   ⑤ 쿠키 반죽

08 대화를 듣고, 남자가 대화 직후에 할 일로 가장 적절한 것을 고르시오.

① 풍선 달기   ② 케이크 만들기   ③ 음식 요리하기
④ 날씨 확인하기   ⑤ 냉장고에 음식 넣기

09 대화를 듣고, 두 사람이 책에 대해 언급하지 <u>않은</u> 것을 고르시오.

① 저자   ② 저자의 국적   ③ 판매 부수
④ 출판 연도   ⑤ 등장인물

10 다음을 듣고, 여자가 안내하고 있는 것으로 가장 적절한 것을 고르시오.

① 영상 편집 방법   ② 카메라 필터의 종류   ③ 셀피 찍는 법
④ 셀피 앱과 기능   ⑤ 카메라 고르는 법

11 대화를 듣고, 캠프에 대한 내용과 일치하지 <u>않는</u> 것을 고르시오.

① 중학생들을 위한 여름 캠프이다.
② 7월 4일부터 7일까지 운영된다.
③ 스포츠 경기가 있다.
④ 캠프파이어가 있다.
⑤ 소셜 미디어 사용법을 배운다.

12 대화를 듣고, 남자가 전화를 건 목적으로 가장 적절한 것을 고르시오.

① 주말 계획을 묻기 위해서
② 과제를 설명해 주기 위해서
③ 영어 공부를 함께하기 위해서
④ 스웨덴어를 가르쳐 주기 위해서
⑤ 자원봉사를 함께하자고 제안하기 위해서

13 대화를 듣고, 남자가 지불해야 할 금액으로 가장 적절한 것을 고르시오.

① $150   ② $200   ③ $240   ④ $250   ⑤ $300

14 대화를 듣고, 두 사람의 관계로 가장 적절한 것을 고르시오.

① 점원 – 손님   ② 코치 – 선수   ③ 의사 – 환자
④ 디자이너 – 모델   ⑤ 은행원 – 고객

15 대화를 듣고, 여자가 남자에게 부탁한 일로 가장 적절한 것을 고르시오.

① 셔틀콕 사기   ② 배드민턴 경기하기   ③ 동생에게 전화하기
④ 라켓 빌려주기   ⑤ 테니스 연습하기

16 대화를 듣고, 남자가 다시 학교에 간 이유로 가장 적절한 것을 고르시오.

① 친구와 만나기 위해서   ② 과학 숙제를 하기 위해서

③ 선생님과 상담하기 위해서   ④ 토론 대회에 참가하기 위해서

⑤ 과학 공책을 가져오기 위해서

17 다음 그림의 상황에 가장 적절한 대화를 고르시오.

①   ②   ③   ④   ⑤

18 다음을 듣고, 여자가 파티에 대해 언급하지 <u>않은</u> 것을 고르시오.

① 주인공 이름   ② 날짜   ③ 장소

④ 만날 시각   ⑤ 준비물

19~20 대화를 듣고, 남자의 마지막 말에 이어질 여자의 말로 가장 적절한 것을 고르시오.

19 Woman: _____

① Okay. Let's order it.

② Let's get a pizza then.

③ I'd like some cookies for dessert.

④ What's your favorite type of pasta?

⑤ What do you think of pizza for lunch?

20 Woman: _____

① May I help you?   ② How much is this?

③ Watches are over there.   ④ Of course. You can get a refund.

⑤ Sure. The fitting room is over there.

01

다음을 듣고, 토요일의 날씨로 가장 적절한 것을 고르시오.

① ② ③
④ ⑤

M: Let's _____ _____ _____ _____ the weekly weather report in Seoul. It'll _____ _____ _____ _____ on Monday. So don't forget your umbrella _____ _____ _____ _____ work. On Tuesday there will be thunder and lightning. The weather will be sunny and hot from Wednesday through Friday. Saturday will be _____ _____ with a gentle wind.

02

대화를 듣고, 여자가 그린 그림으로 가장 적절한 것을 고르시오.

① ② H&J ③ H&J
④ H&J ⑤ H&J

M: Hannah, _____ _____ _____ today?
W: Great! Dad, look at this! I drew this picture in my art class.
M: You did? The birds are so cute.
W: At first, I _____ _____ _____ cats. But I changed my mind.
M: _____ _____ _____ the baby bird is talking to the mother bird. What do _____ _____ _____?
W: They're the first letters of my name, Hannah, and Mom's name, Jane.

03

대화를 듣고, 여자의 심정으로 가장 적절한 것을 고르시오.

① upset   ② bored   ③ worried
④ excited   ⑤ nervous

M: Hey, _____ _____, Mandy? You look very happy.
W: Yes, I am. My favorite music group _____ _____ _____ a new song.
M: Oh, cool! What's the title of the song?
W: It's 'Blue Sky.'
M: What is the song about?
W: It's about a teenager's really big dream.
M: _____ _____ _____ _____ that song.
W: Let's listen to it together. _____ _____ _____ _____.

04

대화를 듣고, 남자가 어제 한 일로 가장 적절한 것을 고르시오.

① 찻잔 구입하기   ② 왁스 만들기   ③ 찻잔 양초 만들기
④ 웹사이트 찾아보기 ⑤ 문자 보내기

M: Jisu, this is for you.
W: Oh, thank you. What is it?
M: It's a teacup candle. I made it at school yesterday.
W: Wow! It's so cute and it _____ _____. Was it easy to make?
M: Yes, it was. _____ _____ _____ _____ an old teacup and candle wax.
W: I want to _____ _____ my own this weekend!
M: I'll text you _____ _____ _____ one.

05

대화를 듣고, 두 사람이 대화하는 장소로 가장 적절한 곳을 고르시오.

① 체육관　　　　② 악기점　　　　③ 버스 터미널
④ 자전거 대여점　　⑤ 자전거 수리점

M: Hello. How may I help you?
W: Hi. _____ _____ _____ ride a bike along the *Han River*.
M: Okay. The *Han River* bike path is great for biking.
W: That's good. How much is the rental fee?
M: 5,000 won for a standard bike. For a two-person bike, it's 7,000 won.
W: And is that _____ _____?
M: Yes, it is.
W: _____ _____ _____ _____ _____ extra for a helmet?
M: No. A helmet and a cellphone holder _____ _____ the bike for free.

06

대화를 듣고, 남자의 마지막 말의 의도로 가장 적절한 것을 고르시오.

① 비난　② 조언　③ 동의　④ 거절　⑤ 용서

W: Dad, I've already spent my allowance. _____ _____ _____ _____ a little extra pocket money?
M: Really? You just got your allowance yesterday. What did you spend it on?
W: I bought some clothes for my field trip.
M: Then why do you need more money?
W: _____ _____ _____ _____ some ice cream with my friends later.
M: _____ _____ _____ start planning your spending? You _____ _____ _____ _____ save money.

07

대화를 듣고, 남자가 가져올 물건으로 가장 적절한 것을 고르시오.

① 설탕　　　　② 계란　　　　③ 밀가루
④ 버터　　　　⑤ 쿠키 반죽

M: Is the cookie dough ready?
W: _____ _____ _____ something's missing.
M: Did you put everything?
W: I put butter, milk, eggs, and flour. Oh, my goodness. _____ _____ _____ _____ sugar!
M: Oh my. _____ _____ we caught it. How much do you need?
W: I added 1 kg of flour and 450 g of butter. I need the _____ _____ _____ sugar as butter.
M: All right. I'll go get some.

08

대화를 듣고, 남자가 대화 직후에 할 일로 가장 적절한 것을 고르시오.

① 풍선 달기　　② 케이크 만들기　　③ 음식 요리하기
④ 날씨 확인하기　⑤ 냉장고에 음식 넣기

W: Ryan, are you almost _____ _____ _____ Jane's birthday party?
M: Yeah, just about.
W: Great. So _____ _____ _____ the balloons on the wall?
M: Yes.
W: That's good. And did you put the drinks and cake in the fridge?
M: No. I put them on the table outside.
W: It's pretty hot out and the _____ _____ _____ for an hour, so you should put them in the refrigerator.
M: Oh, I see. I'll _____ _____ _____.

09

대화를 듣고, 두 사람이 책에 대해 언급하지 <u>않은</u> 것을 고르시오.
① 저자   ② 저자의 국적   ③ 판매 부수
④ 출판 연도   ⑤ 등장인물

M: What are you reading?

W: *Heidi*. It's a children's novel.

M: Who's the writer?

W: Johanna Spyri. She was a Swiss author. It was first _____ _____ 1881.

M: Who are the characters in the book?

W: Heidi and Clara. Clara _____ _____, and Heidi was her friend _____ _____ her walk.

M: I'd like to read it, too.

W: You should. The book also has cool illustrations. _____ _____ it, too.

10

다음을 듣고, 여자가 안내하고 있는 것으로 가장 적절한 것을 고르시오.
① 영상 편집 방법   ② 카메라 필터의 종류   ③ 셀피 찍는 법
④ 셀피 앱과 기능   ⑤ 카메라 고르는 법

W: Do you want to _____ _____ _____? Then use this application. It's _____ _____ _____. First download the app and open it. Then tap the camera icon to take the selfie. It has many _____ _____ _____ filters. You can also edit your selfies after taking them. You can whiten your teeth and brighten your eyes. This way, every selfie is perfect and _____ _____ _____.

11

대화를 듣고, 캠프에 대한 내용과 일치하지 <u>않는</u> 것을 고르시오.
① 중학생들을 위한 여름 캠프이다.
② 7월 4일부터 7일까지 운영된다.
③ 스포츠 경기가 있다.
④ 캠프파이어가 있다.
⑤ 소셜 미디어 사용법을 배운다.

W: Look at this ad. It's for a summer camp for middle school students. How about _____ _____ our kids for it?

M: Okay. When is it?

W: It's from July 4th to July 7th.

M: _____ _____. What will they do there?

W: They'll play sports and have campfires.

M: Sounds like fun.

W: Yeah. And they're _____ _____ _____ use smartphones or any social media during the camp.

M: Great! So they'll _____ _____ technology.

12

대화를 듣고, 남자가 전화를 건 목적으로 가장 적절한 것을 고르시오.
① 주말 계획을 묻기 위해서
② 과제를 설명해 주기 위해서
③ 영어 공부를 함께하기 위해서
④ 스웨덴어를 가르쳐 주기 위해서
⑤ 자원봉사를 함께하자고 제안하기 위해서

[Cellphone rings.]

W: Hey, Tim. What's up?

M: Hi, Christie. _____ _____ _____ _____ go volunteer plogging with me this weekend?

W: What's plogging?

M: It's jogging plus 'plocka upp.'

W: What does 'plocka upp' mean? Is it an English word?

M: Actually, it's a Swedish word. It means 'pick up.'

W: I see. So does plogging mean picking up something _____ _____?

M: Yeah. Specifically, it means _____ _____ _____. Do you want to do it with me this weekend?

W: Sure, _____ _____ _____.

13

대화를 듣고, 남자가 지불해야 할 금액으로 가장 적절한 것을 고르시오.

① $150　② $200　③ $240　④ $250　⑤ $300

[Telephone rings.]

W: *A B C   H o t e l .* ＿＿＿＿ ＿＿＿＿ ＿＿＿＿

＿＿＿＿ you?

M: Hi, I'd like to ＿＿＿＿ ＿＿＿＿ ＿＿＿＿.

W: When would you like to stay?

M: On July 21st.

W: All right. An ocean view room is 300 dollars per night. A standard room is 250 dollars.

M: ＿＿＿＿ ＿＿＿＿ an ocean view room.

W: Okay. Let me book that for you. And you'll get a 20 percent discount on that day.

M: Wow, it's ＿＿＿＿ ＿＿＿＿ ＿＿＿＿.

14

대화를 듣고, 두 사람의 관계로 가장 적절한 것을 고르시오.

① 점원 – 손님　② 코치 – 선수　③ 의사 – 환자
④ 디자이너 – 모델　⑤ 은행원 – 고객

M: The next soccer match will be tough. We'll have to play our best.

W: Okay. And ＿＿＿＿ ＿＿＿＿ ＿＿＿＿ a lot this week.

M: All right. We'll ＿＿＿＿ ＿＿＿＿ some new offensive plays and defensive positions.

W: Sounds good. When should we practice next?

M: We'll have practice ＿＿＿＿ ＿＿＿＿ ＿＿＿＿.

W: Okay. ＿＿＿＿ ＿＿＿＿ the team to meet at the field at 8:30 a.m. on Wednesday.

M: I'll see you then.

15

대화를 듣고, 여자가 남자에게 부탁한 일로 가장 적절한 것을 고르시오.

① 셔틀콕 사기　② 배드민턴 경기하기　③ 동생에게 전화하기
④ 라켓 빌려주기　⑤ 테니스 연습하기

W: E r i c ,   c a n   y o u ＿＿＿＿ ＿＿＿＿ ＿＿＿＿

＿＿＿＿?

M: Sure. What is it?

W: I ＿＿＿＿ ＿＿＿＿ my badminton racket. I need one for my P.E. class tomorrow. Could you please ＿＿＿＿ ＿＿＿＿ ＿＿＿＿?

M: Well, I don't have one. But my sister does.

W: Oh. Could you ＿＿＿＿ ＿＿＿＿ ＿＿＿＿

＿＿＿＿ me hers?

M: Okay. I will. Then I'll bring it tomorrow to your classroom.

16

대화를 듣고, 남자가 다시 학교에 간 이유로 가장 적절한 것을 고르시오.

① 친구와 만나기 위해서
② 과학 숙제를 하기 위해서
③ 선생님과 상담하기 위해서
④ 토론 대회에 참가하기 위해서
⑤ 과학 공책을 가져오기 위해서

W: Oh, Pete, ＿＿＿＿ ＿＿＿＿ ＿＿＿＿ home earlier?

M: Yes, I did, Ms. Brown. ＿＿＿＿ ＿＿＿＿ ＿＿＿＿ ＿＿＿＿, I realized that I left my science notebook in my classroom.

W: You can pick it up tomorrow.

M: Yes, but I need it for my science project.

W: Then ＿＿＿＿ ＿＿＿＿ ＿＿＿＿ you.

M: Thanks. Could you please open the classroom?

W: Sure. No problem.

17

다음 그림의 상황에 가장 적절한 대화를 고르시오.

① ② ③ ④ ⑤

① W: How may I help you?

M: _____ _____ _____ a gift box for a friend's birthday gift.

② W: Would you like some popcorn?

M: Yes. _____ _____ _____ caramel popcorn.

③ W: Wake up! _____ _____ 7:30.

M: Oh, no! I'm so sleepy. I need more sleep.

④ W: Be careful! The soup is really hot.

M: Okay. I will.

⑤ W: Do you have this _____ _____ _____ _____?

M: Let me check. I'll be right back.

18

다음을 듣고, 여자가 파티에 대해 언급하지 <u>않은</u> 것을 고르시오.

① 주인공 이름   ② 날짜   ③ 장소
④ 만날 시각   ⑤ 준비물

W: It's Minji's birthday _____ _____ _____. We're going to have a surprise party for her on that day. We're _____ _____ _____ her at 8 a.m. in her classroom. Let's meet at 7:30 _____ _____ _____ the school front entrance. You guys get the cake and balloons. I'll buy some candy and drinks. _____ _____ _____ Minji about the party.

19

Woman: _____

① Okay. Let's order it.
② Let's get a pizza then.
③ I'd like some cookies for dessert.
④ What's your favorite type of pasta?
⑤ What do you think of pizza for lunch?

M: Hey, Jenny. Here's the menu. What do you want to eat?

W: _____ _____ _____ _____ pizza or pasta.

M: Then _____ _____ _____ pepperoni and onion pizza?

W: But I don't like onions on my pizza.

M: Then how about Gorgonzola pizza?

W: _____ _____ _____ _____. What's on it?

M: It has only cheese. You can _____ _____ _____ _____.

20

Woman: _____

① May I help you?
② How much is this?
③ Watches are over there.
④ Of course. You can get a refund.
⑤ Sure. The fitting room is over there.

W: May I help you?

M: _____ _____ _____ a winter jacket.

W: We just got these ones in. They come in _____ _____ _____ _____.

M: Oh, they're both really nice. I especially like the white one. How much is it?

W: It's seventy dollars.

M: That's more than I was hoping to spend. Could you _____ _____, please?

W: I'm sorry, but I _____ _____ _____ _____.

M: Okay. Can I try it on?

Fun with Comics

Promise? Plans? Appointment?

 Tip promise는 미래의 먼 훗날에 대한 약속의 의미이므로 "나 오늘 약속 있어."라고 말할 때는 I have a promise today.가 아닙니다. 가족이나, 친구, 그밖에 친분 있는 사람을 만나는 일반적인 약속은 I have plans for today.라고 하며, 병원 예약과 같은 약속은 appointment를 사용합니다. 여기서 유의할 점은 a plan이라고 쓸 경우, 설계도면 혹은 앞으로 할 일의 목록을 말하므로 반드시 복수 형태인 plans를 사용해야 한다는 것입니다.

 ## How to Listen

같은 자음이 연속으로 겹쳐 있을 때는 하나는 생략하고 종종 하나의 소리로만 발음한다.

 Listening Practice

- I'll do better next time.

- It's a cold day.

Mini **Check-up**

같은 자음이 연속으로 겹쳐 있어 생략 가능한 부분에 밑줄을 그어 봅시다.

1. I think it's not safe for you.
2. I guess so.

11회 영어듣기능력평가

맞은 개수

01 다음을 듣고, 남자가 제주도에 갔을 때 경험한 날씨로 가장 적절한 것을 고르시오.

①  ②   ③   ④   ⑤

02 대화를 듣고, 남자가 선택할 옷으로 가장 적절한 것을 고르시오.

①  ②   ③   ④   ⑤

03 대화를 듣고, 남자의 심정으로 가장 적절한 것을 고르시오.

① bored   ② scared   ③ pleased
④ excited   ⑤ disappointed

04 대화를 듣고, 남자가 어젯밤에 한 일로 가장 적절한 것을 고르시오.

① 집에서 TV 보기   ② 음악 감상하기   ③ 친구와 영화 보기
④ 쇼핑몰 구경하기   ⑤ 친구에게 전화 걸기

05 대화를 듣고, 두 사람이 대화하는 장소로 가장 적절한 곳을 고르시오.

① 병원   ② 도서관   ③ 체육관   ④ 교실   ⑤ 식당

06 대화를 듣고, 여자의 마지막 말의 의도로 가장 적절한 것을 고르시오.

① 동의   ② 부탁   ③ 칭찬   ④ 조언   ⑤ 사과

07 대화를 듣고, 여자가 교환하려는 물건으로 가장 적절한 것을 고르시오.

① 이어폰   ② 모자   ③ 드레스   ④ 셔츠   ⑤ 키보드

08 대화를 듣고, 두 사람이 대화 직후에 할 일로 가장 적절한 것을 고르시오.

① 쇼핑몰에 가기
② 여행 계획 짜기
③ 놀이공원에 가기
④ 일기예보 확인하기
⑤ 친구에게 전화하기

09 대화를 듣고, 두 사람이 UCC 영상 공모전에 대해 언급하지 <u>않은</u> 것을 고르시오.

① 제출할 영상의 주제   ② 참가 대상   ③ 영상의 길이
④ 영상 제출 방법   ⑤ 영상의 자막

10 다음을 듣고, 남자가 하는 말의 내용으로 가장 적절한 것을 고르시오.

① 여가 활동   ② 환경 보호 방법   ③ 도서 대출 방법
④ 도서관 에티켓   ⑤ 화재 대피 훈련

11 대화를 듣고, *Johnson's Flea Market*에 대한 내용과 일치하지 <u>않는</u> 것을 고르시오.

① 일요일마다 열린다.
② 9시부터 6시까지 운영된다.
③ 100명 이상의 판매자들이 있다.
④ 입장료가 있다.
⑤ 주차장은 무료이다.

12 대화를 듣고, 남자가 전화를 건 목적으로 가장 적절한 것을 고르시오.

① 식당 예약을 하기 위해서   ② 음식 메뉴를 변경하기 위해서
③ 음식을 추가로 주문하기 위해서   ④ 매장에서 식사한다고 말하기 위해서
⑤ 매장 방문 포장으로 변경하기 위해서

13 대화를 듣고, 남자가 지불해야 할 금액으로 가장 적절한 것을 고르시오.

① free of charge   ② $8   ③ $10
④ $20   ⑤ $24

14 대화를 듣고, 두 사람의 관계로 가장 적절한 것을 고르시오.

① 경찰관 – 운전자   ② 승무원 – 승객   ③ 교사 – 학생
④ 사진작가 – 모델   ⑤ 자동차 정비사 – 고객

15 대화를 듣고, 남자가 여자에게 제안한 일로 가장 적절한 것을 고르시오.

① 이사 계획 세우기   ② 동아리 가입하기
③ 이삿짐 센터 연락하기   ④ 새로운 학교 알아보기
⑤ 뉴욕에 대한 정보 수집하기

16 대화를 듣고, 남자가 과학실에 가는 이유로 가장 적절한 것을 고르시오.

① 과학 실험을 하기 위해서   ② 토론 주제를 듣기 위해서
③ 토론 순서를 정하기 위해서   ④ 과학 도서를 빌리기 위해서
⑤ 실험 재료를 준비하기 위해서

17 다음 그림의 상황에 가장 적절한 대화를 고르시오.

① ② ③ ④ ⑤

18 다음을 듣고, 여자가 음악 방송에 대해 언급하지 <u>않은</u> 것을 고르시오.

① 진행자 이름
② 방송 요일
③ 방송 시간
④ 음악 신청서 작성 방법
⑤ 음악 사연 제공자 선물

19~20 대화를 듣고, 남자의 마지막 말에 이어질 여자의 말로 가장 적절한 것을 고르시오.

19 Woman: _____

① Good for you.
② Congratulations!
③ Don't mention it.
④ What do you mean?
⑤ I'm sorry to hear that.

20 Woman: _____

① I regret buying the ticket.
② Too bad you lost your job.
③ Why don't you go see a doctor?
④ Shall we move onto the next topic?
⑤ How about taking a walk in the park?

01

다음을 듣고, 남자가 제주도에 갔을 때 경험한 날씨로 가장 적절한 것을 고르시오.

① ② ③
④ ⑤

M: I _____ _____ _____ _____ to Jeju Island last weekend. The weather forecast said it would be nice, but it was wrong. It said _____ _____ _____ _____ and hot, so we were going to go to the beach. However, _____ _____ _____ we arrived at the airport, _____ _____ _____ _____. There was even thunder and lightning.

02

대화를 듣고, 남자가 선택할 옷으로 가장 적절한 것을 고르시오.

① ② ③
④ ⑤

W: Look. _____ _____ _____ _____ _____ that T-shirt?
M: The red one?
W: Yeah, _____ _____ _____ _____ on it.
M: It's not my style.
W: How about the blue one?
M: You mean the one with a large _____ _____ _____ on it?
W: Yeah. You like blue.
M: Yeah, but I think the yellow one with flowers on it is really cool. I'd like to take it.

03

대화를 듣고, 남자의 심정으로 가장 적절한 것을 고르시오.
① bored   ② scared   ③ pleased
④ excited   ⑤ disappointed

W: You got _____ _____ _____, didn't you?
M: Yeah.
W: _____ _____ _____ you don't like it.
M: Well, I just wanted a trim, but my stylist _____ _____ _____ _____. I don't like it.
W: Maybe it's not what you wanted but _____ _____ _____ _____.
M: But I have school tomorrow and I don't want my friends to see my hair so short.
W: Just relax. You look fine.

04

대화를 듣고, 남자가 어젯밤에 한 일로 가장 적절한 것을 고르시오.
① 집에서 TV 보기   ② 음악 감상하기   ③ 친구와 영화 보기
④ 쇼핑몰 구경하기   ⑤ 친구에게 전화 걸기

W: Were you at home last night? I drove by your house and _____ _____ _____ _____.
M: No, I wasn't at home. I _____ _____.
W: Where were you at?
M: I was at the movie theater with Jane. We saw the movie *Last Summer*.
W: Oh, cool. _____ _____ _____ _____?
M: Yeah, I really loved it. It has a really good story and fantastic music.
W: Cool. I want to see it, too.
M: Yeah, _____ _____.

05

대화를 듣고, 두 사람이 대화하는 장소로 가장 적절한 곳을 고르시오.
① 병원 ② 도서관 ③ 체육관
④ 교실 ⑤ 식당

W: _____ _____ _____ _____ t h e problem?

M: I have a sore throat and cough.

W: Anything else?

M: Yeah. I also have _____ _____ _____ and headache.

W: I see. I think you have a cold. I _____ _____ _____ _____ home and get some rest.

M: Okay, I will.

W: Also, drink lots of warm water. And take some medicine. If you don't feel better in _____ _____ _____ days, please come back.

M: All right. Thank you.

06

대화를 듣고, 여자의 마지막 말의 의도로 가장 적절한 것을 고르시오.
① 동의 ② 부탁 ③ 칭찬
④ 조언 ⑤ 사과

M: Tom's angry at you. What happened?

W: Last night I found his diary on his desk.

M: So did you read it?

W: Yeah. At least I started to. But then Tom came in the room and _____ _____ _____ it.

M: I think you _____ _____ _____ to him.

W: You're right. I _____ _____ so I baked some cookies for him. Dad, _____ _____ _____ give these cookies to him?

07

대화를 듣고, 여자가 교환하려는 물건으로 가장 적절한 것을 고르시오.
① 이어폰 ② 모자 ③ 드레스
④ 셔츠 ⑤ 키보드

[Telephone rings.]

M: Hello. This is *Dress World*. _____ _____ _____ _____ you?

W: Hello. I bought a dress from your website.

M: All right. Is there a problem with it?

W: Well, I don't like the color, so _____ _____ _____ _____ it for a different color.

M: Okay. There's _____ _____ _____ exchanging a dress for the same one in a different color. But you do have to pay _____ _____ _____.

W: Okay. How long will it take to do the exchange?

M: About 5 days.

08

대화를 듣고, 두 사람이 대화 직후에 할 일로 가장 적절한 것을 고르시오.
① 쇼핑몰에 가기
② 여행 계획 짜기
③ 놀이공원에 가기
④ 일기예보 확인하기
⑤ 친구에게 전화하기

W: Dean, I'm afraid it's _____ _____ _____ all day.

M: Oh, no! _____ _____ _____ go to the amusement park.

W: I know. I think we _____ _____ _____ our plan.

M: What else can we do?

W: We _____ _____ _____ _____. How about going to the shopping mall?

M: That's a good idea.

W: Let's go right away.

M: Okay.

11회 영어듣기능력평가 Dictation

09

대화를 듣고, 두 사람이 UCC 영상 공모전에 대해 언급하지 <u>않은</u> 것을 고르시오.

① 제출할 영상의 주제 ② 참가 대상 ③ 영상의 길이
④ 영상 제출 방법 ⑤ 영상의 자막

W: Hello, Mr. Lee. Can you tell me about the UCC video contest?

M: Sure. What would you like to know?

W: What's the topic?

M: Korean culture. _____ _____ _____ K-pop, Korean movies, TV shows, or food.

W: _____ _____ _____ the contest?

M: Of course. All first and second year students can.

W: Great. How long do the videos _____ _____ _____? And do I have to make subtitles?

M: Three to five minutes. _____ _____ _____ _____ in the video, please add Korean subtitles.

10

다음을 듣고, 남자가 하는 말의 내용으로 가장 적절한 것을 고르시오.

① 여가 활동 ② 환경 보호 방법 ③ 도서 대출 방법
④ 도서관 에티켓 ⑤ 화재 대피 훈련

M: Hello. Welcome to the library. I'm the librarian, Mr. Kim. I'd like to give you _____ _____ _____ to keep our library quiet and pleasant. First, _____ _____ _____ _____ softly. Second, walk slowly and do not run in the library. Third, do not eat or drink anything in the library. Fourth, _____ _____ after yourself, _____ _____ _____ the library.

11

대화를 듣고, *Johnson's Flea Market*에 대한 내용과 일치하지 <u>않는</u> 것을 고르시오.

① 일요일마다 열린다.
② 9시부터 6시까지 운영된다.
③ 100명 이상의 판매자들이 있다.
④ 입장료가 있다.
⑤ 주차장은 무료이다.

W: Mr. Yun, _____ _____ _____ _____ about *Johnson's Flea Market*?

M: Sure. It opens on Sundays from 9 a.m. to 6 p.m. at *Central Square Park* on Johnson Street.

W: How many sellers are there?

M: _____ _____ 100 sellers.

W: Is there _____ _____ _____ for the flea market?

M: No. It's free! Parking is also free and is _____ _____ first served.

12

대화를 듣고, 남자가 전화를 건 목적으로 가장 적절한 것을 고르시오.

① 식당 예약을 하기 위해서
② 음식 메뉴를 변경하기 위해서
③ 음식을 추가로 주문하기 위해서
④ 매장에서 식사한다고 말하기 위해서
⑤ 매장 방문 포장으로 변경하기 위해서

[Telephone rings.]

W: Hello. *ABC Chicken*. How may I help you?

M: Hi. I just ordered a _____ _____ wings combo _____ _____.

W: Okay. Do you want to add something to your order?

M: No. I'd like to make a change. Instead of _____ _____ _____, I'd like to _____ _____ _____ _____.

W: Alright. Can I have the last four digits of your phone number?

M: Sure. 1118.

13

대화를 듣고, 남자가 지불해야 할 금액으로 가장 적절한 것을 고르시오.

① free of charge   ② $8   ③ $10
④ $20   ⑤ $24

W: Welcome to *Ocean Land.* What can I do for you?

M: Hi, _____ _____ _____ _____ _____ to enter the water park?

W: It costs 10 dollars. But it's the _____ _____, so you can get a 20 percent discount.

M: Oh, good. _____ _____ _____ _____ today?

W: We close at 6 today.

M: _____ _____ the information.

W: My pleasure.

14

대화를 듣고, 두 사람의 관계로 가장 적절한 것을 고르시오.

① 경찰관 – 운전자
② 승무원 – 승객
③ 교사 – 학생
④ 사진작가 – 모델
⑤ 자동차 정비사 – 고객

W: Hello, sir. It's Seatbelt Safety Awareness month, so we're checking to see if everyone is wearing a seat belt. I see you're not wearing one.

M: Oh, I'm sorry. I _____ _____ _____ it on. I always wear it, but today I just completely forgot.

W: Well, there's a fine for driving _____ _____ _____ _____.

M: How much is it?

W: It is 30 dollars.

M: I see. How can I _____ _____ _____?

W: You can pay online _____ _____ _____ _____.

15

대화를 듣고, 남자가 여자에게 제안한 일로 가장 적절한 것을 고르시오.

① 이사 계획 세우기
② 동아리 가입하기
③ 이삿짐 센터 연락하기
④ 새로운 학교 알아보기
⑤ 뉴욕에 대한 정보 수집하기

W: My family _____ _____ _____ New York next month.

M: Really? Why are you moving?

W: My dad found a new job there.

M: I'll miss you, but _____ _____ _____ you and your family.

W: Thanks. But I'm so worried.

M: I understand. Moving is a big change, and it _____ _____ _____.

W: Yeah. How will I make new friends?

M: _____ _____ a club at your new school. That's a great way to make new friends.

16

대화를 듣고, 남자가 과학실에 가는 이유로 가장 적절한 것을 고르시오.

① 과학 실험을 하기 위해서
② 토론 주제를 듣기 위해서
③ 토론 순서를 정하기 위해서
④ 과학 도서를 빌리기 위해서
⑤ 실험 재료를 준비하기 위해서

W: Jim, where are you heading?

M: I'm going to the science lab.

W: _____ _____?

M: I have a _____ _____.

W: That's on Friday though, _____ _____?

M: Yeah, but my team _____ _____ and deciding on our debate order.

W: I see. What's the debate topic?

M: It's 'Will robots increase our quality of life?'

W: _____ _____.

11회 영어듣기능력평가 Dictation

17

다음 그림의 상황에 가장 적절한 대화를 고르시오.

LIBRARY
closed

① ② ③ ④ ⑤

① W: _____ _____ _____ your leg?
   M: I hurt it while playing soccer.
② W: What time _____ _____ _____ _____ get up?
   M: You should wake up at 6 a.m.
③ W: _____ _____ _____ _____ these books.
   M: You can return them in the book drop. It's right there.
④ W: Let's listen to this song. It's by my favorite band.
   M: Okay. Sounds cool.
⑤ W: Can I try this dress on?
   M: Yeah. The fitting room is _____ _____ _____.

18

다음을 듣고, 여자가 음악 방송에 대해 언급하지 않은 것을 고르시오.
① 진행자 이름
② 방송 요일
③ 방송 시간
④ 음악 신청서 작성 방법
⑤ 음악 사연 제공자 선물

W: Attention, please. This is the campus broadcasting station with an announcement. We do a school radio broadcast every Friday from 1 p.m. to 1:30 p.m. _____ _____. If you want to request a song, please _____ _____ a song request form. In the form, please write your name, the song you want to hear, and _____ _____ _____ _____ special to you. We will give out snacks _____ _____ to the people who hand in their song requests.

19~20
대화를 듣고, 남자의 마지막 말에 이어질 여자의 말로 가장 적절한 것을 고르시오.

19

Woman: _____
① Good for you.
② Congratulations!
③ Don't mention it.
④ What do you mean?
⑤ I'm sorry to hear that.

W: Jim, _____ _____ to your forehead? It's black and blue.
M: Something happened this morning. It's _____ _____.
W: What happened?
M: When my homeroom teacher called out my name, I stood up and _____ _____ _____ _____ of the classroom.
W: What happened next?
M: I _____ _____ _____. Then I bumped my head on a table. It hurt really bad.

20

Woman: _____
① I regret buying the ticket.
② Too bad you lost your job.
③ Why don't you go see a doctor?
④ Shall we move onto the next topic?
⑤ How about taking a walk in the park?

M: Look at that! There's a '_____ _____' _____ in the ticket box office window.
W: Oh, no. I've wanted to see this movie _____ _____ _____.
M: Me, too. I was really _____ _____ _____ it.
W: Well, there's nothing we can do. Maybe we can see it next week.
M: Yeah, let's come again next week. _____ _____ _____ _____ today instead?

Fun with Comics

Castera? Sponge Cake!

 Tip 우리가 흔하게 말하는 카스텔라는 설탕, 밀가루, 계란으로 만든 sponge cake의 일종으로 16세기 포르투갈 상인이 일본 나가사키에서 장사를 하면서 전해졌다고 합니다. 카스텔라는 포르투갈어로 스페인의 카스티야 지방을 부르는 말인데 그 뜻은 카스티야 지방의 빵(Pão de Castela)이라고 하네요.

How to Listen

[d]로 끝나는 단어 다음에 you가 올 경우 [y]가 [dʒ]로, [t]로 끝나는 단어 다음에는 [tʃ]로 소리가 난다.

 Listening Practice

- Cou<u>d y</u>ou introduce her?
- Nice to mee<u>t y</u>ou.

Mini **Check-up**

마지막 자음이 반자음과 연결되어 들릴 수 있는 부분에 밑줄을 그어 봅시다.

1. Did you finish your homework?
2. I thought it made you happy.
3. Would you like some bread?
4. I bet you'll win!

01 다음을 듣고, 로마의 현재 날씨로 가장 적절한 것을 고르시오.

①  ② ③ ④ ⑤

02 대화를 듣고, 남자의 강아지로 가장 적절한 것을 고르시오.

① ② ③ ④  ⑤

03 대화를 듣고, 여자의 심정으로 가장 적절한 것을 고르시오.
① angry　　　　② happy　　　　③ nervous
④ surprised　　　⑤ embarrassed

04 대화를 듣고, 여자가 어제 한 운동으로 가장 적절한 것을 고르시오.
① 농구　　② 축구　　③ 테니스　　④ 수영　　⑤ 배드민턴

05 대화를 듣고, 두 사람이 대화하는 장소로 가장 적절한 곳을 고르시오.
① 영화관　　② 박물관　　③ 도서관　　④ 놀이공원　　⑤ 과학 실험실

06 대화를 듣고, 남자의 마지막 말의 의도로 가장 적절한 것을 고르시오.

① 후회   ② 제안   ③ 부탁   ④ 거절   ⑤ 승낙

07 대화를 듣고, 남자가 가지고 갈 물건으로 가장 적절한 것을 고르시오.

① 담요   ② 우비   ③ 손전등
④ 자외선 차단제   ⑤ 모기 스프레이

08 대화를 듣고, 남자가 대화 직후에 할 일로 가장 적절한 것을 고르시오.

① 회의 참석하기   ② 요리 재료 사기   ③ 동아리 가입하기
④ 달걀 프라이 하기   ⑤ 가사 실습실에 가기

09 대화를 듣고, 여자가 쇼핑몰에 대해 언급하지 <u>않은</u> 것을 고르시오.

① 건물 색깔   ② 매장 수   ③ 개장일
④ 영업 시간   ⑤ 주소

10 다음을 듣고, 남자가 하는 말의 내용으로 가장 적절한 것을 고르시오.

① 교통 규칙 준수   ② 체험 활동 공지   ③ 학급 행사 소개
④ 캠프장 이용 규칙   ⑤ 물놀이 안전 수칙

11 대화를 듣고, 여자의 가족 여행에 대한 내용과 일치하지 <u>않는</u> 것을 고르시오.

① 여행 시기는 7월이었다.
② 런던에 1주일간 머물렀다.
③ 축구 경기를 관람했다.
④ 박물관에 갔다.
⑤ 피시 앤 칩스를 먹었다.

12 대화를 듣고, 남자가 전화를 건 목적으로 가장 적절한 것을 고르시오.

① 연극 표를 사기 위해서
② 저녁 약속을 잡기 위해서
③ 영화 예매를 하기 위해서
④ 뮤지컬 관람을 제안하기 위해서
⑤ 좋은 식당을 추천해 주기 위해서

13 대화를 듣고, 여자가 몇 층으로 가야 하는지 고르시오.

① 1층   ② 2층   ③ 3층   ④ 4층   ⑤ 5층

14 대화를 듣고, 두 사람의 관계로 가장 적절한 것을 고르시오.

① 가수 – 작곡가
② 치과 의사 – 환자
③ 택시 운전기사 – 승객
④ 관광 가이드 – 여행객
⑤ 중고차 판매원 – 고객

15 대화를 듣고, 남자가 여자에게 요청한 일로 가장 적절한 것을 고르시오.

① 화분에 물 주기
② 지도에서 길 찾기
③ 수학 숙제 도와주기
④ 테니스 강습 같이 가기
⑤ 인터넷으로 물건 주문하기

16 대화를 듣고, 남자가 콘서트 티켓을 구하지 <u>못한</u> 이유로 가장 적절한 것을 고르시오.

① 공연이 취소되어서
② 가게가 문을 닫아서
③ 지갑을 잃어버려서
④ 티켓 가격이 너무 비싸서
⑤ 인터넷 연결이 갑자기 끊겨서

I7 다음 그림의 상황에 가장 적절한 대화를 고르시오.

①   ②   ③   ④   ⑤

I8 다음을 듣고, 여자가 훌륭한 연설을 위해 준비할 것에 대해 언급하지 <u>않은</u> 것을 고르시오.

① 시간을 충분히 두고 연설 준비하기   ② 화제와 주제 선정하기
③ 시각 자료 준비하기   ④ 재미있는 농담 준비하기
⑤ 청중과 눈 마주치는 연습하기

19~20 대화를 듣고, 남자의 마지막 말에 이어질 여자의 말로 가장 적절한 것을 고르시오.

I9 Woman: _____

① Maybe next weekend.
② I'm sorry to hear that.
③ I'm glad I could help you.
④ You must be disappointed.
⑤ Let's look for another one.

20 Woman: _____

① Take bus number 33.
② That can help you a lot.
③ Let's go outside and look for it.
④ What volunteer work have you done?
⑤ Visit this website and fill out the form.

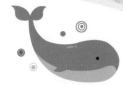

01

다음을 듣고, 로마의 현재 날씨로 가장 적절한 것을 고르시오.

① ② ③
④ ⑤

W: Hello, everyone. Let's _____ _____ _____ _____ today's weather around the world. Beijing is _____ _____. It's raining in Hong Kong right now. Thunder and storms _____ _____ in Istanbul later today. It's sunny in Rome right now. It's perfect there for _____ _____.

02

대화를 듣고, 남자의 강아지로 가장 적절한 것을 고르시오.

① ② ③
④ ⑤

W: All of the puppies in this picture are so cute.
M: _____ _____ _____ is mine.
W: Really? Which one is yours? Is it _____ _____ _____ _____ _____?
M: No. My puppy isn't playing with a ball.
W: Oh, then is this puppy yours? The one with a blue ribbon _____ _____ _____.
M: No. My puppy is wearing a red ribbon _____ _____ _____.
W: Ah, this one. She's so cute.

03

대화를 듣고, 여자의 심정으로 가장 적절한 것을 고르시오.
① angry   ② happy   ③ nervous
④ surprised   ⑤ embarrassed

M: Jimin, _____ _____ _____. Is everything okay?
W: Not really.
M: What's wrong?
W: Well, I don't think I'm going to win the English speech contest today.
M: You've practiced a lot though. I think you have _____ _____ _____ _____ winning.
W: But _____ _____ that I'll forget my speech. And last night I had a sore throat, so _____ _____ _____.
M: It's okay. You can do it!

04

대화를 듣고, 여자가 어제 한 운동으로 가장 적절한 것을 고르시오.
① 농구   ② 축구   ③ 테니스
④ 수영   ⑤ 배드민턴

W: Do you like basketball?
M: Yeah! I always play it _____ _____. How about you?
W: I don't like basketball very much. I really like swimming though.
M: Really? Do you swim every day?
W: _____ _____ _____. I take swimming lessons _____ _____ _____ _____, on Monday, Wednesday, and Friday.
M: Oh, so you went swimming yesterday, _____ _____?
W: Yes, I did. Yesterday was Friday.

05

대화를 듣고, 두 사람이 대화하는 장소로 가장 적절한 곳을 고르시오.
① 영화관　　　② 박물관　　　③ 도서관
④ 놀이공원　　⑤ 과학 실험실

W: Mr. Kim, may I touch the artworks here?

M: No. And _____ _____ _____ _____ too close, either. You may _____ _____ them.

W: Okay. Can I drink water here?

M: No, you can't. No food, drink, or gum _____ _____ inside.

W: May I take photos of the works of art?

M: Yes, but _____ _____ _____. And be sure to walk. Don't run. And talk quietly with your friends. Let's go inside.

06

대화를 듣고, 남자의 마지막 말의 의도로 가장 적절한 것을 고르시오.
① 후회　　　② 제안　　　③ 부탁
④ 거절　　　⑤ 승낙

W: Roy, what do you usually do _____ _____?

M: I usually play baseball on Saturday morning. I also often cook with my little brother.

W: Oh, you like cooking? Jane and I are going to an international food festival this Saturday. _____ _____ _____ _____ come?

M: What time are you going there?

W: We're meeting at 12:30 at the bus stop.

M: I have _____ _____ _____ at that time. I'm afraid I _____ _____ _____.

07

대화를 듣고, 남자가 가지고 갈 물건으로 가장 적절한 것을 고르시오.
① 담요　　　② 우비　　　③ 손전등
④ 자외선 차단제　　⑤ 모기 스프레이

W: Tim, did you pack some sunscreen in your bag?

M: No. I want to get a suntan.

W: Well, _____ _____ _____ _____ some mosquito spray.

M: But there's _____ _____ _____ in my bag for it.

W: _____ _____ _____ all of the mosquito bites you got when you went camping last year?

M: Yeah, okay. I'll make room for mosquito spray.

W: And what about a flashlight?

M: I _____ _____ _____. We're not going out for a night hike.

08

대화를 듣고, 남자가 대화 직후에 할 일로 가장 적절한 것을 고르시오.
① 회의 참석하기
② 요리 재료 사기
③ 동아리 가입하기
④ 달걀 프라이 하기
⑤ 가사 실습실에 가기

W: I signed up for the school cooking club. _____ _____ _____ *Frying Friends*. Do you want to join, too?

M: _____ _____ _____, but I'm not a very good cook.

W: Don't worry. You can _____ _____ _____ _____ in the club.

M: When is the first meeting?

W: It's at 3:30 in the afternoon on Wednesday.

M: Okay. _____ _____ _____ _____ the club right now.

W: Great!

09

대화를 듣고, 여자가 쇼핑몰에 대해 언급하지 <u>않은</u> 것을 고르시오.
① 건물 색깔　　　② 매장 수　　　③ 개장일
④ 영업 시간　　　⑤ 주소

W: You know what? A huge shopping mall _____ _____ _____.

M: Awesome!

W: It is a _____ _____ tall building. It has 70 small stores.

M: Cool. When is the mall opening?

W: It's opening next Wednesday, on June 30th. And there's going to be a big opening sale.

M: Really? _____ _____ _____ _____ there. Do you know the business hours?

W: It's going to be open from 10 a.m. to 8 p.m.

M: _____ _____ _____ to go!

10

다음을 듣고, 남자가 하는 말의 내용으로 가장 적절한 것을 고르시오.
① 교통 규칙 준수
② 체험 활동 공지
③ 학급 행사 소개
④ 캠프장 이용 규칙
⑤ 물놀이 안전 수칙

M: Hello! Welcome to *Sunshine Campground*. _____ _____ the fun and safety of everybody, please _____ _____ _____. First, do not walk through other people's campsites. Instead, walk around them. Second, _____ _____ _____ at night. Please keep the noise down. Lastly, _____ _____ _____ _____ _____ your trash. If you have any questions or need help, please visit the office.

11

대화를 듣고, 여자의 가족 여행에 대한 내용과 일치하지 <u>않는</u> 것을 고르시오.
① 여행 시기는 7월이었다.
② 런던에 1주일간 머물렀다.
③ 축구 경기를 관람했다.
④ 박물관에 갔다.
⑤ 피시 앤 칩스를 먹었다.

M: Rita, where did you go _____ _____ _____ _____?

W: We went to London.

M: Cool. When did you go there?

W: We went there in July.

M: _____ _____ did you stay there?

W: We stayed there _____ _____ _____.

M: What did you do there?

W: We watched a soccer game and visited the British Museum.

M: What did you eat there?

W: We ate a lot of _____ _____ _____.

12

대화를 듣고, 남자가 전화를 건 목적으로 가장 적절한 것을 고르시오.
① 연극 표를 사기 위해서
② 저녁 약속을 잡기 위해서
③ 영화 예매를 하기 위해서
④ 뮤지컬 관람을 제안하기 위해서
⑤ 좋은 식당을 추천해 주기 위해서

[Cellphone rings.]

W: Hi, Bruno. _____ _____?

M: Hey, Grace. Are you free next Saturday afternoon?

W: Yes. Why?

M: I have two tickets for a musical. Would you like to go?

W: Sure! What musical?

M: *Anne of Green Gable*s.

W: Wow, I _____ _____. Thanks for inviting me.

M: My pleasure. _____ _____ _____ _____ before the musical? There are a lot of nice restaurants around the theater.

W: Sounds great. _____ _____ _____ _____.

13

대화를 듣고, 여자가 몇 층으로 가야 하는지 고르시오.
① 1층　　② 2층　　③ 3층　　④ 4층　　⑤ 5층

W: Excuse me, sir. Can I ask you something?

M: Sure. _____ _____.

W: It's my first time here. I'm _____ _____ *Dr. Park's Animal Hospital*. My cat is sick.

M: Oh, I'm sorry to hear that. You're now on the second floor. You _____ _____ _____ _____ two more floors.

W: Oh, the animal hospital is on the fourth floor.

M: Exactly. _____ _____ _____ _____ and turn right. You'll see it right away.

14

대화를 듣고, 두 사람의 관계로 가장 적절한 것을 고르시오.
① 가수 – 작곡가
② 치과 의사 – 환자
③ 택시 운전기사 – 승객
④ 관광 가이드 – 여행객
⑤ 중고차 판매원 – 고객

W: Hello. Welcome to *Rainbow Second-hand Cars*. _____ _____ _____ to buy a car?

M: Yes, I am. Could you help me?

W: Sure. What kind of car do you want?

M: _____ _____ _____ a sedan.

W: How about this one? It's _____ _____ _____ _____. It has a sunroof and power windows.

M: Oh, it's _____ _____ _____ _____. How much is it?

W: It's 16,000 dollars.

M: Okay. It is in great condition. Can I pay by credit card?

15

대화를 듣고, 남자가 여자에게 요청한 일로 가장 적절한 것을 고르시오.
① 화분에 물 주기
② 지도에서 길 찾기
③ 수학 숙제 도와주기
④ 테니스 강습 같이 가기
⑤ 인터넷으로 물건 주문하기

W: Minsu, what are you doing?

M: I'm _____ _____ my math homework. My math teacher gave us a lot of homework.

W: How's it going?

M: Not very well. I'm _____ _____ _____ a few of these questions.

W: Let me see.

M: Do you think you can help me? I really need your help.

W: Sure. I have about an hour before I _____ _____ _____ to my tennis lesson.

16

대화를 듣고, 남자가 콘서트 티켓을 구하지 <u>못한</u> 이유로 가장 적절한 것을 고르시오.
① 공연이 취소되어서
② 가게가 문을 닫아서
③ 지갑을 잃어버려서
④ 티켓 가격이 너무 비싸서
⑤ 인터넷 연결이 갑자기 끊겨서

W: Did you get tickets to your favorite group's concert?

M: Please don't ask.

W: Why not?

M: I couldn't get tickets. I was checking out and about to pay for them but then _____ _____ _____ _____.

W: What happened?

M: Suddenly the Internet _____ _____.

W: No way!

M: And then after the Internet started working again, the tickets were already _____ _____.

W: I'm sorry to hear that. Hopefully some tickets _____ _____ _____.

17

다음 그림의 상황에 가장 적절한 대화를 고르시오.

① ② ③ ④ ⑤

① W: What do you want to have?

  M: I'd like to have a cheeseburger and a cola.

② W: _____ _____ _____ _____ in this dress?

  M: Oh, you look great!

③ W: Jake, what are you doing?

  M: I'm _____ _____ my trip to Busan.

④ W: _____ _____ _____ _____?

  M: Sure. Come and sit down.

⑤ W: How can I help you?

  M: Can I have something good _____ _____ _____?

18

다음을 듣고, 여자가 훌륭한 연설을 위해 준비할 것에 대해 언급하지 <u>않은</u> 것을 고르시오.

① 시간을 충분히 두고 연설 준비하기
② 화제와 주제 선정하기
③ 시각 자료 준비하기
④ 재미있는 농담 준비하기
⑤ 청중과 눈 마주치는 연습하기

W: Do you want to _____ _____ _____ _____? Preparing for a great speech takes a long time. It _____ _____ a few weeks beforehand. First, choose a topic, the main idea, and an interesting opening. Then add some images, tables, graphs or photos. And _____ _____ _____ good hand gestures and speaking confidently and clearly. And do your speech in front of a friend to _____ _____ _____ _____ with the audience.

19~20 대화를 듣고, 남자의 마지막 말에 이어질 여자의 말로 가장 적절한 것을 고르시오.

19

Woman: _____

① Maybe next weekend.
② I'm sorry to hear that.
③ I'm glad I could help you.
④ You must be disappointed.
⑤ Let's look for another one.

W: Is everything _____ _____ _____ your science report?

M: Well, I'm a little _____ _____. I still need to do some research at the library.

W: If you need help, _____ _____ _____.

M: Oh, really? Can you please help me find some books?

W: Sure. I have time for that. Let's go to the library.

M: Thanks a lot. You _____ _____ _____.

20

Woman: _____

① Take bus number 33.
② That can help you a lot.
③ Let's go outside and look for it.
④ What volunteer work have you done?
⑤ Visit this website and fill out the form.

M: Hey, Jihee. What are you doing?

W: _____ _____ _____ for volunteer work.

M: _____ _____ _____ volunteer work?

W: I'm going to help cook and _____ _____ to homeless people at a shelter.

M: Really? _____ _____ _____ _____ you.

W: Okay, cool.

M: How can I sign up?

Fun with Comics

Band vs. Bandage

Tip 우리나라에서는 대개 밴드라고 하면 통하지만 정확한 표현은 붕대에 해당하는 **bandage**가 올바른 표현입니다. 접착식 붕대 (**adhesive bandage**) 즉, 우리가 알고 있는 밴드는 **band-aid**라고 부릅니다. 재미있는 것은 이 **band-aid**도 원래는 미 국의 한 제약회사가 만든 상품의 이름이었는데, 이제는 접착식 붕대를 칭하는 보통 명사로 쓰이고 있다는 것이지요.

 # How to Listen

대명사는 대부분 약하게 발음되므로 듣기에 주의한다.

 Listening Practice

– Please bring <u>your</u> ticket.

– I like <u>them</u>.

Mini **Check-up**

다음 문장에서 약하게 발음될 수 있는 인칭대명사에 밑줄을 그어 봅시다.

1. There's some water for our students.
2. I'll tell her the truth.
3. She loves him.

Useful Expressions
for Communication

1 상대방의 말이나 어떤 주제에 대한 이의나 반대를 표현할 때

- I don't think[believe] so. 난 그렇게 생각하지 않아.
- I don't agree (with you). 난 너에게 동의하지 않아.
- I disagree (with you). 난 너와 반대 의견이야.
- I'm against using our cell phones at school. 나는 학교에서 우리의 휴대전화를 사용하는 것에 반대해.

2 궁금증을 표현할 때

- I'm curious about your new school. 나는 네 새 학교에 대해 궁금해.
- I wonder if she will come to the party. 나는 그녀가 파티에 올지가 궁금해.
- I'd be very interested to know how you make this delicious cake.
  나는 네가 이렇게 맛있는 케이크를 어떻게 만드는지 알면 아주 흥미로울 거야.

3 기억이나 망각을 표현할 때

- I don't remember the title of the book. 나는 그 책의 제목을 기억하지 못해요.
- I completely forgot about that. 나는 그것에 대해 완전히 잊고 있었어요.
- I'll never forget your kindness. 당신의 친절함을 절대 잊지 않을게요.

4 의무를 표현할 때

- You have to[must] be on time for class. 너는 수업에 정시에 와 있어야 해.
- You should[ought to] stay in bed. 너는 침대에 누워 있어야 해.
- It is required to drive under 30 in school zones. 스쿨존에서는 30 이하로 운전해야 해.
- You're expected to take your shoes off indoors. 너는 실내에서는 신발을 벗어야 해.

5 허가 여부를 묻거나 허가하지 않음을 표현할 때

- Is it all right[okay] if I use this computer? 이 컴퓨터를 사용해도 될까요?
- Do you mind if I turn off the TV? 내가 TV를 꺼도 될까요?
- I wonder if I could get a glass of water. 물 한 잔 마실 수 있을까요?
- You must not[may not] eat or drink in the museum. 박물관 내에서 먹거나 마셔서는 안 됩니다.
- (I'm afraid) That's not possible. 죄송하지만 그것은 가능하지 않습니다.
- You're not allowed[supposed] to take photos of the paintings.
  그림을 촬영하는 것은 허용되지 않습니다.

⑥ 바람이나 소원을 표현할 때

- I want to visit Paris. 나는 파리를 방문하고 싶어. (= I'd like to visit Paris.)
- I wish I could travel around the world. 나는 세계여행을 할 수 있다면 좋겠어.

⑦ 낙담한 사람을 위로할 때

- Don't worry. 걱정 마.
- Come on! Cheer up! 힘을 내! 기운 내!
- Things will be better soon. 일이 곧 더 잘 풀릴 거야.
- Don't be disappointed. 실망하지 마.

⑧ 걱정이나 두려움을 표현할 때

- I'm worried about you. 나는 네가 걱정돼.
- I'm anxious about his health. 나는 그의 건강을 염려하고 있어.
- I'm scared[frightened, terrified] to be left alone in the forest.
  나는 숲속에 홀로 남겨지는 것이 두렵다.

⑨ 안심시킬 때나 안도감을 표현할 때

- Don't be frightened. 두려워하지 마.
- I'm sure everything will be okay[all right]. 분명 다 괜찮을 거야.
- That's[What] a relief! (참) 안심이다!
- Thank goodness. 정말 다행이다.
- I'm relieved to hear everyone is safe. 모두 안전하다는 소식을 들으니 안심이다.

⑩ 화를 낼 때나 화를 내는 사람에게 말할 때

- I feel angry. 나는 화가 나.
- I'm very upset[annoyed] about her lies. 나는 그녀의 거짓말에 매우 화가 나.
- I can't stand it anymore. 더 이상은 못 참아.
- Mosquitoes are very annoying[irritating]. 모기는 정말 짜증나게 한다[성가시다].
- Calm down! 진정해!
- Don't get so worked up! 그렇게 흥분하지 마!
- There's nothing to get angry about. 화낼 거 없잖아.

01회 영어듣기능력평가 · 본문 6~9쪽

01 ①	02 ⑤	03 ①	04 ④	05 ②
06 ④	07 ⑤	08 ①	09 ③	10 ②
11 ⑤	12 ⑤	13 ④	14 ④	15 ③
16 ②	17 ⑤	18 ④	19 ③	20 ④

07회 영어듣기능력평가 · 본문 66~69쪽

01 ②	02 ③	03 ④	04 ①	05 ①
06 ②	07 ④	08 ③	09 ③	10 ②
11 ⑤	12 ⑤	13 ④	14 ①	15 ⑤
16 ④	17 ②	18 ⑤	19 ③	20 ⑤

02회 영어듣기능력평가 · 본문 16~19쪽

01 ③	02 ⑤	03 ⑤	04 ④	05 ⑤
06 ①	07 ②	08 ②	09 ③	10 ⑤
11 ⑤	12 ⑤	13 ②	14 ③	15 ③
16 ②	17 ⑤	18 ①	19 ④	20 ④

08회 영어듣기능력평가 · 본문 76~79쪽

01 ①	02 ③	03 ③	04 ②	05 ①
06 ①	07 ③	08 ②	09 ③	10 ⑤
11 ④	12 ④	13 ③	14 ⑤	15 ⑤
16 ②	17 ②	18 ④	19 ②	20 ⑤

03회 영어듣기능력평가 · 본문 26~29쪽

01 ④	02 ②	03 ⑤	04 ④	05 ③
06 ①	07 ④	08 ⑤	09 ②	10 ③
11 ③	12 ①	13 ②	14 ①	15 ⑤
16 ②	17 ⑤	18 ③	19 ④	20 ①

09회 영어듣기능력평가 · 본문 86~89쪽

01 ①	02 ④	03 ③	04 ⑤	05 ④
06 ②	07 ①	08 ③	09 ④	10 ④
11 ⑤	12 ⑤	13 ②	14 ③	15 ⑤
16 ②	17 ①	18 ②	19 ③	20 ②

04회 영어듣기능력평가 · 본문 36~39쪽

01 ③	02 ⑤	03 ③	04 ②	05 ④
06 ④	07 ⑤	08 ③	09 ④	10 ⑤
11 ⑤	12 ⑤	13 ②	14 ①	15 ①
16 ⑤	17 ③	18 ⑤	19 ③	20 ⑤

10회 영어듣기능력평가 · 본문 96~99쪽

01 ①	02 ②	03 ④	04 ③	05 ④
06 ②	07 ①	08 ⑤	09 ③	10 ④
11 ⑤	12 ⑤	13 ③	14 ②	15 ④
16 ⑤	17 ③	18 ②	19 ①	20 ⑤

05회 영어듣기능력평가 · 본문 46~49쪽

01 ④	02 ③	03 ⑤	04 ⑤	05 ②
06 ④	07 ④	08 ①	09 ④	10 ③
11 ④	12 ①	13 ①	14 ②	15 ①
16 ②	17 ③	18 ③	19 ⑤	20 ⑤

11회 영어듣기능력평가 · 본문 106~109쪽

01 ③	02 ②	03 ⑤	04 ③	05 ①
06 ②	07 ③	08 ①	09 ④	10 ④
11 ④	12 ⑤	13 ②	14 ①	15 ②
16 ③	17 ②	18 ①	19 ⑤	20 ⑤

06회 영어듣기능력평가 · 본문 56~59쪽

01 ②	02 ①	03 ⑤	04 ②	05 ④
06 ③	07 ⑤	08 ⑤	09 ④	10 ⑤
11 ⑤	12 ⑤	13 ③	14 ⑤	15 ⑤
16 ④	17 ③	18 ④	19 ②	20 ⑤

12회 영어듣기능력평가 · 본문 116~119쪽

01 ⑤	02 ①	03 ③	04 ④	05 ②
06 ④	07 ⑤	08 ⑤	09 ⑤	10 ④
11 ②	12 ④	13 ④	14 ⑤	15 ③
16 ⑤	17 ⑤	18 ④	19 ③	20 ⑤

✦ 원리 학습을 기반으로 한
   중학 과학의 새로운 패러다임

✦ 학교 시험 족보 분석으로
   내신 시험도 완벽 대비

원 리 학 습 으 로 완 성 하 는 과 학

비욘드

(개념) (탐구) (적용) (실전)   **체계적인 실험 분석 + 모든 유형 적용**

✦ **시리즈 구성** ✦

중학 과학 1-1	중학 과학 1-2
중학 과학 2-1	중학 과학 B-2
중학 과학 3-1	중학 과학 3-2

하루 한 장으로 중학 수학 실력 UP

인터넷·모바일·TV
무료 강의 제공

MON	TUE	WED	THU	FRI	SAT	SUN
				화이팅! 1	2	3
4	5	6	한장끝! 7	8	9	10
11	12	13	14			17
18	19	20	21			4
25	26	27	28			

| 1(상) | 1(하) | 2(상) | 2(하) | 3(상) | 3(하) |

중학 수학은 한 장 수학으로 이렇게!

하나!
하루 한 장으로
가볍게 습관 들이기

둘!
기초부터 시작해서
문제로 완성하기

셋!
서술형·신유형 문항도
빠짐없이 연습하기

중학

전국 시·도교육청 주관 **영어듣기능력평가 실전 대비서**

영어듣기
능력평가
완벽대비

정답과 해설 | 중2

중학

전국 시·도교육청 주관 영어듣기능력평가 실전 대비서

영어듣기
능력평가
완벽대비

|중2|

정답과 해설

본문 6~9쪽

01 ①	02 ⑤	03 ①	04 ④	05 ②
06 ④	07 ⑤	08 ①	09 ③	10 ②
11 ⑤	12 ⑤	13 ④	14 ④	15 ③
16 ②	17 ⑤	18 ③	19 ③	20 ④

01

정답 ①

Script

W: Good morning. This is Claire with the weekly weather report. We can expect clear skies from Monday to Wednesday. On Thursday, we will get a lot of rain. This will continue through Friday afternoon. The rain is expected to stop on Friday night. And we can expect Saturday to be sunny all day long.

안녕하세요. 주간 날씨 보도의 Claire입니다. 우리는 월요일부터 수요일까지 맑은 하늘을 예상할 수 있습니다. 목요일에는 비가 많이 올 것입니다. 이 비는 금요일 오후까지 계속될 것입니다. 비는 금요일 밤에 그칠 것으로 예상됩니다. 그리고 우리는 토요일에 종일 화창할 것을 예상할 수 있습니다.

Solution

목요일에 비가 내리기 시작해서 금요일 밤에 그치고 토요일에는 종일 화창할 것이라고 했으므로 정답은 ①이다.

Vocabulary

weekly 주간의, 매주의   expect 예상하다
continue 계속되다   through ~까지
all day long 종일

02

정답 ⑤

Script

M: Hi, I'm looking for a face mask for kids.
안녕하세요, 저는 어린이용 얼굴 마스크를 찾고 있어요.

W: All right. We have a few designs. Here's one without a print on it.
알겠어요. 우리는 몇 개의 디자인을 가지고 있어요. 여기 아무 무늬 없는 것이 있어요.

M: It's not bad, but I'd like one with a fun print.
그것은 나쁘지 않네요. 그러나 저는 재미있는 무늬가 있는 것을 원해요.

W: Okay. How about this one with a little cat on it?
알겠어요. 작은 고양이 한 마리가 있는 이것은 어떠세요?

M: Well, do you have ones with a print of more than one animal?
음, 한 마리보다 더 많은 동물이 있는 무늬의 마스크를 가지고 있나요?

W: Sure. There's the one with a cat and a puppy.
물론이죠. 고양이 한 마리와 강아지 한 마리가 있는 것이 있어요.

M: Perfect! I'll take it.
완벽해요! 제가 그것을 살게요.

Solution

남자는 한 마리보다 더 많은 동물이 있는 무늬의 마스크를 원했고, 고양이 한 마리와 강아지 한 마리가 있는 것을 구입하겠다고 했으므로 정답은 ⑤이다.

Vocabulary

look for ~을 찾다   a few 몇 개의, 약간의
design 디자인   print 무늬

03

정답 ①

Script

W: Dad, I'm home. And I have some good news.
아빠, 저 집에 왔어요. 그리고 저는 좋은 소식이 좀 있어요.

M: What is it?
그게 뭐니?

W: Do you remember I participated in the English speech contest?
제가 영어 말하기 대회에 참가했던 것 기억하세요?

M: Yes. You practiced so hard. You said you were so nervous that you wanted to give up.
그래. 네가 매우 열심히 연습했잖니. 네가 너무 긴장해서 포기하고 싶다고 말했었지.

W: Right. I was so worried at that time. But guess what? I won first place!
맞아요. 제가 그때는 너무 걱정했어요. 그런데 그거 아세요? 제가 1등을 했어요!

M: Wow, good for you. Congratulations! I knew you could do it.
와, 잘됐구나. 축하한다! 아빠는 네가 그것을 할 수 있을 줄 알았어.

W: Thanks, Dad.
고맙습니다, 아빠.

Solution

영어 말하기 대회에 참가하기 위해 열심히 연습하고, 대회에서 1등을 하고 온 딸을 보며 아빠는 자랑스러움을 느낀다.
② 지루한   ③ 걱정하는
④ 불안한   ⑤ 실망한

Vocabulary

participate in ~에 참가하다   so 정말, 너무나

nervous 긴장한   give up 포기하다

win first place 1등을 하다   Congratulations! 축하해!

04

정답 ④

Script

M: Hi, Tina. How was your weekend?
안녕, Tina야. 너 주말 어땠어?

W: It was good. I went to a shopping mall with my friends.
좋았어. 나는 친구들과 함께 쇼핑몰에 갔어.

M: Sounds great. What did you do there?
좋았겠다. 거기에서 뭐 했어?

W: I bought a present for my sister because tomorrow is her birthday. How was your weekend, Zach?
내일이 내 여동생 생일이어서 그녀를 위한 선물을 샀어. 네 주말은 어땠어, Zach?

M: It was amazing. I went to an amusement park with my parents.
놀라웠어. 나는 부모님과 함께 놀이공원에 갔어.

W: What rides did you go on?
너 무슨 놀이기구를 탔어?

M: I rode the roller coaster. It was scary but I had a lot of fun.
나는 롤러코스터를 탔어. 그것은 무서웠지만 나는 정말 재미있었어.

Solution

부모님과 함께 놀이공원에 가서 롤러코스터를 탔다는 남자의 말을 통해 남자가 주말에 한 일을 알 수 있다.

Vocabulary

shopping mall 쇼핑몰   present 선물

amusement park 놀이공원

ride 놀이기구; (놀이기구를) 타다(ride-rode)

roller coaster 롤러코스터   scary 무서운

05

정답 ②

Script

W: Hi. Can I help you?
안녕하세요. 제가 도와드릴까요?

M: Yeah. I just landed, and I realized that I left my smartphone on the plane. Can I go inside and get it?
네. 저는 막 착륙했고, 비행기에 제 스마트폰을 두고 온 것을 깨달았어요. 제가 안에 들어가서 그것을 가지고 와도 될까요?

W: No, you're not allowed to get back on the plane.
아니요, 당신은 비행기로 다시 돌아가는 것이 허락되지 않아요.

M: Then what should I do?
그럼 제가 뭘 해야 하나요?

W: Let me know your seat number.
당신의 좌석 번호를 알려주세요.

M: My seat number is 13C.
제 좌석 번호는 13C입니다.

W: Okay. I'll call a staff member and ask them to look for your smartphone.
알겠어요. 제가 직원에게 전화해서 당신의 스마트폰을 찾아보라고 부탁할게요.

Solution

지금 막 착륙했는데 비행기에 스마트폰을 두고 내렸다는 남자의 말과 좌석 번호를 묻고 답하는 내용을 통해 두 사람은 공항에 있음을 알 수 있다.

Vocabulary

land 착륙하다   realize 깨닫다

be allowed to ~하도록 허락되다

staff 직원

06

정답 ④

Script

W: George, do you have any plans on Friday?
George, 너 금요일에 계획 있어?

M: Yes, I do. I'm going to go to the movies with Eric.
응, 있어. 나는 Eric과 함께 영화 보러 갈 거야.

W: Sounds fun. What movie are you going to watch?
재미있겠다. 너희들은 어떤 영화를 볼 거야?

M: We haven't decided yet. We're checking the top movies showing now.
우리는 아직 결정을 못 했어. 우리는 지금 상영하는 상위 영화들을 살펴보고 있어.

W: I heard that there are a lot of good movies. I hope you two have a great time.
나는 많은 좋은 영화들이 있다고 들었어. 너희 둘이 즐거운 시간을 보내길 바라.

M: Thanks. Do you want to come with us?
고마워. 너도 우리랑 같이 갈래?

W: I'd like to, but I can't.
그러고 싶지만 난 갈 수 없어.

Solution

영화를 함께 보러 가자는 남자의 제안에 여자는 그러고 싶지만 갈 수 없다는 말을 하며 거절하고 있다.

07

정답 ⑤

Script

M: Did you hear the news? Our class is having a special event this Wednesday.
너 그 소식 들었어? 우리 반에 이번 주 수요일에 특별한 행사가 있대.

W: What is it?
그게 뭔데?

M: Our teacher said we're going to have a class flea market.
우리 선생님이 우리가 학급 벼룩시장을 할 거라고 말씀하셨어.

W: A flea market? I don't know what that is.
벼룩시장? 나는 그게 뭔지 모르겠어.

M: We bring in items that we don't use like umbrellas or pencil cases. Then we sell them at low prices.
우리가 우산이나 필통같이 사용하지 않는 물건들을 가지고 오는 거야. 그리고 나서 그것들을 낮은 가격에 파는 거야.

W: Oh, I see. Can I bring in anything that I want? I'd like to bring in my sneakers.
오, 알겠어. 내가 원하는 것은 어떤 것이든 가져와도 돼? 나는 내 운동화를 가져오고 싶어.

M: Sure.
당연하지.

Solution

여자는 벼룩시장에 원하는 것은 어떤 것이든 가져올 수 있냐고 물으며 운동화를 가져오고 싶다고 말했으므로 정답은 ⑤이다.

Vocabulary

flea market 벼룩시장   item 물건
low 낮은   price 가격
sneakers 운동화

08

정답 ①

Script

W: Tomorrow is my dad's birthday. I want to do something special for him. Do you have any good ideas?
내일은 우리 아빠의 생신이야. 나는 그를 위해 무언가 특별한 것을 하고 싶어. 너 좋은 아이디어 있니?

M: Hmm. What about writing him a letter?
음. 그에게 편지를 쓰는 건 어때?

W: My brother's already doing that.
내 남동생이 벌써 그것을 하고 있어.

M: Then, how about making folded paper flowers for him?
그럼 그를 위해 종이 접기 꽃을 만드는 게 어때?

W: That sounds great. But I don't know how.
그거 좋다. 그러나 난 어떻게 하는지 몰라.

M: Emily's good at folding paper flowers. What about asking her to help you?
Emily가 종이꽃 접기를 잘해. 그녀에게 너를 도와달라고 부탁하는 건 어때?

W: Okay, I'll call her now.
알겠어, 내가 지금 그녀에게 전화할게.

Solution

여자는 아빠의 생일에 종이꽃을 접기로 했는데 만드는 방법을 몰라서 종이꽃 접기를 잘하는 Emily에게 전화해 보겠다고 했다.

Vocabulary

already 이미, 벌써   fold 접다
paper flower 종이꽃   be good at ~을 잘하다

09

정답 ③

Script

M: Mom, May 14th is the school field trip day.
엄마, 5월 14일은 학교 현장학습의 날이에요.

W: Oh, it's next Friday. Where are you going?
오, 다음 주 금요일이구나. 너희들은 어디로 가니?

M: We're going to the National History Museum.
저희는 국립 역사박물관으로 가요.

W: You must be very excited. What do you have to bring?
너는 매우 신이 나겠구나. 너는 무엇을 가져가야 하니?

M: The teacher said we need to bring some water and an umbrella.
선생님께서 저희는 약간의 물과 우산을 가지고 올 필요가 있다고 말씀하셨어요.

W: Okay. Do you need to wear your school uniform on that day?
알겠어. 너는 그날 교복을 입어야 하니?

M: No. We can wear anything we want. I'm looking forward to wearing my new jacket!
아니요. 저희는 원하는 것은 무엇이든 입을 수 있어요. 저는 제 새 재킷을 입을 것이 기대돼요!

Solution

남자는 현장학습 날짜와 장소, 준비물과 복장에 대해 언급했으나 집합 시간은 말하지 않았다.

Vocabulary

field trip 현장학습

National History Museum 국립 역사박물관
anything 무엇이든   look forward to ~을 기대하다

10

Script

M: Today, I'd like to talk about the importance of exercise. There are several reasons why you should exercise regularly. First, it can prevent heart disease and weight gain. Second, it can help keep your bones strong. Third, it can make you sleep better. For these reasons, exercise is good for your health. Try to develop the good habit of exercising.

오늘, 저는 운동의 중요성에 대해 이야기하고 싶습니다. 여러분이 규칙적으로 운동을 해야 하는 몇 가지 이유가 있습니다. 첫째, 그것은 심장병과 체중 증가를 예방할 수 있습니다. 둘째, 그것은 여러분의 뼈를 튼튼하게 유지하는 데 도움을 줄 수 있습니다. 셋째, 그것은 여러분이 잠을 더 잘 잘 수 있게 할 수 있습니다. 이러한 이유들 때문에 운동은 여러분의 건강에 좋습니다. 운동하는 좋은 습관을 기르기 위해 노력하십시오.

Solution

남자는 규칙적인 운동이 건강에 좋은 3가지 이유를 들며 운동의 중요성에 대해 말하고 있다.

Vocabulary

importance 중요성   several 몇 가지의
prevent 예방하다   disease 질병
weight 체중   gain 증가
bone 뼈

11

Script

W: Minho, have you heard about the restaurant that newly opened?
민호야, 너 새로 연 식당에 대해 들어 봤어?

M: You mean the one next to the hospital? I've already eaten there.
병원 옆에 있는 거 말하는 거야? 나 이미 거기에서 먹어 봤어.

W: Oh, how was it?
오, 거기 어땠어?

M: The food was delicious, and the prices were good, too.
음식이 맛있고, 가격도 적당했어.

W: What about the service?
서비스는 어땠어?

M: The waiters were really kind, and the food was

served hot. But there were so many customers that I had to wait over an hour.
종업원들이 정말 친절했고, 음식이 따뜻하게 나왔어. 그러나 손님이 너무 많아서 1시간 이상 기다려야 했어.

W: I see. Actually, I'm planning to go there this weekend. Thanks.
알겠어. 사실, 나는 이번 주말에 거기에 가려고 계획 중이거든. 고마워.

Solution

남자가 새로 연 식당에 손님이 너무 많아서 1시간 이상 기다려야 했다고 했으므로 대기 시간이 길지 않다는 ⑤는 내용과 일치하지 않는다.

Vocabulary

newly 새로   next to ~의 옆에
price 가격   serve 제공하다
customer 손님   actually 사실은

12

Script

[Telephone rings.]
[전화벨이 울린다.]

W: Hello, *Jefferson Middle School*. How may I help you?
여보세요, *Jefferson* 중학교입니다. 어떻게 도와드릴까요?

M: Hi. My son attends your school. And I just have a quick question.
안녕하세요. 제 아들은 당신의 학교에 다녀요. 그리고 저는 한 가지 간단한 질문이 있어요.

W: Okay. What's your question?
알겠어요. 질문이 무엇인가요?

M: Can my son and I use the school basketball court during the weekend?
제 아들과 제가 주말 동안 학교 농구 코트를 이용할 수 있나요?

W: Sure. The court isn't open to the public during the weekdays, but it's open to the public during the weekend.
물론이죠. 코트는 평일에는 일반인에게 개방되지 않지만 주말에는 일반인에게 개방돼요.

M: Sounds good. Thank you.
좋네요. 감사합니다.

W: You're very welcome.
천만에요.

Solution

학부모가 학교에 전화해서 주말에 농구 코트를 이용할 수 있는지에 대해 문의하고 있다.

Vocabulary
attend (~에) 다니다   basketball court 농구 코트
during ~ 동안   public 일반인의
weekday 평일

13

정답 ④

Script

W: Excuse me. I'd like to buy a shirt.
실례합니다. 저는 셔츠 하나를 사고 싶어요.

M: Okay. Let me show you some of our shirts. Here's this black one. It's 35 dollars.
알겠어요. 제가 저희의 셔츠 몇 벌을 보여드릴게요. 여기에 검은색 셔츠가 있어요. 이것은 35달러예요.

W: Great. I like it. Do you have a pair of jeans, too? I want to buy a pair with the shirt.
좋아요. 저는 그것이 마음에 들어요. 청바지 한 벌도 있나요? 저는 셔츠와 함께 청바지도 사고 싶어요.

M: Sure. This pair is 50 dollars. But you get 10 percent off.
물론이죠. 이 한 벌은 50달러입니다. 그러나 손님은 10%를 할인받아요.

W: So they're 45 dollars?
그래서 그것이 45달러인가요?

M: Right. So you'll pay 80 dollars in total.
맞아요. 그래서 손님은 총 80달러를 지불할 거예요.

W: Great. I'll take them.
좋아요. 제가 그것들을 살게요.

Solution
여자는 35달러짜리 셔츠와 10% 할인되어 45달러인 청바지를 모두 사겠다고 했으므로 여자가 지불할 금액은 총 80달러이다.

Vocabulary
a pair of 한 벌의 ~   pay 지불하다
in total 총, 통틀어

14

정답 ④

Script

M: What's wrong, Julie? You look sad.
무슨 일이니, Julie? 너 슬퍼 보여.

W: Hi, Mr. Williams. I had an argument with Nina in science class. She's not talking to me.
안녕하세요, Williams 선생님. 저는 과학 시간에 Nina와 말다툼을 했어요. 그녀가 저에게 말을 안 해요.

M: That's too bad. Do you want to make up with her?
그것 참 안됐구나. 너는 그녀와 화해하고 싶니?

W: Yes. What should I do?
네. 제가 무엇을 해야 할까요?

M: What about writing a letter to her?
그녀에게 편지를 쓰는 게 어떠니?

W: That's a good idea. I'll try that. Thank you, Mr. Williams.
그것은 좋은 생각이에요. 제가 그것을 해 볼게요. 감사합니다, Williams 선생님.

M: You're welcome. You and Nina are my best students. I hope you'll get along with each other.
천만에. 너와 Nina는 나의 최고의 학생들이야. 나는 너희들이 서로 잘 지내길 바라.

Solution
Julie와 Nina가 Williams 선생님의 최고의 학생들이라는 표현을 통해 두 사람은 교사와 학생 사이임을 알 수 있다.

Vocabulary
argument 말다툼   make up with ~과 화해하다
get along with ~과 잘 지내다   each other 서로

15

정답 ③

Script

W: I'm so hungry.
나 너무 배고파.

M: Didn't you have breakfast today?
너 오늘 아침 안 먹었어?

W: No, I never have breakfast because I'm always busy in the morning.
응, 나는 아침에 항상 바빠서 아침을 전혀 안 먹어.

M: What time do you usually wake up?
너 보통 몇 시에 일어나?

W: I wake up at 8. Then I make my bed, wash my face, get dressed, and run to school.
나는 8시에 일어나. 그리고 침대를 정리하고, 세수하고, 옷을 입고, 학교로 달려가.

M: Why don't you wake up earlier? Skipping breakfast isn't good for you.
조금 더 일찍 일어나는 게 어때? 아침을 거르는 건 너에게 좋지 않아.

W: You're right. I'll do that. Thanks.
네 말이 맞아. 내가 그렇게 할게. 고마워.

Solution
아침에 바빠서 밥을 먹을 시간이 없다는 여자의 말에 남자는 아침을 거르는 것은 건강에 좋지 않으니 조금 더 일찍 일어날 것을 제안하고 있다.

Vocabulary
make one's bed 침대를 정리하다
get dressed 옷을 입다

Why don't you ~? ~하는 게 어때?
skip 거르다

16

Script

W: Brian, where are you going?
　Brian. 너 어디 가는 중이야?

M: The library. I have to get there quickly.
　도서관. 나는 거기에 빨리 가야 해.

W: Why are you going there again? You told me you went there yesterday.
　왜 거기에 또 가? 너 어제 거기에 갔다고 나한테 말했잖아.

M: I did. I checked some books out yesterday, but I left my student ID card there. I'm worried that someone took it.
　그랬지. 내가 어제 책을 몇 권 대출받았는데 내 학생증을 거기에 두고 왔어. 나는 다른 사람이 그것을 가지고 갔을까 봐 걱정돼.

W: You don't have to worry about it. The librarian most likely has your ID card.
　넌 그것에 대해 걱정할 필요가 없어. 사서가 아마도 네 학생증을 가지고 있을 거야.

M: I hope so. I'm sorry, but I really have to get going.
　그랬으면 좋겠어. 미안하지만 나 정말로 가야 해.

W: Okay. Bye.
　그래. 잘 가.

Solution

Brian은 어제 도서관에서 책을 빌리고 학생증을 두고 와서 그것을 찾으러 도서관에 가는 중이다.

Vocabulary

check out (도서관에서) 대출받다　student ID card 학생증
librarian 사서　　　　　　　most likely 아마, 반드시

17

Script

① W: I broke my finger yesterday.
　　나 어제 손가락이 부러졌어.

　M: I'm sorry to hear that.
　　그 말을 들으니 유감이에요.

② W: Why do you buy books online?
　　너는 왜 책을 온라인에서 구입하니?

　M: Because it's cheaper than buying them at a bookstore.
　　왜냐하면 그것이 서점에서 사는 것보다 더 싸기 때문이에요.

③ W: What does your mother do?
　　네 어머니의 직업은 무엇이니?

M: She is an author. She writes books for children.
　저의 어머니는 작가예요. 그녀는 어린이들을 위한 책을 써요.

④ W: How long does it take you to get to school?
　　너는 학교에 오는 데 얼마나 걸리니?

　M: It usually takes 30 minutes.
　　보통 30분 걸려요.

⑤ W: Can you give me a hand?
　　너는 나를 도와줄 수 있니?

　M: Of course. Let me open the door.
　　물론이죠. 제가 문을 열어 드릴게요.

Solution

손에 책을 많이 들고 있어 문을 열 수 없는 상황에 학생에게 도움을 요청하고 있으므로 ⑤가 적절하다.

Vocabulary

cheap 싼　　　　　　　author 작가
give a hand 도움을 주다

18

Script

W: Good morning, passengers. This is your captain speaking. I'd like to welcome everyone on flight OE357. We're about to take off. It'll take about one and a half hours to get to Jeju Airport. The weather in Jeju is nice. Please just sit back, relax, and enjoy the flight. Thank you.
　승객 여러분, 좋은 아침입니다. 저는 기장입니다. 저는 OE357편 비행기에 타신 모든 사람을 환영합니다. 저희는 곧 이륙하려고 합니다. 제주 공항에 도착하는 데 대략 1시간 30분이 걸릴 것입니다. 제주의 날씨는 좋습니다. 그냥 기대어 앉아서 휴식을 취하며 비행을 즐기십시오. 감사합니다.

Solution

여자는 비행기 편명, 소요 시간, 도착지, 날씨를 언급했지만 출발지에 대해서는 말하지 않았다.

Vocabulary

passenger 승객　　　　　captain 기장
be about to 막 ~하려고 하다　take off 이륙하다
half 절반　　　　　　　　relax 휴식을 취하다

19

Script

M: What do you want to have for dinner today?
　오늘 저녁 뭐 먹고 싶어?

W: Maybe we can order pizza. What do you think?
아마 우리는 피자를 주문할 수 있어. 넌 어떻게 생각해?

M: Well, I feel like eating something spicy today.
음, 난 오늘 뭔가 매운 것을 먹고 싶어.

W: Okay. I like spicy food, too.
알겠어. 나도 매운 음식을 좋아해.

M: Then let's order *ddeokbokki*.
그럼 떡볶이를 주문하자.

W: Oh, we have all the ingredients for *ddeokbokki* in our refrigerator.
오, 우리 냉장고에 떡볶이 재료가 모두 있어.

M: Sounds nice. Then why don't we make it together?
좋다. 그럼 우리 그것을 같이 만드는 게 어때?

W: That's a great idea.
그것은 좋은 생각이야.

Solution
남자가 냉장고에 있는 재료로 떡볶이를 같이 만들자고 제안했으므로 그 제안을 수락하는 내용의 ③이 적절하다.
① 나는 피자를 더 좋아해.
② 우리 피자를 주문하자.
④ 배달은 무료가 아니야.
⑤ 그것을 지금 주문하는 게 어때?

Vocabulary

order 주문하다	spicy 매운
ingredient 재료	refrigerator 냉장고

20

정답 ④

Script

W: Good morning. What can I do for you?
안녕하세요. 무엇을 도와드릴까요?

M: I'm looking for a backpack for my son. Can you recommend one?
저는 제 아들을 위한 배낭을 찾고 있어요. 하나 추천해주시겠어요?

W: Sure. How about this blue one with a big front pocket?
물론이죠. 커다란 앞 주머니가 있는 이 파란 배낭 어떠세요?

M: Hmm. His old backpack was blue. He'd like a different color.
음. 그의 이전 배낭이 파란색이었어요. 그는 다른 색깔을 원할 거예요.

W: What about this red one? It's our most popular backpack.
이 빨간 것은 어때요? 이것은 저희의 가장 인기 있는 배낭이에요.

M: It looks good. I'll take it. Can I exchange it for another one if my son doesn't like it?

좋아 보여요. 저는 그것을 살게요. 만약 제 아들이 그것을 좋아하지 않으면 다른 것으로 교환할 수 있나요?

W: Sure. You just need to show the receipt.
물론이죠. 손님은 그냥 영수증을 보여주시면 돼요.

Solution
남자는 아들을 위한 배낭을 구입하면서 아들이 좋아하지 않을 경우 교환이 가능한지 물었으므로 이에 대한 대답은 ④가 가장 적절하다.
① 아니요. 제가 가장 좋아하는 색깔은 빨간색이에요.
② 저는 그가 당신을 많이 도울 것이라고 확신해요.
③ 저는 새로운 배낭을 사고 싶어요.
⑤ 죄송하지만 저는 파란색 배낭을 원하지 않아요.

Vocabulary

look for ~을 찾다	recommend 추천하다
popular 인기 있는	exchange 교환하다
another 다른	receipt 영수증

Fun with Comics
본문 15쪽

소녀: 안녕, 진수! 소년: 안녕, Anna. 어제 소개팅 어땠어?	소녀: 아, 좋았어! 태민이를 소개시켜 줘서 고마워. 꽤 괜찮은 아이더라. 그 애가 나에 대해 뭐라고 말했니? 소년: 네가 매우 웃기다고 하던데
소녀: 그 애가 내가 웃기다고 말했다고? 소년: 응. 그리고 너를 다시 만나고 싶어 해.	소년: (화가 나 보이네. 내가 뭘 잘못 말했나?)

How to Listen
– 네 미소가 그리울 거야.
– 네 전화기가 어디에 있니?

Mini Check-up

1. I'll pass you the ball.
너에게 공을 패스해 줄게.
2. You'll freeze your toes.
너는 발가락이 얼 거야.
3. Can I use your computer?
네 컴퓨터를 이용해도 될까?
4. Let me guess your answer.
내가 네 대답을 추측해 볼게.

02회 영어듣기능력평가

본문 16~19쪽

01 ③	02 ⑤	03 ⑤	04 ④	05 ⑤
06 ①	07 ②	08 ②	09 ④	10 ⑤
11 ⑤	12 ⑤	13 ②	14 ③	15 ③
16 ②	17 ③	18 ①	19 ④	20 ④

01

정답 ③

Script

W: Here's today's weather forecast around the world. In New York, there will be heavy rain. So don't forget your umbrella. In Paris, the temperature will fall below zero. And there will be a lot of snow. So be careful when driving. In Seoul, it'll be sunny and clear. There's no chance of rain, so make sure to wear sunglasses when you go outside.

전 세계의 오늘 날씨 예보입니다. 뉴욕은 폭우가 내릴 것입니다. 그러니 우산을 잊지 마십시오. 파리는 기온이 영하로 내려갈 것입니다. 그리고 눈이 많이 올 것입니다. 그러니 운전할 때 조심하십시오. 서울은 화창하고 맑을 것입니다. 비가 올 가능성이 없으니 여러분은 밖으로 나갈 때 반드시 선글라스를 쓰십시오.

Solution

여자는 서울은 화창하고 맑으며 비가 올 가능성이 없다고 말했다. 또한 밖에 나갈 때 선글라스를 꼭 쓰라고 말했으므로 정답은 ③이다.

Vocabulary

forecast 예보
temperature 기온
heavy rain 폭우
make sure to 반드시 ~하다

02

정답 ⑤

Script

M: Look at these T-shirts. Which one should we buy for Jacob?
이 티셔츠들 좀 봐. 우리는 Jacob을 위해 어느 것을 사야 할까?

W: I like this one with a teddy bear. It is so cute.
나는 테디베어가 있는 이것이 좋아. 이것은 매우 귀여워.

M: Yeah, but he already has a T-shirt with a teddy bear print.
응, 하지만 그는 이미 테디베어 무늬가 있는 티셔츠를 가지고

있어.

W: Okay. Then what about this one with a dinosaur?
알겠어. 그럼 공룡이 있는 이것은 어때?

M: Not bad. But I think this one's better. It has an English word on it.
나쁘지 않아. 하지만 나는 이것이 더 좋다고 생각해. 이것은 위에 영어 단어가 있어.

W: It has 'special' written on it. It's cool. Jacob will like it, too.
그것 위에 'special(특별한)'이 쓰여 있네. 멋지다. Jacob도 그것을 좋아할 거야.

M: Let's buy it.
우리 그것을 사자.

W: Okay.
그래.

Solution

테디베어가 그려져 있는 티셔츠는 Jacob이 이미 가지고 있으므로 두 사람은 'special'이라는 단어가 쓰인 티셔츠를 사기로 한다.

Vocabulary

teddy bear 테디베어
written 쓰인
dinosaur 공룡

03

정답 ⑤

Script

W: Minsu, what are you going to do during summer vacation?
민수야, 너 여름방학 동안 뭐 할 거야?

M: I'm going to go to Canada with my parents.
나는 부모님과 함께 캐나다에 갈 거야.

W: That sounds awesome. How long are you going to be there?
굉장하다. 거기에 얼마나 오랫동안 있을 거야?

M: We're staying there for one month. So it's long enough to really experience Canadian culture.
우리는 거기에 한 달 동안 머무를 거야. 그래서 캐나다 문화를 정말로 경험하기에 충분히 길어.

W: Right. Sounds like fun. Please show me pictures of your trip later.
맞아. 재미있게 들린다. 나중에 네 여행 사진들을 나에게 보여줘.

M: Okay, I will. I can't wait to go there.
그래, 그럴게. 나는 거기에 가는 것이 매우 기다려져.

W: I hope you enjoy your trip.
즐거운 여행이 되길 바라.

남자는 여름방학에 한 달 동안 캐나다에 여행을 간다. 캐나다에 가는 것이 기다려진다는 남자의 말을 통해 신나는 감정을 느끼고 있음을 알 수 있다.

① 속상한   ② 자랑스러운
③ 지루한   ④ 무서운

awesome 굉장한, 아주 좋은   stay 머무르다
experience 경험하다   culture 문화
can't wait to ~을 기다릴 수 없다, ~이 매우 기다려지다

04

정답 ④

W: Good morning, Tom. How was your weekend?
좋은 아침이야, Tom. 너 주말 어땠어?

M: It was good. I went to see a movie with my dad. How about you?
좋았어. 나는 아빠와 함께 영화 보러 갔어. 너는 어땠어?

W: I went to the library with Jimin.
나는 지민이랑 도서관에 갔어.

M: Did you study for your final exams?
너희들 기말고사 공부했어?

W: No. We volunteered there. We cleaned up the study room and arranged books on the shelves.
아니. 우리는 거기에서 봉사활동을 했어. 우리는 스터디룸을 청소하고 선반 위에 책들을 정리했어.

M: How nice of you! You must be a little tired today.
너 정말 착하구나! 너 오늘 조금 피곤하겠다.

W: I am but I feel great.
그렇긴 하지만 기분이 좋아.

여자는 주말에 지민이와 함께 도서관에 가서 스터디룸을 청소하고 선반 위에 있는 책들을 정리하는 봉사활동을 했다.

final exam 기말고사   volunteer 봉사활동 하다
arrange 정리하다   shelf 선반
a little 조금, 약간

05

정답 ⑤

W: Hi. How can I help you?
안녕하세요. 어떻게 도와드릴까요?

M: I left my Bluetooth earphones on the subway last night. Were there any earphones found?
제가 어젯밤에 지하철에 블루투스 이어폰을 두고 왔어요. 발견된 이어폰이 있나요?

W: Yes. What color are they?
네. 그것들은 무슨 색깔인가요?

M: They are purple.
자주색이에요.

W: Let me check. [pause] We have three pairs of purple earphones. Can you describe yours in more detail?
확인해 볼게요. [잠시 후] 저희는 3개의 자주색 이어폰을 가지고 있어요. 당신의 것에 대해 조금 더 자세히 묘사해 주시겠어요?

M: There's a big scratch on the left one, and I wrote my name on them, John.
왼쪽 것에 큰 긁힌 자국이 하나 있고, 제가 그것들 위에 제 이름 John을 써 놓았어요.

W: These must be yours. Here you go.
이것들이 당신 것임에 틀림없네요. 여기 있어요.

남자는 어젯밤에 지하철에 두고 온 자신의 이어폰에 대해 설명하며 잃어버린 물건을 찾으려고 하고 있다. 그러므로 이 대화는 분실물 센터에서 이루어지고 있음을 알 수 있다.

Bluetooth earphones 블루투스 이어폰
describe 묘사하다   in detail 자세히
scratch 긁힌 자국

06

정답 ①

W: Alex, what's wrong? You don't look so good.
Alex, 무슨 일 있어? 너 별로 좋지 않아 보여.

M: I'm stressed out because of my science grade.
나 과학 성적 때문에 굉장히 스트레스를 받아.

W: But you always study really hard. Aren't you satisfied with your grade?
하지만 너는 항상 정말 열심히 공부하잖아. 네 성적에 만족스럽지 않아?

M: Not at all. I study all day long, but my grades aren't that good.
전혀. 나는 종일 공부하는데 내 성적은 그렇게 좋지 않아.

W: Have you talked about that with your teacher?
너 그것에 대해서 네 선생님과 이야기해 봤어?

M: No, I haven't. Should I?
아니, 안 했어. 해야 할까?

W: Yeah. You should learn <u>how to study</u> from your teacher first.
응. 너는 네 선생님께 공부하는 방법을 먼저 배워야 해.

Solution

여자는 공부를 열심히 하지만 성적이 잘 나오지 않는 남자에게 선생님께 공부하는 방법을 먼저 배우라는 조언을 하고 있다.

Vocabulary

be stressed out 스트레스를 받다
grade 성적
be satisfied with ~에 만족하다
not at all 전혀

07

정답 ②

Script

M: Tomorrow is Parents' Day. Let's <u>have a surprise party</u> for Mom and Dad.
내일은 어버이날이야. 엄마와 아빠를 위해 깜짝파티를 하자.

W: That's a great idea. <u>What should we do</u>?
좋은 생각이야. 우리가 무엇을 해야 할까?

M: Let's decorate the living room with some balloons. And let me sing them a song.
약간의 풍선들로 거실을 꾸미자. 그리고 내가 그들에게 노래를 불러드릴게.

W: Okay. What song?
알겠어. 무슨 노래?

M: Actually, I <u>wrote a song</u> for them. I'll play the guitar and sing it.
사실, 나는 그들을 위한 노래를 썼어. 내가 기타를 연주하면서 그것을 노래할게.

W: All right. Then I'll <u>buy some balloons</u> and decorate the living room.
알겠어. 그럼 나는 약간의 풍선들을 사서 거실을 꾸밀게.

M: I'm so excited. They'll be so surprised.
나는 정말 신나. 그들은 매우 놀라실 거야.

Solution

두 사람은 어버이날을 위한 깜짝파티를 준비하고 있으며 남자는 노래를 부르고, 여자는 풍선을 사서 거실을 꾸미겠다고 했으므로 정답은 ②이다.

Vocabulary

Parents' Day 어버이날	surprise party 깜짝파티
decorate 꾸미다	balloon 풍선
actually 사실은	

08

정답 ②

Script

M: Hey, Susie. How are you?
Susie야. 너 기분 어때?

W: <u>Not good.</u> I dropped my camera in some water this morning.
좋지 않아. 나 오늘 아침에 물속에 카메라를 떨어뜨렸어.

M: Oh, that's too bad. Did you quickly <u>dry it off</u>?
오, 그거 참 안됐다. 너 그것을 빨리 말렸어?

W: Yes, I did. But my camera is not working at all. It won't even <u>turn on</u>.
응, 했어. 그러나 내 카메라는 전혀 작동하지 않아. 그것은 심지어 켜지지도 않아.

M: I think you should visit a camera repair shop.
나는 네가 카메라 수리점에 가야 한다고 생각해.

W: Do you know where one is?
너 그게 어디에 있는지 알아?

M: No, I don't. Let's look it up on the Internet right now.
아니. 지금 바로 인터넷으로 찾아보자.

Solution

남자는 카메라를 물속에 떨어뜨려서 기분이 좋지 않은 Susie에게 수리점에 가보라는 제안을 했고, 그곳의 위치를 인터넷으로 함께 찾아보자고 말했다.

Vocabulary

drop 떨어뜨리다	dry off 말리다
even 심지어	turn on 켜다
repair shop 수리점	look up (정보를) 찾아보다

09

정답 ④

Script

M: Mom, I <u>made a new friend</u>, Jenny, in my art club. Can I invite her over to our house tomorrow?
엄마, 저 미술 동아리에서 새 친구 Jenny를 사귀었어요. 내일 그녀를 집으로 초대해도 돼요?

W: Of course. Where does she live?
물론이지. 그녀는 어디에 사니?

M: She lives near our house. It's <u>next to</u> the post office.
그녀는 우리 집 근처에 살아요. 그것(그녀의 집)은 우체국 옆에 있어요.

W: I see. What is she like?

알겠다. 그녀의 성격은 어때?

M: She's really active and outgoing. Everyone in the club likes her.

그녀는 정말 적극적이고 외향적이에요. 동아리에 있는 모든 사람이 그녀를 좋아해요.

W: She sounds cool. Do you know what food she likes? I want to make something nice for her.

그녀는 멋진 것 같구나. 너는 그녀가 무슨 음식을 좋아하는지 아니? 나는 그녀를 위해 무언가 좋은 것을 만들어주고 싶어.

M: She likes *bibimbap*. Thanks, Mom.

그녀는 비빔밥을 좋아해요. 감사합니다, 엄마.

Solution

남자는 새로 사귄 친구의 이름과 사는 곳, 성격, 좋아하는 음식에 대해서는 말했지만 장래 희망은 언급하지 않았다.

Vocabulary

invite 초대하다   active 적극적인
outgoing 외향적인

10

정답 ⑤

Script

W: Do you want to make a strong password? Here are some tips you can follow. First, mix letters and numbers. Second, use symbols together. Third, make the password at least 12 characters long. The more characters it has, the better it is. Fourth, do not include your birthday or phone number. Please remember these tips when you make a password.

여러분은 강력한 비밀번호를 만들고 싶나요? 여기에 여러분이 따라야 할 몇 가지 팁이 있습니다. 첫째, 알파벳과 숫자를 섞으십시오. 둘째, 기호를 함께 사용하십시오. 셋째, 비밀번호를 최소 12글자로 만드십시오. 글자가 더 많을수록, 더 좋습니다. 넷째, 여러분의 생일이나 전화번호를 포함하지 마십시오. 여러분은 비밀번호를 만들 때 이 팁들을 기억하십시오.

Solution

여자는 4가지 팁을 제시하며 강력한 비밀번호를 만드는 방법에 대해 말하고 있다.

Vocabulary

tip 팁, 조언   follow 따르다
symbol 기호   at least 최소
character 글자   include 포함하다

11

정답 ⑤

Script

W: Hello. I'd like to buy a laptop. Can you recommend one?

안녕하세요. 저는 노트북을 하나 사고 싶어요. 저에게 하나 추천해주실 수 있나요?

M: Sure. What about this one? It's on sale.

물론이죠. 이거 어때요? 이것은 세일 중이에요.

W: It looks nice. What features does it have?

좋아 보이네요. 그것은 무슨 특징을 가지고 있나요?

M: It comes in four colors. And this model is lighter than any other one. It's only 1.2 kilograms.

이것은 4개의 색깔로 나와요. 그리고 이 모델은 다른 어떤 것보다 가벼워요. 이것은 겨우 1.2kg이에요.

W: I like it. Does it have a touch screen?

저는 그것이 좋아요. 그것은 터치스크린을 가지고 있나요?

M: Yes, it does. And it has the second largest screen of all the models.

네. 그리고 이것은 모든 모델 중에서 두 번째로 큰 스크린을 가지고 있어요.

W: Great. I'll take it.

좋아요. 제가 그것을 살게요.

Solution

남자가 추천해 준 노트북은 모든 모델 중에서 두 번째로 큰 스크린을 가지고 있다고 했으므로 ⑤는 대화의 내용과 일치하지 않는다.

Vocabulary

laptop 노트북   recommend 추천하다
on sale 세일 중인   feature 특징

12

정답 ⑤

Script

[Cellphone rings.]
[휴대전화가 울린다.]

W: Hello.

여보세요.

M: Mom! It's me. I'm about to go home now, but it's raining really hard.

엄마! 저예요. 저 지금 집에 막 가려는 참인데 비가 정말 많이 오고 있어요.

W: Really? I didn't know that.

정말? 나는 몰랐구나.

M: It just suddenly started pouring. I didn't bring my umbrella.

그냥 갑자기 쏟아붓기 시작했어요. 저는 우산을 안 가지고 왔어요.

W: I see. What do you want me to do?
그렇구나. 너는 내가 무엇을 할 원하니?

M: Can you come pick me up? I'm at school. I'll be here.
저를 태우러 와 주실 수 있으세요? 저는 학교에 있어요. 저 여기에 있을게요.

W: Okay. I'll be there in 15 minutes.
알겠어. 15분 안에 거기에 갈게.

M: Thanks, Mom.
고맙습니다, 엄마.

Solution

남자가 여자에게 전화해서 비가 많이 오는데 우산이 없으니 데리러 와 달라고 말하고 있다.

Vocabulary

be about to 막 ~하려는 참이다   pour 퍼붓다
bring 가지고 오다   pick up (차에) 태우다

13

정답 ②

Script

W: How was the food today?
오늘 음식 어땠나요?

M: It was great. The steak was cooked perfectly.
좋았어요. 스테이크가 완벽하게 요리됐어요.

W: Glad you liked it. So you had a steak and a bowl of chicken soup. That'll be 36 dollars.
마음에 들었다니 좋네요. 스테이크와 치킨 수프 한 그릇을 드셨네요. 36달러입니다.

M: I also had a piece of cheesecake.
저는 또한 치즈케이크 한 조각을 먹었어요.

W: Oh, right. You ordered a dessert, too. Then your total is 40 dollars.
오, 맞아요. 손님은 디저트도 주문하셨네요. 그럼 총 40달러입니다.

M: Okay. By the way, can I use this birthday discount coupon?
알겠어요. 그런데 제가 이 생일 할인 쿠폰을 사용할 수 있나요?

W: Oh, sure. You get 50% off, so it's 20 dollars.
오, 물론이죠. 50% 할인받으셔서 20달러입니다.

Solution

남자가 주문한 금액이 총 40달러이지만, 생일 할인 쿠폰으로 50%를 할인받아 20달러를 지불하면 된다.

Vocabulary

perfectly 완벽하게   a bowl of 한 그릇의 ~
a piece of 한 조각의 ~   order 주문하다
dessert 디저트   total 총, 합계
by the way 그런데   discount 할인

14

정답 ③

Script

W: Excuse me, sir. We're going to land soon. You need to prepare for landing.
실례합니다, 선생님. 저희는 곧 착륙할 예정입니다. 착륙을 위해 준비해 주시기 바랍니다.

M: I see. What should I do?
알겠어요. 제가 무엇을 해야 하나요?

W: Please fasten your seat belt.
안전벨트를 매 주세요.

M: Oh, I forgot I wasn't wearing it. What else should I do?
오, 제가 그것을 매고 있지 않았다는 것을 잊었어요. 그 밖에 또 무엇을 해야 하나요?

W: Could you please put up the window shade, too?
창문 빛 가리개도 열어 주실 수 있나요?

M: Sure. How long until we arrive at the airport?
물론이죠. 공항에 도착할 때까지 얼마나 걸리나요?

W: Around 20 minutes, sir.
대략 20분 정도입니다, 선생님.

M: Thank you.
감사합니다.

Solution

여자는 남자에게 곧 착륙할 예정이므로 안전벨트를 매고 창문 빛 가리개를 열어 달라고 말하고 있다. 또한 공항에 도착하기까지 걸리는 시간을 묻고 답하는 내용을 통해 두 사람의 관계는 승무원과 승객임을 알 수 있다.

Vocabulary

sir (이름을 모르는 남자에 대한 호칭) 선생님
land 착륙하다   prepare 준비하다
fasten 매다   seat belt 안전벨트
shade 빛 가리개   arrive 도착하다

15

정답 ③

Script

M: Bomi, what's the matter? You look worried.

보미야, 무슨 일 있어? 너 걱정스러워 보여.

W: My dog is sick. He won't eat anything. He just sleeps all day.

내 개가 아파. 그는 아무것도 먹질 않아. 종일 그냥 자.

M: Oh, did you give him some warm water? I heard that drinking warm water is good for sick dogs.

오, 그에게 약간의 따뜻한 물을 줬어? 나는 따뜻한 물을 마시는 것이 아픈 개들에게 좋다고 들었어.

W: I already tried that, but it didn't work. What do you think I should do?

나는 이미 그것을 해 봤는데 효과가 없었어. 내가 무엇을 해야 한다고 생각해?

M: What about going to the vet? I'm sure an animal doctor can help.

수의사한테 가는 건 어때? 나는 동물 의사가 그를 도울 수 있다고 확신해.

W: Okay. Thanks for your suggestion.

알겠어. 제안 고마워.

M: I hope he will get well soon.

나는 그가 빨리 낫길 바라.

Solution

개가 아파서 걱정된다는 여자의 말에 남자는 수의사에게 가보라고 제안하고 있다.

Vocabulary

matter 문제	worried 걱정하는
already 이미, 벌써	vet 수의사
suggestion 제안	get well 낫다

16

정답 ②

Script

M: Sally, where are you going?

Sally야, 너 어디 가는 중이야?

W: I'm going to the teachers' office.

나는 교무실에 가는 중이야.

M: Why? Is there anything wrong?

왜? 뭐 잘못된 거 있어?

W: Yes. During English class, my teacher caught me doing my science homework.

응. 영어 시간에 선생님께서 내가 과학 숙제하는 것을 보셨어.

M: You're not supposed to do that, Sally. You should apologize to your English teacher.

너는 그렇게 해서는 안 돼, Sally야. 너는 영어 선생님께 사과해야 해.

W: I know. That's why I'm going to the teachers'

office. I'll tell her I'm sorry.

알아. 그것이 내가 교무실에 가는 이유야. 나는 그녀에게 죄송하다고 말씀드릴 거야.

M: I'm sure she'll forgive you.

나는 그녀가 너를 용서해 주실 거라 확신해.

Solution

Sally는 영어 시간에 과학 숙제를 하다 선생님께 걸렸고, 이를 사과하기 위해 교무실에 가고 있다.

Vocabulary

teachers' office 교무실	during ~ 동안
be supposed to ~해야 한다, ~하기로 되어 있다	
apologize 사과하다	forgive 용서하다

17

정답 ③

Script

① **M:** How much is this book?

이 책은 얼마인가요?

W: It's 10 dollars.

10달러입니다.

② **M:** Why were you late for school?

왜 당신은 학교에 지각했나요?

W: I woke up late so I missed the bus.

저는 늦게 일어나서 버스를 놓쳤어요.

③ **M:** Excuse me. Do you mind if I sit here?

실례합니다. 제가 여기에 앉아도 될까요?

W: Of course not. Go ahead.

물론이죠. 앉으세요.

④ **M:** What do you want to be in the future?

당신은 미래에 무엇이 되고 싶나요?

W: I want to be a librarian.

저는 사서가 되고 싶어요.

⑤ **M:** What are you interested in?

당신은 무엇에 관심이 있나요?

W: I'm interested in playing sports.

저는 운동하는 것에 관심이 있어요.

Solution

도서관에서 옆자리에 앉아도 되냐고 묻는 상황의 그림이므로 ③이 적절하다.

Vocabulary

miss 놓치다

Do you mind if ~? [정중하게] ~해도 될까요?

librarian 사서

be interested in ~에 관심이 있다

18

정답 ①

Script

M: Hello, everyone. <u>Have you ever been to</u> *Hana Central Park*? The park opened in 2008. It's <u>located on</u> 42nd Avenue near city hall. The park is open every day from 8 a.m. to 6 p.m. The <u>entrance fee</u> is $5 for adults and $3 for children. If you have <u>any questions about</u> the park, please visit our website. Thank you.

여러분, 안녕하세요. 여러분은 *Hana Central Park*에 가 본 적이 있나요? 이 공원은 2008년에 개장했습니다. 이것은 시청 근처 42번가에 위치해 있습니다. 이 공원은 매일 오전 8시부터 오후 6시까지 엽니다. 입장료는 어른은 5달러이고 어린이는 3달러입니다. 여러분이 이 공원에 대해 질문이 있다면, 저희 웹사이트에 방문해 주세요. 감사합니다.

Solution

남자는 공원의 개장 연도와 위치, 개방 시간, 입장료에 대해서는 언급했으나 공원의 규모에 대해서는 언급하지 않았다.

Vocabulary

locate 위치하다   avenue 가, 거리
entrance 입장   fee 요금
adult 어른

19

정답 ④

Script

M: Hello. <u>Are you ready</u> to order?
안녕하세요. 주문할 준비 되셨나요?

W: No, I'm not. I can't decide <u>what to get</u>. What are your specials for today?
아니요. 저는 무엇을 먹어야 할지 결정을 못 했어요. 오늘의 특선 요리는 무엇인가요?

M: We have steak, tomato spaghetti, and chicken salad.
저희는 스테이크, 토마토 스파게티 그리고 치킨 샐러드가 있어요.

W: All right. I'd like to have a chicken salad.
알겠어요. 저는 치킨 샐러드를 먹고 싶어요.

M: Okay. Would you like <u>anything else</u>?
알겠어요. 그 밖에 다른 것도 원하시나요?

W: Yes. I'd like to have steak, too.
네. 저는 스테이크도 먹고 싶어요.

M: Great. How would you like your steak?
좋아요. 스테이크는 어떻게 해 드릴까요?

W: Well done, please.
완전히 구워 주세요.

Solution

남자가 스테이크의 굽기 정도를 묻는 질문을 했으므로 이에 가장 적절한 대답은 ④이다.

① 감사합니다.
② 저는 스테이크를 좋아해요.
③ 맛있게 드세요.
⑤ 좋아요.

Vocabulary

order 주문하다   decide 결정하다
else 그 밖에, 또 다른

20

정답 ④

Script

W: <u>How do you like</u> riding the ferry? Do you like it?
페리 타는 거 어때? 마음에 드니?

M: Yes, I love it, Mom. It's so fun. Thanks for taking me on it.
네, 좋아요, 엄마. 정말 재미있어요. 여기에 저를 데리고 와 주셔서 감사합니다.

W: <u>My pleasure.</u> I wanted you to experience something new.
천만에. 나는 네가 무언가 새로운 걸 경험해 보길 원했어.

M: Can I go upstairs, too? People are going outside on the second floor.
제가 위층에 올라가도 되나요? 사람들이 2층에서 밖으로 나가고 있어요.

W: Of course. <u>Let's go together.</u>
물론이지. 같이 가자.

M: Great! I want to give some snacks to the birds. Can I feed them?
좋아요! 저는 새들에게 간식을 좀 주고 싶어요. 제가 그들에게 먹이를 줘도 되나요?

W: No, you're not allowed to do that.
아니, 네가 그것을 하는 것은 허락되지 않아.

Solution

페리를 타고 있는 남자가 위층에 있는 야외로 나가 새들에게 간식을 줘도 되냐고 물었으므로 이에 가장 적절한 대답은 ④이다.

① 응, 나는 배고파.
② 나도 수영하러 가고 싶어.
③ 아니, 그녀는 3층에 살아.
⑤ 응, 우리는 집에서 새를 키울 수 있어.

Fun with Comics

본문 25쪽

소녀: 민호야, 건강해 보이네. 운동하니?	소녀: 그랬어? 어떻게?
소년: 응, 한 달 동안 3킬로그램을 뺐어.	소년: 매일 1시간 동안 러닝머신을 했어.
소녀: 네가 러닝머신 같다는 의미니? 너 달리기가 빠르니?	소녀: 아, treadmill을 말하는 거구나. 체육관에 다니니?
소년: 아니, 내 말은 기계 위에서 달렸다고.	소년: 아니, 집에 하나 있거든.

How to Listen

Mini Check-up

1~2. like-liked, drop-dropped
3~4. need-needed, rent-rented
5~6. close-closed, happen-happened

03회 영어듣기능력평가

본문 26~29쪽

01 ④	02 ②	03 ⑤	04 ④	05 ③
06 ①	07 ④	08 ⑤	09 ②	10 ③
11 ③	12 ①	13 ②	14 ①	15 ②
16 ②	17 ⑤	18 ③	19 ④	20 ①

01

정답 ④

Script

M: This is the weather report for the weekend. We've had long rainy days from Monday to Friday. But, tomorrow, on Saturday, the rain will stop and we'll have sunny and clear skies. It'll be a great day for a picnic. On Sunday morning, it'll still be sunny. But in the afternoon, it'll be snowy and cold, so dress warm.

주말 날씨 보도입니다. 우리는 월요일부터 금요일까지 긴 비가 왔습니다. 그러나 내일, 토요일에는 비가 그칠 것이고, 우리는 화창하고 맑은 하늘을 볼 것입니다. 소풍을 위한 좋은 날이 될 것입니다. 일요일 아침에는 여전히 화창할 것입니다. 그러나 오후에는 눈이 오고 추울 것이니 따뜻하게 입으십시오.

Solution

일요일 오후의 날씨는 눈이 오고 춥다고 했으므로 정답은 ④이다.

Vocabulary

report 보도
picnic 소풍
clear 맑은

02

정답 ②

Script

M: Let's review shapes. Draw what I say. First, draw a large square.
도형을 복습해 보자. 내가 말하는 것을 그려봐. 먼저, 큰 정사각형을 하나 그려.

W: Do you mean a shape with two long sides and two short sides?
2개의 긴 변과 2개의 짧은 변이 있는 도형을 말씀하시는 거죠?

M: No, that's a rectangle. A square has four equal sides.
아니, 그건 직사각형이야. 정사각형은 4개의 동일한 변을 가지고 있어.

W: Oh, I see. What's next?

오, 알겠어요. 다음은 무엇인가요?

M: Then, draw a circle inside the square. And draw a star inside the circle.
그다음, 정사각형 안에 원을 하나 그려. 그리고 원 안에 별을 하나 그려.

W: One circle inside the square and one star inside the circle. I'm done.
정사각형 안에 원 하나와 그 원 안에 별 하나. 저 다 했어요.

M: Great job!
잘했어!

Solution
남자는 여자에게 큰 정사각형을 먼저 그리고 그 안에 원을 그린 후, 다시 그 안에 별 하나를 그리라고 했으므로 정답은 ②이다.

Vocabulary
review 복습하다 shape 도형, 모양
square 정사각형 rectangle 직사각형
equal 동일한

03

정답 ⑤

Script

M: Mom, who were you talking on the phone with?
엄마, 누구와 통화하고 계셨어요?

W: I was talking to your uncle.
나는 네 삼촌과 통화하는 중이었어.

M: What were you talking about? Anything good?
무엇에 대해 통화하셨어요? 좋은 것이에요?

W: No. Actually, it was bad. He said he and his family can't come visit us this summer vacation.
아니. 사실은 나쁜 것이었어. 그가 이번 여름방학에 그와 그의 가족이 우리를 방문하러 올 수 없다고 말했어.

M: Really? Why not? I was looking forward to seeing them. I really miss them.
정말요? 왜 안 돼요? 저는 그들을 보는 것을 기대하고 있었어요. 저는 정말로 그들이 그리워요.

W: I know. But your cousins have camps to attend during the vacation. It is unfortunate.
나도 알아. 그러나 네 사촌들이 방학 동안 참석해야 할 캠프가 있어. 정말 유감이구나.

Solution
여름방학에 사촌들이 캠프에 참석해야 해서 삼촌의 가족이 못 오게 되었다는 소식을 들은 남자의 심정은 실망스러울 것이다.
① 수줍은 ② 느긋한, 편안한
③ 기쁜 ④ 만족스러운

Vocabulary
look forward to ~을 기대하다 miss 그리워하다
cousin 사촌 unfortunate 유감스러운

04

정답 ④

Script

M: What did you do yesterday?
너 어제 뭐 했어?

W: I went to Jane's house.
나는 Jane의 집에 갔어.

M: Did you hang out together?
너희들은 함께 놀았어?

W: No. These days, she's busy preparing for a violin contest.
아니. 요즘 그녀는 바이올린 대회를 준비하느라 바빠.

M: Oh, I heard that. Then why did you go to her house?
오, 나 그것을 들었어. 그럼 너는 왜 그녀의 집에 갔어?

W: Actually, I helped her with her English homework.
사실 나는 그녀의 영어 숙제를 도왔어.

M: English homework?
영어 숙제?

W: Yes. She's so busy practicing for the contest that she needed my help with her homework.
응. 그녀는 대회를 위해 연습하느라 너무 바빠서 그녀의 숙제에 내 도움이 필요했어.

Solution
여자는 어제 바이올린 대회를 준비하느라 바쁜 친구의 집에 가 그녀의 영어 숙제를 도와줬다.

Vocabulary
hang out 놀다 be busy -ing ~하느라 바쁘다
prepare 준비하다 contest 대회
actually 사실은

05

정답 ③

Script

W: James, did you turn your smartphone off?
James, 너 스마트폰 껐어?

M: No. I just turned on silent mode. Isn't that good enough?
아니. 나는 그냥 무음 모드로 바꿨어. 이것은 충분히 좋지 않아?

W: No. It can still disturb other people. You have to follow some etiquette rules here.

아니. 그것은 여전히 다른 사람들을 방해할 수 있어. 너는 여기에서 몇 가지 예의 규칙을 따라야 해.

M: Okay. What else should I do?
알겠어. 내가 또 무엇을 해야 하는데?

W: Well, do not stretch your legs out or kick the seat in front of you.
음, 다리를 쭉 펴거나 네 앞자리를 발로 차면 안 돼.

M: All right. I won't.
알겠어. 안 할게.

W: Lastly, do not talk during the movie.
마지막으로 영화 보는 동안 말을 하면 안 돼.

M: Okay.
알겠어.

Solution

여자는 남자에게 스마트폰을 끄고, 다리를 쭉 펴거나 앞자리를 발로 차서는 안 되며, 영화를 보는 동안 말을 하면 안 된다고 했으므로 두 사람은 영화관에 있음을 알 수 있다.

Vocabulary

silent mode 무음 모드   enough 충분히
disturb 방해하다   etiquette 예의
kick 발로 차다

06

정답 ①

Script

W: Minho, what do you think about keeping animals in a zoo?
민호야, 동물들을 동물원에 가두는 것에 대해 어떻게 생각해?

M: I don't think it's good.
난 그것이 좋지 않다고 생각해.

W: Why do you think that?
왜 그렇게 생각해?

M: I've read that zoo animals often get depressed and become ill.
나는 동물원의 동물들은 자주 우울해지고 아프게 된다는 것을 읽었어.

W: I've read that, too. I think animals should stay in the wild.
나도 그거 읽어 봤어. 나는 동물들은 야생에 있어야 한다고 생각해.

M: Right. Also, it's cruel to keep animals for people's entertainment.
맞아. 또한, 사람들의 즐거움을 위해 동물들을 가두는 것은 잔인해.

W: I couldn't agree with you more.

나는 네 말에 전적으로 동의해.

Solution

두 사람은 동물원에 동물을 가두는 것의 문제점에 대해 이야기하고 있으며 여자는 남자의 의견에 동의를 표현하고 있다.

Vocabulary

depressed 우울한   ill 아픈
cruel 잔인한   entertainment 즐거움, 오락

07

정답 ④

Script

M: I'm looking forward to our trip.
나는 우리의 여행을 기대하고 있어.

W: Me, too. I can't wait.
나도. 나는 너무 기다려져.

M: I already packed my swimsuit. Should I bring some towels, too?
난 이미 내 수영복을 쌌어. 내가 약간의 수건도 좀 가지고 가야 할까?

W: No, you don't need to. There will be plenty of towels for us to use.
아니, 너는 그럴 필요가 없어. 우리가 사용할 수 있는 수건들이 많이 있을 거야.

M: Then what else should I pack? The first aid kit?
그럼 나는 무엇을 싸야 할까? 비상약품 키트?

W: I already packed it. Just bring your swimsuit. That'll be enough.
내가 이미 그것을 쌌어. 그냥 네 수영복을 가져와. 그거면 충분할 거야.

M: Okay, sounds good!
그래, 좋다!

Solution

여행을 갈 때 가지고 갈 물건에 대해 이야기하는 대화에서 수건은 거기(여행지)에 많이 있을 것이고, 비상약품은 여자가 챙겼으므로 남자는 수영복만 가지고 가면 된다는 것을 알 수 있다.

Vocabulary

look forward to ~을 기대하다
can't wait 기다릴 수 없다[기다려지다]
pack 싸다, 포장하다   swimsuit 수영복
plenty of 많은   first aid kit 비상약품 키트

08

정답 ⑤

Script

M: Yumi, what are you going to do this afternoon?

유미야, 너 오늘 오후에 뭐 할 거야?

W: I want to go on a bike ride, but I heard it's going to rain.
나는 자전거 타러 가고 싶은데 비가 올 거라고 들었어.

M: Are you sure? When I checked the weather on the Internet, there was nothing about rain.
너 확실해? 내가 인터넷으로 날씨 검색했을 때 비에 관한 것은 아무것도 없었어.

W: I'll call the weather station and ask if it'll rain or not.
내가 기상청에 전화해서 비가 오는지 안 오는지 물어볼게.

M: You don't have to. I have a weather forecast app on my smartphone.
너는 그럴 필요 없어. 내 스마트폰에 날씨 예보 앱이 있어.

W: Great! Let's check the weather on your app.
좋다! 네 앱으로 날씨 확인해 보자.

Solution
여자의 마지막 말을 통해 두 사람은 스마트폰 날씨 예보 앱을 통해 날씨를 확인해 볼 것임을 알 수 있다.

Vocabulary
weather station 기상청   if ~인지
forecast 예보, 예측   app 앱

09

정답 ②

Script

W: Jiho, are you going to attend the school pop song contest?
지호야, 너 학교 팝송 대회에 참가할 거야?

M: Oh, I haven't heard about it.
오, 난 그것에 대해 듣지 못했어.

W: It's going to be on June 15th.
그것은 6월 15일에 있을 거야.

M: Okay. What is the prize for the winner?
알겠어. 우승자 상품이 뭐야?

W: The winner will get a Bluetooth keyboard.
우승자는 블루투스 키보드를 받을 거야.

M: That's cool. I'd like to enter it. How do I sign up?
그것 멋지다. 나는 그것에 참가하고 싶어. 어떻게 등록할 수 있어?

W: You can sign up on the school website. The deadline is June 7th.
너는 학교 웹사이트에 신청하면 돼. 기한은 6월 7일이야.

M: Thank you.
고마워.

Solution
여자는 학교 팝송 대회의 개최 날짜, 우승 상품, 신청 방법과 신청 기한에 대해 언급했으나 참가비에 대한 내용은 말하지 않았다.

Vocabulary
attend 참가하다   winner 우승자
sign up 신청하다   deadline 기한

10

정답 ③

Script

M: Good morning, students! This is Principal Waterson! I have some wonderful news to share. Our school soccer team won the middle school championship yesterday. So, we're going to celebrate the victory today. A celebration party will be held at 3 o'clock. Please come to the gym. There will be snacks and drinks. And there will be a video of their game yesterday. Thank you.
안녕하세요, 학생 여러분! 저는 교장 Waterson입니다! 저는 함께 나눌 놀라운 소식을 가지고 있어요. 어제 우리 학교 축구 팀이 중학교 선수권 대회에서 우승했어요. 그래서 오늘 우리는 승리를 축하할 것입니다. 축하 파티는 3시에 열릴 것입니다. 체육관으로 와 주세요. 간식과 음료가 있을 것입니다. 그리고 그들의 어제 경기 영상이 있을 것입니다. 고맙습니다.

Solution
남자는 학교 축구팀이 어제 중학교 선수권 대회에서 우승한 것을 기념하기 위한 축하 파티에 대해 안내하고 있다.

Vocabulary
principal 교장   celebrate 축하하다
victory 승리   be held 열리다

11

정답 ③

Script

W: Hi. I'd like to take my students to your art museum for a field trip.
안녕하세요. 저는 현장학습으로 제 학생들을 당신의 미술관에 데려가고 싶어요.

M: Okay. But since the new artwork is so popular, we're fully booked this month.
알겠어요. 하지만 새로운 미술 작품이 너무 인기가 많아 이번 달 예약은 완전히 찼어요.

W: All right. I'll visit next month. Are you open every day during the week?
알겠어요. 저는 다음 달에 방문할 거예요. 주중에 매일 문을 여

나요?

M: Yes. We're open every day <u>except for</u> national holidays.
네. 저희는 국경일을 제외하고 매일 문을 열어요.

W: What are the museum's opening hours?
미술관의 개관 시간은 언제인가요?

M: We're open 9 a.m. to 5 p.m.
저희는 오전 9시부터 오후 5시까지 열어요.

W: Okay. Do you <u>offer group discounts</u>?
알겠어요. 단체 할인을 제공하나요?

M: Yes. You get a 30 percent discount if there are 20 or more people.
네. 20명이나 그 이상의 사람이 있다면 30% 할인을 받아요.

Solution

남자는 미술관이 국경일을 제외하고 매일 문을 연다고 언급했다.

Vocabulary

artwork 미술 작품   fully 완전히
book 예약하다   except for ~을 제외하고
discount 할인

12

정답 ①

Script

[Telephone rings.]
[전화벨이 울린다.]

M: *Dr. Kim's Clinic*. <u>How may I help you</u>?
김 박사님의 병원입니다. 제가 당신을 어떻게 도와드릴까요?

W: Hello. My name is Susan Lee. I have an appointment for this Friday.
여보세요. 제 이름은 Susan Lee입니다. 저는 이번 주 금요일에 예약이 있습니다.

M: <u>Hold on</u> please. *[pause]* Yes, I found it. What can I do for you, Ms. Lee?
잠시만요. *[잠시 후]* 네, 저는 그것을 찾았습니다. 제가 무엇을 해 드릴까요, 이 선생님?

W: ~~I'm calling~~ to ask if I can <u>cancel my appointment</u>. An important meeting came up that day.
제 예약을 취소할 수 있는지 여쭤보고 싶어 전화했습니다. 그 날 중요한 회의가 생겨서요.

M: Okay. Do you want to reschedule your appointment?
알겠습니다. 당신은 예약 일정을 변경하기를 원하나요?

W: No, thank you. I'll check my schedule and <u>call back again</u>.
고맙지만 사양하겠습니다. 제가 일정을 확인하고 다시 전화하겠습니다.

Solution

여자는 병원에 전화하여 중요한 회의로 인해 진료 예약을 취소하고 있다.

Vocabulary

appointment 예약, 약속   hold on 잠시만, 기다려
cancel 취소하다   meeting 회의
reschedule 일정을 변경하다

13

정답 ②

Script

W: Tony, are you not ready yet? We <u>need to hurry</u>.
Tony, 너 아직 준비 안 됐어? 우리 서둘러야 해.

M: I'm almost ready. The movie starts at 12:30, right?
나 거의 다 준비했어. 영화가 12시 30분에 시작이지, 그렇지?

W: Right. But we have to buy some popcorn and drinks.
맞아. 하지만 우리는 팝콘과 음료를 좀 사야 해.

M: Okay. <u>How long does it take</u> to get to the movie theater?
알겠어. 영화관까지 시간이 얼마나 걸리지?

W: It takes 30 minutes by bus. But if the bus is late, we won't <u>be able to</u> get there on time.
버스로 30분 걸려. 그러나 버스가 늦으면 우리는 거기에 제시간에 도착할 수 없을 거야.

M: It's 11:30 now. We still have an hour before the movie starts.
지금 11시 30분이야. 우리는 영화가 시작하기 전까지 아직 1시간이 있어.

W: I know. But that's not <u>a lot of time</u>.
알아. 하지만 그건 많은 시간이 아니야.

Solution

영화 시작 시각이 12시 30분이고 시작 전까지 아직 1시간이 남아있으므로 현재 시각은 11시 30분이다.

Vocabulary

yet 아직   hurry 서두르다
almost 거의   take (시간이) 걸리다
theater 극장   be able to ~할 수 있다

14

정답 ①

Script

M: Hello, ma'am. Do you know why I pulled you over?
안녕하세요, 선생님. 제가 왜 선생님을 길 한쪽으로 차를 대게

했는지 아시나요?

W: I'm not exactly sure.
저는 정확히는 모르겠어요.

M: You were driving too fast. The speed limit here is 60 kilometers per hour.
선생님은 너무 빨리 운전하셨습니다. 여기 속도 제한은 시속 60km입니다.

W: Oh, I'm sorry. I'm on my way to the airport to pick up some friends.
오, 죄송합니다. 저는 제 친구들을 태우러 공항에 가는 길이에요.

M: Driving so fast on this narrow road is really dangerous. Please show me your driver's license.
이렇게 좁은 길에서 너무 빨리 운전하는 것은 정말 위험합니다. 선생님의 운전 면허증을 보여주세요.

W: Here it is. Am I going to get a speeding ticket?
여기 있습니다. 제가 과속 티켓을 받나요?

M: Yes. You should be more careful, ma'am.
네. 선생님은 더 조심하셔야 합니다.

남자는 너무 빨리 운전하는 여자의 차를 세우고 과속 티켓을 발부하고 있다. 이를 통해 두 사람의 관계는 경찰관과 운전자라는 것을 알 수 있다.

pull over 길 한쪽으로 차를 대게 하다
exactly 정확히   speed limit 속도 제한
on one's way to ~로 가는 중에 있는
narrow 좁은   driver's license 운전 면허증
speeding ticket 과속 티켓

I5

정답 ②

W: Dad, do you have a recent photo of our family?
아빠, 우리 가족의 최근 사진을 가지고 있나요?

M: I'm sure there's one on my computer. I'll check. Why do you need it?
내 컴퓨터에 하나가 확실히 있어. 내가 확인해 볼게. 그것이 왜 필요하니?

W: Because my English homework is about introducing my family.
왜냐하면 제 영어 숙제가 가족을 소개하는 것이에요.

M: I see. Wait a minute. [pause] I found a few pictures. Do you want to choose one?
알겠어. 기다려. [잠시 후] 내가 약간의 사진들을 찾았어. 네가

하나 고르고 싶니?

W: Sure. I like this one. Can you please print it out? I need to glue it on a piece of paper.
물론이죠. 저는 이것이 좋아요. 그것을 프린트해 주시겠어요? 저는 그것을 종이에 붙여야 해요.

M: Okay. I'll do that right now.
알겠어. 지금 바로 해 줄게.

여자는 가족을 소개하는 영어 숙제에 붙일 가족사진을 프린트해 줄 것을 아빠에게 부탁하고 있다.

recent 최근의   introduce 소개하다
print out ~을 프린트하다   glue (풀로) 붙이다
a piece of 한 장의 ~

I6

정답 ②

M: Hi, Kate. How are you? I was worried about you.
안녕, Kate. 너 기분 어때? 나는 너를 걱정했어.

W: Hi, Kevin. I'm good. Why were you worried about me?
안녕, Kevin. 나 좋아. 너 왜 내 걱정했어?

M: Because you were absent from school yesterday. I thought you were sick.
왜냐하면 네가 어제 학교에 결석했기 때문이야. 나는 네가 아팠다고 생각했어.

W: Oh, I wasn't sick at all.
오, 나는 전혀 안 아팠어.

M: Then why weren't you at school?
그럼 왜 학교에 안 왔어?

W: I was visiting my grandma's house. It was her birthday. I had a great time there.
나는 할머니 댁에 방문했어. 그녀의 생신이셨어. 난 거기에서 즐거운 시간을 보냈어.

M: Good to hear that. Now I feel relieved.
그 말을 들으니 좋다. 이제 나는 안심된다.

여자는 자신이 어제 학교에 나오지 않아 걱정하고 있던 남자에게 할머니 댁에 다녀오느라 학교에 결석했다고 말했다.

worried 걱정하는   absent 결석한
relieved 안심하는, 안도하는

17

Script

① W: You don't look well. What's the matter?
당신 안 좋아 보여요. 무슨 일이에요?

M: I have a headache.
저 두통이 있어요.

② W: Would you like it for here or to go?
여기에서 드시겠어요, 가지고 가시겠어요?

M: To go, please.
가지고 갈게요.

③ W: How do you feel about your new bike?
당신의 새 자전거에 대해 어떻게 생각하나요?

M: I like it a lot. It's very light.
저는 그것이 아주 좋아요. 그것은 매우 가벼워요.

④ W: Can you stand on your hands?
당신은 물구나무서기를 할 수 있나요?

M: Sure. It's a piece of cake.
물론이죠. 그것은 식은 죽 먹기예요.

⑤ W: Thank you for inviting me for dinner.
저녁 식사에 저를 초대해 주셔서 감사합니다.

M: My pleasure. Help yourself.
천만에요. 많이 드세요.

Solution

남자가 여자를 저녁 식사에 초대하고 많이 먹으라고 이야기하고 있는 그림이다.

Vocabulary

matter 문제	headache 두통
stand on hands 물구나무서다	a piece of cake 식은 죽 먹기
pleasure 기쁨, 즐거움	help yourself 많이 드세요

18

Script

W: Attention, please. This is the president of the magic club. We're performing a show this Wednesday. It is a free magic show. It'll start at 3 p.m. It'll be in the auditorium on the 5th floor. There are only 100 seats, so hurry to get one. I hope to see you at the magic show. Thank you.
집중해 주세요. 저는 마술 동아리의 회장입니다. 저희는 이번 주 수요일에 공연을 할 것입니다. 그것은 무료 마술 공연입니다. 그것은 오후 3시에 시작할 것입니다. 그것은 5층에 있는 강당에서 있을 것입니다. 좌석이 100개만 있으니 자리를 얻으려면 서둘러 주십시오. 저는 여러분을 마술 공연에서 뵙기를 희망합니다. 고맙습니다.

Solution

여자는 마술 공연의 입장료(무료)와 시작 시각, 공연 장소와 좌석 수에 대해서는 언급했으나 공연 목적은 언급하지 않았다.

Vocabulary

president 회장	club 동아리
perform 공연하다	auditorium 강당

19

Script

W: Hello. I'd like to buy a train ticket.
안녕하세요. 저는 기차표를 사고 싶어요.

M: I can help you with that. Where are you traveling to?
제가 그것에 대해 당신을 도와드릴 수 있어요. 어디로 여행하시나요?

W: I need a round-trip ticket from Seoul to Busan.
저는 서울에서 부산 가는 왕복표가 필요해요.

M: Okay. When are you traveling?
알겠어요. 언제 여행하시나요?

W: I will go on Thursday and come back this Sunday.
저는 목요일에 가서 이번 주 일요일에 돌아올 거예요.

M: Would you like a window seat or an aisle seat?
창가 자리를 원하시나요 통로 자리를 원하시나요?

W: A window seat, please.
창가 자리로 부탁드려요.

Solution

남자는 기차표를 사려고 하는 여자에게 창가 자리와 통로 자리 중 무엇을 원하는지 물었으므로 이어질 말은 ④가 가장 적절하다.
① 네, 저는 그것을 좋아해요.   ② 물론 저는 할 수 있어요.
③ 제가 창문을 깼어요.   ⑤ 당신은 창문을 열 수 있나요?

Vocabulary

travel 여행하다	round-trip 왕복
aisle 통로	

20

Script

M: Linda, I heard that you're going on a family trip this weekend.
Linda, 난 네가 이번 주말에 가족 여행을 간다는 것을 들었어.

W: Right. But there is a problem. I need someone to take care of my dog.
맞아. 그런데 문제가 하나 있어. 나는 내 개를 돌봐줄 누군가가 필요해.

M: What about asking Amy? She loves dogs.
　Amy에게 물어보는 건 어때? 그녀는 개를 좋아해.

W: I already did. But her mom is <u>allergic to dog hair</u>.
　이미 물어봤어. 그러나 그녀의 엄마가 개털에 알레르기가 있대.

M: That's too bad.
　그거 참 안됐구나.

W: I don't know <u>what to do</u>.
　난 무엇을 해야 할지 모르겠어.

M: Why don't you leave your dog in a pet hotel?
　네 개를 애완동물 호텔에 두는 건 어때?

W: What a great idea!
　<u>정말 좋은 생각이구나!</u>

Solution

남자는 가족 여행을 앞두고 개를 부탁할 곳을 찾지 못해 걱정하는 여자에게 애완동물 호텔에 개를 맡기는 것이 어떻겠냐고 제안했으므로 이에 이어질 가장 적절한 말은 ①이다.
② 아니, 나는 개를 안 좋아해.
③ 그 말을 들으니 유감이야.
④ 왜냐하면 그것은 아주 안전하기 때문이야.
⑤ 나는 호텔에서 지낼 예정이야.

Vocabulary

trip 여행
already 이미
take care of ~을 돌보다
allergic to ~에 알레르기가 있는

Fun with Comics
　　　　　　　　　　　　　　本문 35쪽

남: 와, 수지! 이게 네 차야? 멋진데, 언제 샀어? 여: 한 달 전에.	남: 새 차를 운전하면 틀림없이 기분이 좋을 거야. 여: 응, 하지만 핸들이 좀 뻑뻑해.
남: 핸들? steering wheel을 말하는 거야? 여: 뭐라고? 남: 그걸 steering wheel이라고 해.	여: 나는 나의 예전 자동차 운전대가 그리워. 남: 걱정 마. 곧 익숙해질 거야.

How to Listen

- 그 생선은 구워진 건가요, 아니면 튀겨진 건가요?
- 바닐라, 초콜릿, 아니면 딸기 아이스크림을 드시겠습니까?

Mini Check-up

1. Will you have coffee before the main dish (／) or after the main dish (＼)?
　커피를 메인 요리 전에 아니면 메인 요리 후에 드시겠습니까?
2. Would you like a baked potato (／), potato chips (／), or French fries (＼)?
　구운 감자, 감자칩, 아니면 감자튀김을 드시겠습니까?

04회 영어듣기능력평가

본문 36~39쪽

01 ③	02 ⑤	03 ③	04 ②	05 ④
06 ④	07 ⑤	08 ③	09 ④	10 ⑤
11 ⑤	12 ⑤	13 ②	14 ①	15 ①
16 ⑤	17 ③	18 ⑤	19 ③	20 ⑤

01
정답 ③

Script

W: Good afternoon. <u>Sunny weather</u> will continue until Saturday. So you'll <u>have no problem</u> seeing the first sunrise of the new year. However, <u>make sure to</u> wear warm clothes. It will be very cold and windy. On Sunday, snow will begin falling from Dokdo. Then, <u>it will snow</u> all over the country.
　안녕하세요. 토요일까지 맑은 날씨가 이어지겠습니다. 그래서 여러분은 새해의 첫 일출을 보는 데 아무런 문제가 없을 것입니다. 그러나, 꼭 따뜻한 옷을 입도록 하세요. 매우 춥고 바람이 불 것입니다. 일요일에는, 독도부터 눈이 내리기 시작할 것입니다. 그리고, 전국에 눈이 내리겠습니다.

Solution

일요일에는 독도부터 눈이 내리기 시작해서, 전국에 '눈'이 내리겠다고 했다.

Vocabulary

continue 계속되다
have no problem -ing ~하는 데 문제가 없다
sunrise 일출
make sure to 꼭[반드시] ~하도록 하다
all over the country 전국에

02
정답 ⑤

Script

M: Hello. May I help you?
　안녕하세요. 무엇을 도와드릴까요?

W: Hi. I'm <u>looking for a shirt</u> for my dog. She's about 4 kg.
　안녕하세요. 저는 개를 위한 셔츠를 찾고 있어요. 그녀는 약 4kg입니다.

M: What about this pink shirt? <u>It's on sale</u> for 50% off.

이 분홍색 셔츠는 어떠세요? 그것은 50% 할인 중입니다.

W: Well, I already have one with stripes.
글쎄요, 저는 이미 줄무늬가 있는 것을 가지고 있어요.

M: We have star patterns, too.
우리는 별 무늬도 가지고 있어요.

W: Hmm. Do you have any with an animal pattern?
음. 당신은 동물무늬가 있는 것을 가지고 있나요?

M: We have this green one with puppies.
우리는 강아지들이 있는 초록색 셔츠를 가지고 있어요.

W: Oh, it's cute. I'll take it. Thank you.
오, 그거 귀엽네요. 그것으로 살게요. 감사합니다.

여자는 동물무늬가 있는 셔츠를 찾았고, 남자가 권한 강아지들 무늬가 있는 초록색 셔츠를 마음에 들어 했으므로 여자가 선택할 강아지 옷으로 가장 적절한 것은 ⑤이다.

What about ~? ~하는 게 어때?
on sale 할인 중인   stripe 줄무늬
pattern 무늬

03

정답 ③

M: You know what? I was able to book us tickets for the *MAH* concert.
그거 알아? 내가 우리의 *MAH* 콘서트 티켓을 예매할 수 있었어.

W: Really? I can't believe it.
정말? 나는 그것을 믿을 수가 없어.

M: I think it's because I booked them at a PC room. There's really fast Internet there.
내가 그것을 PC방에서 예매했기 때문이라고 생각해. 거기에는 정말 빠른 인터넷이 있어.

W: Wow! I can't wait. When is the concert?
우와! 나 어서 가고 싶어. 콘서트는 언제야?

M: It's next Saturday at 8 p.m.
다음 주 토요일 저녁 8시야.

W: Great. How about meeting earlier and having dinner? I'll treat you.
좋아. 우리 좀 일찍 만나서 저녁 먹는 것은 어때? 내가 한턱낼게.

M: Okay. Let's go to *Pizza Palace*.
좋아. *Pizza Palace*에 가자.

MAH 콘서트 티켓을 예매했다는 남자의 말에 여자가 '믿을 수가 없어.', '어서 가고 싶어.'라고 말하고 남자에게 저녁밥도 사 주겠다고 하는 것으로 보아 여자의 심정으로 가장 적절한 것은 ③ '신난, 흥분한'이다.

① 화난   ② 불안해하는
④ 지루해하는   ⑤ 실망한

be able to ~할 수 있다   book 예약하다
How about -ing? ~하는 게 어때?
treat 한턱내다

04

정답 ②

W: Hi, Liam. Did you go to the baseball game with Olivia last Saturday?
안녕, Liam. 너 지난 토요일에 Olivia와 야구 경기 보러 갔었니?

M: No, I had to volunteer that day.
아니, 나는 그날 봉사활동을 해야 했어.

W: Oh, did you go to the nursing home again?
오, 너 또 양로원에 갔니?

M: Yeah. I helped prepare lunch and did the dishes.
응. 나는 점심 준비하는 것을 돕고 설거지를 했어.

W: Can I join you next time? I'd like to play the piano for the elderly, if possible.
다음에 내가 너랑 같이 가도 될까? 가능하다면, 나는 노인분들을 위해 피아노를 치고 싶어.

M: Sounds wonderful. I'll play the violin.
멋지겠다. 나는 바이올린을 연주할게.

W: Awesome!
매우 좋아!

남자는 지난 토요일에 양로원에 가서 점심 준비하는 것을 돕고 설거지를 하는 등 '봉사활동'을 했다.

volunteer 봉사활동 하다, 자원하다
nursing home 양로원   the elderly 노인들
awesome 매우 좋은, 굉장한

05

정답 ④

W: Look. I got a lot of likes for these pictures I uploaded to my social media account.
봐. 내가 소셜 미디어 계정에 올린 이 사진들이 '좋아요'를 많이 받았어.

M: I like them, too. Your new hairstyle looks good.
나도 그 사진들이 좋아. 너의 새로운 헤어스타일이 좋아 보여.

W: Thanks.
고마워.

M: So what do you feel like doing now?
그래서 너 지금 뭐 하고 싶어?

W: How about going to get a hamburger? I'm starving.
햄버거 먹으러 가는 것은 어때? 나 배고파 죽겠어.

M: Good idea! After eating, let's go ride a roller coaster.
좋은 생각이야! 밥 먹고 나서 롤러코스터 타러 가자.

W: Okay. I want to try the water ride, too.
알았어. 나 수상 놀이기구도 타 보고 싶어.

Solution
롤러코스터와 수상 놀이기구도 타려고 하는 것으로 보아 두 사람이 있는 장소로 적절한 곳은 '놀이동산'이다.

Vocabulary
upload 업로드하다
social media account 소셜 미디어 계정
feel like -ing ~하고 싶다
starve 배고프다   ride 타다; 놀이기구

06

정답 ④

Script

W: What's that poster about, Eric?
저 포스터는 뭐에 관한 거야, Eric?

M: It's about the new school library opening ceremony.
그것은 새 학교 도서관 개관식에 관한 거야.

W: Oh, cool! When is it?
오, 멋져! 언제야?

M: It's this Friday. It starts at 4 p.m.
이번 주 금요일이야. 개관식은 오후 4시에 시작해.

W: What's scheduled for the ceremony?
식을 위해 무엇이 예정되어 있어?

M: A popular writer, Kim Miyoung, is going to speak. There's also a book signing event. How about going to the opening ceremony together?
인기 작가, 김미영 씨가 발표를 할 거야. 책 사인회도 있어. 개관식에 같이 가는 게 어때?

W: Oh, I'd love to, but I have other plans.
오, 나 그러고 싶지만, 나는 다른 계획이 있어.

Solution
이번 주 금요일 오후 4시에 시작될 새 학교 도서관 개관식에 함께 가자는 남자의 제안에 여자가 다른 계획이 있다고 말하는 것으로 보아 여자는 남자의 제안을 '거절'하고 있음을 알 수 있다.

Vocabulary
opening ceremony 개관식   cool 멋있는, 훌륭한
schedule 예정하다, 일정을 잡다 signing event 사인회

07

정답 ⑤

Script

[Cellphone rings.]
[휴대전화가 울린다.]

W: Hi, Mark. What's up?
안녕, Mark. 무슨 일이야?

M: Hey, Lisa. What do you think about throwing a surprise birthday party for our homeroom teacher tomorrow morning?
안녕, Lisa. 너 내일 아침에 우리 담임 선생님을 위해 깜짝 생일 파티를 여는 것에 대해 어떻게 생각해?

W: That's a great idea.
그거 좋은 생각이야.

M: Okay. Then we need to decorate the classroom and buy a birthday card.
좋아. 그러면 우리는 교실을 꾸미고 생일 카드를 사야 해.

W: I can buy some balloons for the party.
내가 파티에 쓸 풍선을 몇 개 살 수 있어.

M: I already have some. Can you buy a birthday card instead and bring it to school?
내가 이미 조금 가지고 있어. 대신 네가 생일 축하 카드를 사서 학교에 가져올 수 있니?

W: Of course. I'll get to school early, before 7:30.
물론이지. 내가 7시 30분 전에, 학교에 일찍 갈게.

Solution
담임 선생님을 위한 깜짝 생일 파티에 남자는 풍선을 가져오고 여자는 생일 축하 카드를 사서 가져올 것이므로 여자가 가져올 물건은 '생일 축하 카드'이다.

Vocabulary
throw a surprise party 깜짝 파티를 열다
decorate 장식하다   instead 대신에
bring 가져오다

08

정답 ③

Script

W: Jake, have you chosen your presentation topic yet?
Jake, 너 발표 주제 이미 골랐니?

M: Yeah. I'm going to talk about upcycling.

응. 나는 업사이클링에 대해 이야기할 거야.

W: That's a great topic. Upcycling is really important for the environment.
그거 정말 좋은 주제야. 업사이클링은 환경을 위해 정말 중요해.

M: Right. We can save money, too.
맞아. 우리는 돈도 절약할 수 있어.

W: Are you going to introduce people to upcycling ideas?
너는 사람들에게 업사이클링 아이디어를 소개할 거니?

M: Yeah. I need to search the Internet to get some ideas.
그래. 나는 아이디어를 좀 얻기 위해 인터넷을 검색해야 해.

W: I do too for my presentation. Let's go to the library to use the computers.
나도 내 발표 때문에 인터넷을 검색해야 해. 우리 컴퓨터를 사용하기 위해 도서관에 가자.

M: All right.
그래.

두 사람은 인터넷을 검색하여 아이디어를 얻기 위해 컴퓨터를 사용할 수 있는 도서관에 가기로 했으므로 두 사람이 대화 직후에 할 일은 '도서관 가기'이다.

yet (의문문에서) 이미
upcycling 업사이클링(재활용품으로 기존의 제품보다 품질이나 가치가 더 높은 새 제품을 만드는 것)
environment 환경　　　　　search 검색하다

09

정답 ④

M: Guess what? I'm going to the *Hampyeong Expo Park* for the *Butterfly Festival*.
그거 알아? 나 나비 축제를 보러 함평 엑스포 공원에 갈 거야.

W: That's cool. When is the festival?
그거 멋지다. 축제는 언제야?

M: It's the last week in April.
4월 마지막 주야.

W: How much are tickets?
표는 얼마야?

M: They're 7,000 won for adults, 4,000 won for teenagers, and 3,000 won for children.
어른은 7,000원, 청소년은 4,000원, 아이들은 3,000원이야.

W: They're not expensive. What type of special activities are there?
표가 비싸지 않네. 특별한 활동에는 어떤 종류가 있어?

M: They'll have art activities. You'll also be able to walk around free-flying butterflies.
예술 활동들이 있을 거야. 너는 또한 자유롭게 날아다니는 나비들 사이를 걸어 다닐 수 있을 거야.

나비 축제는 함평 엑스포 공원에서 4월 마지막 주에 열리며, 티켓은 어른은 7,000원, 청소년은 4,000원, 아이들은 3,000원이다. 그리고 예술 활동이나 자유롭게 날아다니는 나비들 사이를 걸어 다니는 특별한 활동들에 대해 말해 주었으나, 티켓 예매 사이트에 관해서는 남자가 언급하지 않았다.

adult 어른, 성인　　　　　type 종류
activity 활동　　　　　free-flying 자유롭게 날아다니는

10

정답 ⑤

M: Hello, students. I'm the student council president, Lee Kiyoung. During the first week of May, we're having a campaign against smoking. For the campaign, we need some catchy slogans. So please share your creative ideas with us. All are welcome. Please come to the student council room after school today. Thank you.
안녕하세요, 학생 여러분. 저는 학생회장 이기영입니다. 5월 첫째 주 동안, 우리는 금연 캠페인을 벌일 것입니다. 캠페인을 위해서는, 우리가 기억하기 쉬운 구호가 필요합니다. 그러니 여러분의 창의적인 아이디어를 우리와 공유해 주세요. 누구든지 환영합니다. 오늘 방과 후에 학생회실로 와 주세요. 감사합니다.

학생회장이 5월 첫째 주 동안 있을 금연 캠페인을 위해 기억하기 쉬운 구호를 만들고 싶어서, 창의적인 아이디어를 공유할 수 있는 학생들을 공개적으로 모집하기 위한 홍보 연설을 하고 있다.

student council 학생회　　　president 회장
against ~에 반대하여　　　catchy 기억하기 쉬운
slogan 구호, 슬로건　　　creative 창의적인

11

정답 ⑤

W: Hi, Jimin. What are you looking at?
안녕, 지민아. 너 무엇을 보고 있어?

M: Hi, Emma. I'm looking at a notice about the science competition.
안녕, Emma. 나는 과학 대회에 관한 안내문을 보고 있어.

W: When is it?
언제야?

M: It's on April 21st, *Science Day*. Anyone can join.
4월 21일, 과학의 날에 열려. 누구나 참가할 수 있어.

W: I see. How can we compete?
그렇구나. 우리가 어떻게 참가할 수 있어?

M: It says we can make a water rocket. We can also write an essay on science.
안내문에 우리는 물 로켓을 만들 수 있다고 나와 있어. 우리는 또한 과학에 대한 글을 쓸 수 있어.

W: Can we take part in both?
우리가 둘 다 참여할 수 있어?

M: No. We can do only one of them.
아니. 우리는 그것들 중 하나만 할 수 있어.

Solution
과학 대회 행사에 참여할 때 한 사람당 한 개의 활동만 참여할 수 있다.

Vocabulary
notice 안내문　　　　　　competition 대회
compete (시합 등에) 참가하다　　take part in 참여하다

12

정답 ⑤

Script
[Telephone rings.]
[전화벨이 울린다.]

W: Hello. This is the *Onnuri Library* information desk. How may I help you?
여보세요. 온누리 도서관 안내데스크입니다. 무엇을 도와드릴까요?

M: Hi. Are you open on Tuesdays? I have some books to return.
안녕하세요. 도서관이 화요일에 문을 여나요? 제가 반납해야 할 책이 좀 있어요.

W: I'm sorry, but we're closed on Tuesdays.
죄송하지만, 도서관이 화요일에는 문을 닫습니다.

M: Then how can I return the books?
그러면 제가 책을 어떻게 반납하나요?

W: You can use the book return machine on the first floor.
당신은 1층에 있는 책 반납기를 이용할 수 있습니다.

M: Do I need my library card to return the books?
제가 책을 반납하기 위해 도서관 카드가 필요한가요?

W: No, you don't.
아니요, 필요하지 않습니다.

M: Oh, thank you.
오, 감사합니다.

Solution
반납할 책이 있는 남자는 화요일에 도서관이 문을 여는지 알고 싶어서 전화했다.

Vocabulary
information desk 안내데스크　　return 반납; 반납하다
closed 문을 닫은　　　　　　machine 기계

13

정답 ②

Script
M: Good afternoon. How may I help you?
안녕하세요. 무엇을 도와드릴까요?

W: Hi. How much is that black backpack?
안녕하세요. 저 검은색 배낭은 얼마인가요?

M: It's $80.
그것은 80달러입니다.

W: That's a lot of money. Do you have a cheaper one?
비싸네요. 당신은 더 싼 것을 가지고 있나요?

M: Yes, this white one. It's on sale for 50% off. It's $40.
네, 이 하얀색 배낭입니다. 그것은 50% 할인 중입니다. 그것은 40달러예요.

W: Why is it so much cheaper than the black one?
왜 그것은 검은색 배낭보다 훨씬 싼가요?

M: Because it's the last white one. And you cannot get a refund on it.
그것이 마지막 흰색 배낭이기 때문입니다. 그리고 당신은 그것을 환불받을 수 없습니다.

W: Okay, I'll take it. Here's $40.
네, 그것으로 할게요. 여기 40달러 있어요.

Solution
하얀 배낭은 50% 할인이 되어 40달러이다.

Vocabulary
cheaper 값이 더 싼　　　　on sale 할인 중인
refund 환불

14

정답 ①

Script
W: Martin, you look worried.

Martin, 너 걱정스러워 보이는구나.

M: I just read an article about ocean pollution. I'm really worried about sea animals.
저는 방금 해양오염에 대한 기사를 읽었어요. 저는 바다 동물들이 정말 걱정돼요.

W: Same here. Plastic waste is killing them.
나도 걱정돼. 플라스틱 쓰레기가 그들을 죽이고 있어.

M: Right. In fact, I'd like to give a presentation about ocean pollution in science class.
맞아요. 사실, 저는 과학 시간에 해양오염에 대해 발표하고 싶어요.

W: Oh, so you can let all of your classmates know about it too, right?
오, 그래서 너는 모든 반 친구들에게도 그것에 대해 알릴 수 있어, 그렇지?

M: Yes.
네.

W: Great idea. If you need help, visit me in the teachers' office.
좋은 생각이야. 만약 네가 도움이 필요하면, 교무실로 나를 방문해.

M: Thank you, Ms. Lee.
감사합니다. 이 선생님.

Solution
과학 시간에 해양오염에 대해 발표하고 싶어 하는 남자에게 도움이 필요하면 교무실로 오라고 여자가 말하는 것으로 보아 여자는 교사, 남자는 학생임을 알 수 있다.

Vocabulary
article 기사　　　　　pollution 오염
same 같은, 동일한　　　waste 쓰레기

15

정답 ①

Script

W: Hi, Jake. Have you signed up for a beginner swimming class?
안녕, Jake. 너 수영 초급반에 신청했어?

M: Hi, Mina. No, not yet.
안녕, 미나야. 아니, 아직 안 했어.

W: You know that the *Ocean Sports World* has classes on Tuesdays and Thursdays, right?
너 *Ocean Sports World*에 화요일과 목요일마다 수업이 있다는 거 알아, 그렇지?

M: I know. But I want to take their Saturday morning class. They said it's full though.
알아. 하지만 나는 토요일 오전 수업을 듣고 싶어. 그렇지만 그 수업이 꽉 찼대.

W: Then why don't you put your name on the waiting list?
그럼 대기자 명단에 네 이름을 올리는 게 어때?

M: Oh, that's a good idea. Thanks.
오, 그거 좋은 생각이야. 고마워.

W: No problem.
천만에.

Solution
남자가 원하는 토요일 오전 수영 초급반 수업이 꽉 차서 아직 수업 신청을 안 했다는 얘기를 들은 여자는, '대기자 명단에 이름을 올리는 것이 어떻겠느냐'고 제안하고 있다.

Vocabulary
sign up for ~을 신청하다　　　though (문장 끝에 와서) 그렇지만
waiting list 대기자 명단

16

정답 ⑤

Script

W: William, where are you going?
William, 너 어디 가는 거야?

M: I'm going to the gym. You know, I go there every day.
나 헬스클럽에 가는 중이야. 있잖아, 나는 매일 그곳에 가.

W: You're in really good shape. Are you getting ready for a sporting event?
너는 체형이 정말 좋아. 너 스포츠 행사 준비 중이야?

M: No. Actually, I'm planning on getting pictures taken at a photo studio next month.
아니. 사실은, 나 다음 달에 사진관에서 사진을 찍을 계획이야.

W: Wow! That's cool.
우와! 멋진데.

M: I want to look good in the pictures so I'm exercising a lot these days.
나는 멋진 모습으로 사진을 찍고 싶어서 요즘 운동을 많이 하고 있어.

W: I'd like to see the pictures later. Have a good workout.
나 나중에 그 사진들을 보고 싶어. 운동 잘해.

Solution
남자는 다음 달에 사진관에서 멋진 모습으로 사진을 찍고 싶어서 요즘 매일 운동을 하고 있다.

Vocabulary

gym 헬스클럽
event 행사
photo studio 사진관

shape 체형, 몸매
get pictures taken 사진 찍다
workout 운동

17

정답 ③

Script

① M: What's the special of the day?
오늘의 특별 요리는 뭔가요?

W: Today's special is fish.
오늘의 특별 요리는 생선입니다.

② M: We're taking off shortly, so please fasten your seat belt.
우리는 곧 이륙할 예정이니, 안전벨트를 매 주세요.

W: Okay, I will.
네, 그럴게요.

③ M: I'd like to return this T-shirt.
저는 이 티셔츠를 반품하고 싶어요.

W: Okay, is there anything wrong with it?
네, 셔츠에 무슨 문제라도 있나요?

④ M: What does he look like?
그는 어떻게 생겼니?

W: He's tall and has curly blonde hair.
그는 키가 크고 곱슬의 금발 머리야.

⑤ M: What do you usually do in your free time?
너는 여가 시간에 보통 무엇을 하니?

W: I listen to rock music.
나는 록 음악을 들어.

Solution

그림은 옷가게에서의 상황이며, 티셔츠를 반품하고 싶어 하는 남자 손님과, 그 티셔츠에 문제가 있는지 묻는 여자 점원의 대화인 ③이 정답이다.

Vocabulary

special 특별한 것
fasten 매다, 채우다

take off 이륙하다
return 반품하다, 돌려주다

18

정답 ⑤

Script

W: Hello. Are you planning a long business trip or vacation? I can take good care of your dog. I'm a professional dog walker. I have 10 years of experience. I'm good at walking dogs and bathing them. I offer a 10% discount for two or more dogs. My phone number is 010-732-7979. Call or text me for more information.
안녕하세요. 당신은 긴 출장이나 휴가를 계획하고 있나요? 저는 당신의 개를 잘 돌볼 수 있습니다. 저는 전문 애견 산책인입니다. 저는 10년의 경력을 가지고 있습니다. 저는 개들을 산책시키고 목욕시키는 것을 잘합니다. 두 마리나 그 이상의 개들의 경우에는 제가 10% 할인을 제공해 드립니다. 제 전화번호는 010-732-7979입니다. 더 많은 정보를 원하시면 전화나 문자 주세요.

Solution

직업은 전문 애견 산책인이며, 10년의 경력을 가지고 있다. 개들을 산책시키고 목욕시키는 것을 잘하며 전화번호는 010-732-7979이고, 월수입은 언급하지 않았다.

Vocabulary

dog walker 애견 산책인
offer 제공하다

bathe 목욕시키다
text 문자를 보내다

19

정답 ③

Script

W: You look down. What's the matter?
너 우울해 보이네. 무슨 일이야?

M: I have to write a report on my dream job. But I don't have one.
나는 내가 꿈꾸는 직업에 대한 보고서를 써야 해. 그런데 나는 꿈꾸는 직업이 없어.

W: I'm sure you do. Wait! You're really good at drawing cartoons.
나는 네가 꿈꾸는 직업이 분명히 있을 거라고 확신해. 잠깐만! 너 만화 그리기를 정말 잘하잖아.

M: Well, right. I love drawing cartoons.
음, 맞아. 나는 만화 그리는 것을 아주 좋아해.

W: Then how about thinking about being a cartoonist?
그럼 만화가가 되는 것에 대해 생각해 보는 건 어때?

M: Oh, I like that. Thanks for your help.
오, 나 그거 마음에 들어. 도와주어서 고마워.

W: No problem.
천만에.

M: By the way, do you have a dream job?
그런데, 너는 꿈꾸는 직업이 뭐야?

W: I want to be a doctor.
나는 의사가 되고 싶어.

'그런데, 너는 꿈꾸는 직업이 뭐야?'라고 묻는 남자에게 여자는 ③ '나는 의사가 되고 싶어.'라고 응답하는 것이 자연스럽다.
① 나 신나.
② 만화는 재미있어.
④ 나는 그녀를 빨리 만나고 싶어.
⑤ 너 다음번에는 더 잘할 거야.

Vocabulary
down 우울한   be good at ~을 잘하다
cartoon 만화   cartoonist 만화가

20

정답 ⑤

Script

W: Hi, Noah. <u>Congratulations on</u> winning first place in the math contest.
안녕, Noah. 수학 대회에서 1등 한 것 축하해.

M: Thanks. I still can't believe it.
고마워. 난 아직도 믿을 수가 없어.

W: How about Mia? Did she win a prize?
Mia는 어때? 그녀는 상을 탔니?

M: She didn't even though she prepared a lot for the contest.
그녀는 대회를 위해 많은 준비를 했음에도 불구하고 상을 타지 못했어.

W: She <u>must be</u> pretty disappointed.
그녀는 분명히 매우 실망했겠네.

M: Yeah. She even cried after the contest.
응. 그녀는 심지어 대회가 끝난 후 울었어.

W: Oh, I'm sorry to hear that.
오, 나 그 말을 듣게 되어 유감이네.

M: So how do you think we can <u>cheer her up</u>?
그래서 어떻게 우리가 그녀를 격려할 수 있을까?

W: <u>Let's take her out to her favorite restaurant.</u>
<u>그녀가 가장 좋아하는 식당으로 그녀를 데리고 가자.</u>

Solution

대회를 위해 많은 준비를 했지만 상을 타지 못해서 대회가 끝나고 울어버린 Mia를 위해 '어떻게 우리가 그녀를 격려할 수 있을까?'라고 말한 남자의 마지막 말에 여자는 ⑤ '그녀가 가장 좋아하는 식당으로 그녀를 데리고 가자.'라고 말하는 것이 가장 자연스럽다.
① 연습이 완벽을 만들어.
② 그녀는 영어보다 수학을 더 좋아해.
③ 왜 그녀는 그것이 끝난 후에 울었어?
④ 너 대회를 위해서 많이 준비했니?

Vocabulary
congratulations on ~을 축하하다
even though 비록 ~일지라도
must be ~임에 틀림없다
cheer up ~을 격려하다

Fun with Comics   본문 45쪽

소년: 파이팅, Amy!	소녀: 나는 싸우고 있는 게 아니야.
소년: 너 이기고 싶잖아, 그렇지? 파이팅!	소녀: 나는 권투 선수가 아니라고.

How to Listen

– 나는 로마에 갈 것이다.
– 너는 나와 다르다.

Mini Check-up

〈보기〉 우리가 드디어 이곳에 왔다.

1. I'm
나는 매우 목이 마르다.

2. It's
이곳이 여전히 조금 아프다.

중학 수능특강

차근차근 익숙해지는 수능형 문항 연습
미리 대비하는 중학생을 위한 수능특강

01 ④	02 ③	03 ⑤	04 ⑤	05 ②
06 ④	07 ④	08 ①	09 ④	10 ③
11 ④	12 ①	13 ①	14 ②	15 ①
16 ③	17 ③	18 ③	19 ⑤	20 ⑤

01

정답 ④

Script

W: The rainy season has started. Today, we're expecting strong winds all over the country. There's a 60% chance of rain. So don't forget your umbrella when you go out. Tomorrow will be cloudy over most of the country. But it'll be clear and sunny in the southern parts of the country.
장마가 시작되었습니다. 오늘, 전국에 강한 바람이 불 것으로 예상됩니다. 비가 올 확률은 60%입니다. 그러니 외출할 때 우산을 잊지 마세요. 내일은 전국 대부분이 흐리겠습니다. 하지만 남부 지방은 맑고 화창하겠습니다.

Solution

남부 지방은 맑고 화창할 것이라고 했으므로 ④가 정답이다.

Vocabulary

rainy season 장마
chance 확률, 가능성
expect 예상하다
forget 잊다

02

정답 ③

Script

M: Melissa, you're always so full of energy.
Melissa, 너는 항상 에너지가 넘치는구나.

W: It's because I start my day with some simple stretches.
왜냐하면 내가 간단한 스트레칭으로 하루를 시작하기 때문이야.

M: Really? Can you teach me a simple stretch?
정말? 나에게 간단한 스트레칭 하나 가르쳐 줄 수 있어?

W: Sure. Lie on your stomach. Then place your hands under your shoulders.
물론이지. 배를 깔고 누워 봐. 그리고 양손을 어깨 아래에 놓아.

M: Okay, and then?
응, 그리고 나서?

W: Raise your head and chest slowly.
머리와 가슴을 천천히 올려.

M: Oh, it's easy. I can do this stretch on my bed, right?
오, 그거 쉽네. 나는 침대에서 이 스트레칭을 할 수 있어, 그렇지?

W: Yeah, try to hold it for 20 seconds.
맞아. 그것을 20초간 유지하도록 해봐.

Solution

배를 깔고 누워서 양손을 어깨 아래에 놓고 나서, 머리와 가슴을 천천히 들어 올리는 동작은 ③이다.

Vocabulary

be full of ~로 가득하다
lie 눕다
hold 유지하다
stretch 스트레칭; 스트레칭하다
chest 가슴

03

정답 ⑤

Script

M: Harper, where have you been?
Harper, 너 어디 있었어?

W: I was in the science room. I had an interview to join the science club.
나 과학실에 있었어. 나는 과학 동아리에 들어가기 위해 면접을 봤어.

M: Oh, how did the interview go?
오, 면접은 어떻게 됐어?

W: Well, I think it went well.
음, 그것이 잘 된 것 같아.

M: Glad to hear that.
그 말을 들으니 기뻐.

W: I wasn't nervous at all. And I think I gave good answers to all the questions.
나는 전혀 긴장하지 않았어. 그리고 나는 모든 질문에 좋은 대답을 했다고 생각해.

M: Great. How did you prepare for the interview?
잘했어. 너 면접 준비는 어떻게 했어?

W: I read a lot of magazines on science. It was very helpful.
나는 과학에 관한 많은 잡지를 읽었어. 그것이 매우 도움이 되었어.

Solution

여자가 과학 동아리 가입을 위한 인터뷰에 가서 전혀 긴장하지 않고 모든 질문에 좋은 대답을 한 것 같다고 말한 것으로 보아, 인터뷰를 마친 뒤 여자의 심정으로 알맞은 것은 ⑤ '만족스러운'이다.

① 기분 나쁜　　　　② 지루한, 싫증난
③ 무서운　　　　　 ④ 걱정하는

Vocabulary

join 가입하다　　　　　　　nervous 불안해하는
prepare for ~을 준비하다　　magazine 잡지

04

정답 ⑤

Script

M: Charlotte, I like your blue jeans. Did you get them recently?
　Charlotte, 나 네 청바지가 맘에 들어. 너 그거 최근에 샀니?

W: No, I got them last year.
　아니, 나 그것을 작년에 샀어.

M: Oh, they look like this year's style. They're nice.
　오, 올해 유행하는 스타일인 것 같아. 그거 멋있어.

W: Thanks. By the way, did you get your smartphone fixed yesterday?
　고마워. 그런데, 너 어제 스마트폰 고쳤니?

M: No. The repairperson said it would cost a lot to fix it.
　아니. 수리하는 사람이 그것을 고치는 데 돈이 많이 들 것이라고 말했어.

W: So what are you going to do?
　그래서 너 어떻게 할 거야?

M: Actually, I bought a new one on my way home from the repair shop.
　사실, 나 수리점에서 집으로 오는 길에 새것을 샀어.

W: Wow, is that your new smartphone? It's cool.
　와, 그거 네 새 스마트폰이니? 그거 멋있다.

Solution

남자는 스마트폰을 고치는데 돈이 많이 들어서, 고치는 대신 새로운 스마트폰을 구입했다고 말했다.

Vocabulary

get 구하다, 마련하다　　　recently 최근에
style 스타일, 유행(형)　　　get ~ fixed ~을 고치다
repairperson 수리하는 사람

05

정답 ②

Script

W: Excuse me, do you have lockers?
　실례지만, 사물함이 있나요?

M: Yes, over there. They're free to use.
　네, 저쪽입니다. 그것은 무료로 사용할 수 있습니다.

W: Thank you. And where can I get tickets for the special exhibition?
　감사합니다. 그리고 제가 특별전 입장권은 어디에서 살 수 있나요?

M: At the ticket office, right next to the exhibition hall.
　전시장 바로 옆에 있는 매표소에서요.

W: Thanks. And do you have guided tours?
　감사합니다. 그리고 가이드 투어가 있나요?

M: Yes. They start at 10 a.m. and 2 p.m.
　네. 그것은 오전 10시와 오후 2시에 시작합니다.

W: Oh, where's the starting point?
　오, 시작하는 장소는 어디인가요?

M: The tours begin in front of the information desk.
　투어는 안내소 앞에서 시작합니다.

Solution

여자가 남자에게 특별전 입장권과 가이드 투어에 관해 문의하는 것으로 보아 두 사람이 있는 곳은 전문 가이드가 있으며 전시된 작품을 볼 수 있는 장소인 '미술관'임을 알 수 있다.

Vocabulary

locker 사물함　　　　　　free 무료의
exhibition 전시, 전시회　　hall 홀, ~실

06

정답 ④

Script

W: How was culture class with the teacher from Peru?
　페루에서 오신 선생님과의 문화 수업은 어땠어?

M: It was good. I had a lot of fun.
　그것은 좋았어. 난 매우 재미있었어.

W: Me, too. What was your favorite part of the class?
　나도 그래. 그 수업에서 네가 가장 좋았던 부분은 뭐야?

M: I liked trying on the traditional costume. How about you?
　나는 전통 의상을 입어보는 것이 좋았어. 너는 어때?

W: I really liked seeing the alpaca dolls. They were so cute.
　나는 알파카 인형을 보는 것이 정말 좋았어. 그들은 너무나 귀여웠어.

M: I know. I want to go on a trip to Peru someday.
　그러게. 나는 언젠가 페루로 여행을 가고 싶어.

W: Same here.
　나도 그래.

여자의 마지막 말 'Same here.'는 '나도 그래.'의 의미로 상대방의 말에 '동의'하는 표현이다.

culture 문화   traditional 전통적인
costume 의상
alpaca 알파카(라마와 비슷한 남미산 동물)

07

정답 ④

Script

M: Finally, tomorrow is our field trip.
드디어, 내일이 우리 현장학습이야.

W: I can't wait to go to Chuncheon by train.
나 빨리 기차를 타고 춘천에 가고 싶어.

M: Me, too. Have you finished packing?
나도 그래. 너 짐은 다 쌌어?

W: Yeah. I even packed a raincoat for you.
응. 나는 너를 위한 우비까지 챙겼어.

M: Oh, that's so nice! Thanks.
오, 정말 친절하구나! 고마워.

W: No problem. By the way, don't forget to bring your dad's camera.
천만에. 그건 그렇고, 너희 아빠 카메라 가져오는 거 잊지 마.

M: Okay, I won't. We'll be able to take cool pictures with it.
알았어, 안 잊을게. 우리는 그것으로 멋진 사진을 찍을 수 있을 거야.

W: Right. I'm so excited.
맞아. 나 너무 신나.

남자는 현장학습에 가서 멋진 사진을 찍기 위해 아빠의 '카메라'를 가져올 것이다.

field trip 현장학습   packing 짐 싸기
even ~도   pack (짐을) 싸다, 꾸리다

08

정답 ①

Script

W: Hi, Sam. Where are you going with the basketball?
안녕, Sam. 너 농구공을 가지고 어디 가는 거야?

M: I'm going to the gym to give it to my friends.
나는 그것을 내 친구들에게 주기 위해 체육관에 가는 중이야.

W: Don't you remember the meeting? We have to talk about the events for *Teachers' Day*.
너 회의 기억 안 나니? 우리는 '스승의 날' 행사에 관해 이야기해야 해.

M: Oh, right. I completely forgot.
아, 맞아. 나 완전히 잊고 있었네.

W: Can you go with me now?
너 지금 나랑 함께 갈 수 있니?

M: Well, I'll join you in 10 minutes. I have to go to the gym first.
음, 나는 10분 후에 합류할게. 나는 체육관에 먼저 가야 해.

W: Okay. See you soon.
응. 곧 만나.

남자는 체육관에 먼저 가서 친구들에게 농구공을 주고, 10분 후에 회의에 참석할 것이므로, 대화 직후에 남자가 할 일은 '체육관에 가기'이다.

gym 체육관   completely 완전히
join 합류하다, 함께하다

09

정답 ④

Script

M: Catherine, what are you working on?
Catherine, 너 뭐 하고 있어?

W: I'm planning for my garage sale.
나는 garage sale(중고 물품 판매)을 하려고 해.

M: Oh, when is it?
오, 언제?

W: It's this Sunday from 10 a.m. to 5 p.m. in my yard. Can you help me?
우리 집 마당에서 이번 주 일요일 오전 10시부터 오후 5시까지야. 너 나 좀 도와줄래?

M: Sure. What are you going to sell?
물론이지. 너 무엇을 팔 거야?

W: I'm selling mainly clothes, DVDs, and books.
나는 주로 옷, DVD, 그리고 책들을 팔 거야.

M: What are you going to do with the money you make?
네가 버는 돈으로 뭘 할 거야?

W: I'm going to donate it to help street cats.
나는 길고양이들을 돕기 위해 그것을 기부할 거야.

garage sale은 여자의 집 마당에서, 이번 주 일요일 오전 10시부터 오후 5시까지 열릴 것이며, 옷, DVD, 그리고 책들을 팔 것이고, 번 돈은 길고양이들을 돕기 위해 기부할 것이라고 여자가 언급했다. 그러나 방문 인원은 언급하지 않았다.

garage sale 중고 물품 판매   **mainly** 주로
donate 기부하다

10

정답 ③

W: Hi. Today, I want to tell you about trash bags in Korea. You have to use certain trash bags to throw away garbage. There are various sizes. And the trash bags are different from area to area. So remember to buy them at certain stores near your house.
안녕하세요. 오늘, 저는 여러분들에게 한국의 쓰레기봉투에 대해 말씀드리고 싶습니다. 쓰레기를 버리기 위해서 여러분들은 특정 쓰레기봉투를 사용해야 합니다. 크기가 다양합니다. 그리고 쓰레기봉투는 지역마다 다릅니다. 그러니 여러분 집 근처에 있는 특정 가게에서 그것들을 사야 한다는 것을 기억하세요.

한국에서는 쓰레기를 버리기 위해서 특정 쓰레기봉투를 사용해야 하고, 지역마다 쓰레기봉투가 다르니 집 근처 특정 가게에서 구매하라는 내용으로, 여자는 '쓰레기봉투에 대해 안내'해 주고 있다.

trash 쓰레기   **certain** 특정한
garbage 쓰레기   **area** 지역

11

정답 ④

W: Jimin, what are you doing this weekend?
지민아, 너 이번 주말에 뭐 할 거야?

M: A friend from India is visiting me. I'm going to take him to the *Korean Folk Village*.
인도 친구가 나를 방문할 거야. 나는 그를 한국 민속촌에 데리고 갈 거야.

W: Cool! It's in Yongin. Are you going to take the subway?
근사하네! 그것은 용인에 있지. 너희들 지하철을 탈 거야?

M: Yes. We'll get off at Suwon Station and take the free shuttle bus.
응. 우리는 수원역에 내려서 무료 셔틀버스를 탈 거야.

W: How about renting an English audio guide at the folk village? They're only 2,000 won.
민속촌에서 영어 오디오 가이드를 빌리는 게 어때? 2,000원밖에 들지 않아.

M: Great idea.
좋은 생각이야.

W: And on the weekend, they're open until 9 p.m. Don't miss the beautiful night view.
그리고 주말에는, 밤 9시까지 개장해. 그 아름다운 야경을 놓치지 마.

오디오 가이드를 대여하기 위해서는 2,000원을 지불해야 한다.

take 데리고 가다, 타다   **rent** 빌리다
view 경관, 전망

12

정답 ①

[Telephone rings.]
[전화벨이 울린다.]

W: Hello, this is *Ann's Clothes*. How can I help you?
안녕하세요, *Ann's Clothes*입니다. 무엇을 도와드릴까요?

M: Hi, I ordered a T-shirt two weeks ago. But I still haven't received it.
안녕하세요, 제가 2주 전에 티셔츠를 주문했어요. 그런데 저는 아직도 그것을 못 받았어요.

W: Oh, I'm so sorry about that.
오, 그 점에 대해 정말 죄송합니다.

M: I want to cancel my order.
저는 제 주문을 취소하고 싶습니다.

W: Okay. Can I have your name, address and order number?
네, 성함, 주소, 그리고 주문 번호를 알려주시겠습니까?

M: Sure. My name's John Smith, the address is 123 Oak Road and my order number is 56143.
네, 제 이름은 John Smith이고, 주소는 123 Oak Road이며, 제 주문 번호는 56143입니다.

W: I'm really sorry. I think it was delivered to the wrong address.
정말 죄송합니다. 티셔츠가 잘못된 주소로 배송된 것 같습니다.

남자는 2주 전에 주문한 티셔츠를 아직도 받지 못해서, 주문을 취소하기 위해 전화를 했다.

order 주문하다; 주문   receive 받다
cancel 취소하다   address 주소
deliver 배달하다   wrong 잘못된

13

정답 ①

M: What time is our train to Busan?
우리 부산행 기차가 몇 시지?

W: It's 2:15.
2시 15분이야.

M: Oh, we only have about 15 minutes before it departs. What platform does it leave from?
오, 출발하기 전까지 우리에게 약 15분밖에 없어. 그것이 어느 플랫폼에서 출발하지?

W: Platform 3.
3번 플랫폼이야.

M: How far is it from here?
여기서 얼마나 멀어?

W: It's about a five-minute walk away. It's 2 o'clock now. We'll easily catch the train.
걸어서 약 5분 거리야. 지금 2시야. 우리는 쉽게 기차를 탈 수 있을 거야.

M: Phew. Then let's quickly get something to drink on our way there.
휴. 그럼 그곳에 가는 길에 빨리 마실 것 좀 사자.

W: Good idea. Come on, let's go.
좋은 생각이야. 어서, 가자.

부산행 기차 출발 시간은 2시 15분인데, 기차 출발 시간까지 약 15분밖에 남지 않았다고 했고, 여자도 지금 2시라고 대화 중에 언급했다.

depart 출발하다   catch 타다
get (돈을 주고) 사다
on one's way (to) (~로 가는) 길에, 도중에

14

정답 ②

W: Hello. It's an honor to meet you in person.
안녕하세요. 당신을 직접 뵙게 되어 영광입니다.

M: Thank you for coming to the book signing event. What's your name?
도서 사인회에 참석해 주셔서 감사합니다. 당신의 이름이 뭔가요?

W: My name is Kim Sarang. I really love your books.
제 이름은 김사랑입니다. 저는 당신의 책들을 정말로 아주 좋아합니다.

M: Thank you.
감사합니다.

W: I want to be a writer like you. How do you come up with such great ideas?
저도 당신처럼 작가가 되고 싶습니다. 당신은 어떻게 그런 멋진 아이디어를 생각해 내시나요?

M: Well, when I'm out of ideas, I just take a walk. I also read a lot of books.
음, 저에게 아이디어가 떨어졌을 때, 저는 그냥 산책합니다. 저는 또한 많은 책을 읽습니다.

W: Thank you for sharing.
공유해 주셔서 감사합니다.

여자는 도서 사인회에 참석하여 좋아하는 작가를 만나, 멋진 아이디어를 생각해 내는 방법에 대해 묻고 답변을 듣고 있다. 따라서 두 사람은 '작가 – 독자'의 관계이다.

honor 영광   in person 직접
come up with ~을 생각해 내다
be out of ~이 떨어지다, 바닥나다

15

정답 ①

M: Do you have any ideas for the English project?
너 영어 프로젝트에 대한 아이디어 있어?

W: Well, why don't we interview foreigners?
음, 우리가 외국인들을 인터뷰해보는 것 어때?

M: About what?
무엇에 대해서?

W: We can ask them about their favorite places in Seoul.
우리는 외국인들에게 그들이 서울에서 좋아하는 장소에 관해서 물어볼 수 있어.

M: Good idea. Then we can share the results with the class. I like that.
좋은 생각이야. 그러고 나서 우리가 그 결과를 학급과 공유할 수 있네. 나 그거 맘에 들어.

W: But where can we interview foreigners?
하지만 우리가 어디에서 외국인들을 인터뷰할 수 있을까?

M: Let's go to Insadong. There are a lot of foreigners there.
인사동에 가자. 그곳에 많은 외국인들이 있어.

W: Great idea. I'll think of some interview questions.
좋은 생각이야. 나는 인터뷰 질문들을 좀 생각해 볼게.

Solution

여자와 남자는 영어 프로젝트로 외국인들을 인터뷰해서 서울에서 그들이 좋아하는 장소에 대해 알아보기로 했는데, '인터뷰할 외국인들을 만나기 위해 인사동에 가 보자'고 남자가 여자에게 제안하고 있다.

Vocabulary

favorite 좋아하는   share 공유하다
result 결과

16

정답 ③

Script

W: Daniel, how about going to the gym?
Daniel, 체육관에 가는 것 어때?

M: I'm sorry, but I can't play badminton now. I'm busy doing my math homework.
미안하지만, 나는 지금 배드민턴을 칠 수 없어. 나는 수학 숙제 하느라 바빠.

W: I'm not talking about playing badminton. There's a special volleyball match.
나는 배드민턴 치는 것을 말하는 것이 아니야. 특별한 배구 경기가 있어.

M: Oh, yeah! The second-grade girls are playing against the female teachers.
오, 맞다! 2학년 여학생들이 여자 선생님들과 시합할 거지.

W: Right. It starts in five minutes.
맞아. 그것이 5분 후에 시작해.

M: Okay, let's go. I'm going to cheer for the teachers.
좋아, 가자. 나는 선생님들을 응원할 거야.

W: You are? I'm going to cheer for the students.
그럴 거야? 나는 학생들을 응원할 거야.

Solution

여자는 여자 선생님들과 배구 시합을 하는 '학생들을 응원하러' 체육관에 가려고 한다.

Vocabulary

volleyball 배구   match 경기

grade 학년   against ~에 맞서
cheer for 응원하다

17

정답 ③

Script

① M: My mom is sick in bed.
엄마가 아파서 누워 계세요.

W: I'm sorry to hear that.
그 말을 들으니 유감이네요.

② M: Can you help me carry these books?
제가 이 책들을 나르는 것 좀 도와줄래요?

W: Sure, hold on a minute.
네, 잠시만요.

③ M: I want to send this by airmail.
제가 이것을 항공 우편으로 보내고 싶어요.

W: Okay. Let me weigh it for you.
네. 제가 당신을 위해 무게를 달아드릴게요.

④ M: What are you going to do this Sunday?
당신은 이번 일요일에 뭐 할 거예요?

W: I'm going to visit my grandparents.
저는 조부모님을 뵈러 갈 거예요.

⑤ M: Which do you prefer, being alone or with friends?
당신은 혼자 있는 것과 친구들과 있는 것 중 어느 것을 더 좋아하나요?

W: I like being with friends better than being alone.
저는 혼자 있는 것보다 친구들과 함께 있는 것이 더 좋아요.

Solution

그림은 우체국에서 소포를 보내고 싶은 손님과 우체국 직원을 묘사하고 있으므로, 소포를 항공 우편으로 보내달라고 부탁하는 손님과 소포의 무게를 달아 주겠다는 직원의 대화인 ③이 정답이다.

Vocabulary

carry 나르다   airmail 항공 우편
weigh 무게를 달다   prefer 더 좋아하다, 선호하다
alone 혼자

18

정답 ③

Script

M: Welcome to *Safari World*. The tour lasts 1 hour and is in groups of five people. There are lions, tigers, and bears inside the park. You can see them up close. But remember. You must not feed them. You may take pictures of the animals from the car. However, no food or drink is allowed in the car.

*Safari World*에 오신 것을 환영합니다. 투어는 1시간 동안 진행되며, 5명이 한 조입니다. 공원 안에 사자, 호랑이, 그리고 곰들이 있습니다. 여러분은 그들을 아주 가까이에서 볼 수 있습니다. 하지만 기억하세요. 여러분들은 그들에게 먹이를 주어서는 안 됩니다. 여러분들은 차에서 동물들 사진은 찍을 수 있습니다. 하지만 차 안에서 음식이나 음료는 금지되어 있습니다.

투어 시간은 1시간, 볼 수 있는 동물들은 사자, 호랑이, 곰이다. 동물들 사진은 차에서 찍을 수 있으며, 투어 차량 내에서 음식이나 음료는 금지되어 있다. 그러나 투어에 사용되는 차의 종류에 대해서는 언급되지 않았다.

last 지속되다   up close 바로 가까이에서
feed 먹이를 주다   allow 허락하다

19

정답 ⑤

Script

W: Jack, where are you going?
Jack, 너 어디 가는 중이야?

M: I'm going to the library to prepare for the book club's special event tonight.
나는 오늘 밤 독서 동아리의 특별 행사를 준비하기 위해 도서관에 가는 중이야.

W: What's the special event?
그 특별한 행사가 뭐야?

M: We've invited the popular author Kate Brown to give a talk.
우리는 인기 작가인 Kate Brown에게 강연을 해달라고 요청했어.

W: Really? I love her books.
정말? 나는 그녀의 책을 아주 좋아해.

M: Same here. I've read all of them.
나도 그래. 나는 그것들을 다 읽었어.

W: I'd really like to meet her in person. Can I join the talk, too?
나는 정말 그녀를 직접 만나고 싶어. 나도 그 강연에 참여할 수 있을까?

M: Of course. Everyone is welcome.
물론이지. 모두 환영해.

Solution

'강연에 참가해도 되느냐'는 여자의 질문에 ⑤ '물론이지. 모두 환

영해.'라고 답해 주는 것이 자연스럽다.
① 저는 그냥 구경하고 있어요.
② 부탁 하나만 들어줄래요?
③ Kate Brown과 통화할 수 있을까요?
④ 저는 도서관에 가는 길이에요.

prepare 준비하다   invite (정식으로) 요청하다
author 작가   give a talk 강연하다
in person 직접

20

정답 ⑤

Script

M: The summer vacation is finally here.
마침내 여름방학이 다가왔어.

W: I know. I was really stressed out during the final exam period.
그러게. 나는 기말고사기간 동안 정말 스트레스를 받았어.

M: You'd better get some good rest during the summer vacation.
너는 여름방학 동안 푹 쉬는 것이 좋겠어.

W: I will.
나 그럴 거야.

M: Do you have any special plans?
너 특별한 계획이 있니?

W: Well, I'm going on a trip to Jeju Island with my family.
음, 나는 가족과 함께 제주도로 여행을 갈 거야.

M: That's cool.
그거 멋져.

W: How about you? What are your plans for the vacation?
넌 어때? 너의 방학 계획은 뭐야?

M: I'm planning to read 3 books a week.
나는 일주일에 책을 3권씩 읽을 계획이야.

Solution

여자가 남자에게 방학 동안의 계획에 대해서 물었으므로, 남자는 ⑤ '나는 일주일에 책을 3권씩 읽을 계획이야.'라고 계획을 말해 주는 것이 자연스럽다.
① 꼭 좀 쉬어라.
② 스트레스는 네 건강에 나빠.
③ 제주도로 여행 가자.
④ 나는 그 소식이 정말 궁금해.

finally 마침내
stressed out 스트레스로 지친, 스트레스가 쌓인
period 기간

Fun with Comics

본문 55쪽

소녀: 지하철역을 못 찾겠네.	**소녀**: 실례합니다. 가장 가까운 지하철역이 어디 있나요? **외국 남자**: 당신 바로 뒤에 있습니다.
소녀: 죄송해요. 이해를 못하겠어요. 저 안내판은 "underground"라고 되어 있어요.	**외국 남자**: 영국에서는 underground가 지하철을 의미해요.

How to Listen

– 나는 쥐가 무서워.
– 우리 사진을 봐.

Mini Check-up

1. ✕
   극장에 한 무리의 사람들이 있다.
2. ○
   무엇보다도, 그는 특별했다.

EBS 기초 영문법/영독해

미리 학습하고 미리 키우는 자신감
중학영어 내신 만점을 위한 첫걸음!

06회 영어듣기능력평가

본문 56~59쪽

01 ②	02 ①	03 ⑤	04 ②	05 ④
06 ③	07 ⑤	08 ⑤	09 ④	10 ⑤
11 ⑤	12 ⑤	13 ③	14 ⑤	15 ⑤
16 ④	17 ③	18 ④	19 ②	20 ⑤

01

정답 ②

Script

M: Here's today's weather in Seoul. Today will be another hot day. The sunshine is getting stronger. So, please be careful in the strong sunshine. And consider staying inside between 11 a.m. and 3 p.m. It'll become cloudy and windy at night. It'll rain tomorrow morning.
오늘의 서울 날씨입니다. 오늘도 더운 날이 되겠습니다. 햇빛이 점점 강해지고 있습니다. 그러니 강한 햇빛 아래서 조심하세요. 그리고 오전 11시에서 오후 3시 사이에 실내에 머무르는 것을 고려해보세요. 밤에는 흐리고 바람이 불겠습니다. 내일 아침에는 비가 올 것입니다.

Solution

서울은 오늘도 더운 날씨가 이어지다가 밤에는 흐리고 바람이 불고, 내일 아침에 비가 올 것이라고 했다.

Vocabulary

sunshine 햇빛   consider 고려하다
between A and B A와 B 사이에

02

정답 ①

Script

W: Hello, how may I help you?
안녕하세요, 무엇을 도와드릴까요?

M: Hi, I'm looking for a wall clock.
안녕하세요, 저는 벽시계를 찾고 있어요.

W: Okay. We have round ones and square ones. Which one do you prefer?
네. 우리는 동그란 것과 정사각형인 것을 가지고 있어요. 어느 것이 더 좋으세요?

M: I'd like a round one.
동그란 것으로 주세요.

W: Then how about this one? It has big hour numbers.

그러면 이것은 어떠세요? 그것은 시간을 표시하는 커다란 숫자가 있어요.

M: Well, it looks a little too old-fashioned. I'll take the one with no numbers on the face.
음, 그것은 좀 너무 구식인 것 같아요. 저는 시계 앞면에 숫자가 없는 것으로 하겠습니다.

W: Okay. It's $25.
네. 25달러입니다.

Solution

남자는 동그란 모양의 숫자가 없는 벽시계를 골랐다.

Vocabulary

square 정사각형 모양의   prefer ~을 더 좋아하다
old-fashioned 구식의   face 시계의 앞면

03

정답 ⑤

Script

W: What happened to Jiho? He wasn't at soccer practice today.
지호에게 무슨 일이 생겼니? 그는 오늘 축구 연습에 안 왔어.

M: You know his dog, Lucy, right? She's missing.
너 그의 개 Lucy 알아, 그렇지? 그녀가 실종되었어.

W: Oh, my! So Jiho is looking for her?
오, 저런! 그래서 지호가 그녀를 찾고 있는 거야?

M: I guess so.
그런 것 같아.

W: Oh, that's too bad. Lucy is such a lovely dog.
오, 정말 안됐어. Lucy는 정말 사랑스러운 개인데.

M: I know. Is there anything we can do for Jiho?
그러게. 우리가 지호를 위해 할 수 있는 일이 있을까?

W: Well, how about posting some pictures of Lucy on social media?
음, Lucy의 사진을 소셜 미디어에 올리는 것 어때?

M: Okay. Let's call Jiho and get some pictures.
그래. 지호한테 전화해서 사진을 몇 장 받자.

Solution

지호가 실종된 반려견 Lucy 때문에 축구 연습에 오지 못한 것을 알게 된 두 사람은 지호와 Lucy를 걱정하고 있을 것이므로 ⑤ '걱정하는'이 정답이다.
① 수줍은   ② 속상한
③ 지루해하는   ④ 신이 난

Vocabulary

practice 연습   missing 실종된, 없어진
look for 찾다   post 게시하다, 공고하다

04

정답 ②

Script

W: Tom, did you go to the library yesterday?
Tom, 너 어제 도서관에 갔니?

M: No, I couldn't go there. So my mom is going to check out books for me today.
아니, 나는 그곳에 갈 수 없었어. 그래서 오늘 엄마가 나를 위해 책을 대출받아 주실 거야.

W: Were you busy yesterday?
너 어제 바빴니?

M: Yeah. I had soccer practice.
응. 나 축구 연습이 있었어.

W: Oh, I almost forgot. Your team has a soccer match with *Nuri Middle School*, right?
아, 잊을 뻔했네. 너희 팀이 누리 중학교와 축구 시합을 해, 맞지?

M: Yeah. This Friday is the big day.
응. 이번 주 금요일이 그 중요한 날이야.

W: I'll keep my fingers crossed.
행운을 빌게.

M: Thanks.
고마워.

Solution

남자는 어제 누리 중학교와의 축구 시합을 준비하느라 축구 연습을 했다.

Vocabulary

check out (도서관 등에서) 대출받다
match 시합, 경기
big day 중요한 날, 대망의 날, 큰 행사가 있는 날
keep one's fingers crossed 행운을 빌다, 좋은 결과를 빌다

05

정답 ④

Script

M: Mom, I want to have a chicken salad for dinner.
엄마, 저 저녁으로 치킨 샐러드 먹고 싶어요.

W: Okay, what do you want in the salad?
알았어, 너 샐러드에 무엇을 넣고 싶니?

M: Well, I'd like some tomatoes and cheese in it.
음, 저는 거기에 토마토와 치즈를 넣고 싶어요.

W: We have cheese at home.
우리 집에 치즈가 있어.

M: Then I'll get some tomatoes.
그럼 저는 토마토를 조금 가져올게요.

W: Good. I'll go get chicken from the meat section.

좋아. 나는 정육 코너에서 닭고기를 가져올게.

M: Okay. And Mom, we need to buy some water, too.
네. 그리고 엄마, 우리 물도 좀 사야 해요.

W: All right, I'll get some water, as well.
그래, 내가 물도 가져올게.

남자는 토마토를 가져오고, 여자가 정육코너에서 닭고기를 가져 오며, 남자가 여자에게 물도 사야 한다고 말하는 것으로 보아 두 사람은 식료품 등을 구매할 수 있는 '슈퍼마켓'에 있음을 알 수 있다.

meat 고기　　　　　　　section 코너
as well ~도, 또한, 역시

06

정답 ③

W: Hi, Kevin, where are you going?
안녕, Kevin, 너 어디 가니?

M: Hi, Emily. I'm on my way to band practice.
안녕, Emily. 나 밴드 연습하러 가는 길이야.

W: You're the lead singer, aren't you? You were so cool at the school festival.
네가 리드 싱어야, 그렇지 않니? 너 학교 축제 때 너무 멋있었어.

M: Thanks. What are you up to this Friday evening?
고마워. 너 이번 주 금요일 저녁에 뭐 할 거야?

W: Nothing special. Why?
특별한 건 없어. 왜?

M: We're having a concert at the town library. We're trying to raise money to help the homeless. Can you come?
우리가 마을 도서관에서 콘서트를 할 거야. 우리는 노숙자들을 돕기 위해 모금을 하려고 노력하고 있어. 너 올 수 있니?

W: Of course, I'd love to.
물론이지, 그러고 싶어.

여자의 마지막 말은 '물론이지, 그러고 싶어.'의 의미로 콘서트에 초대하는 상대방의 제안을 '수락'하는 표현이다.

on one's way to ~로 가는 길[도중]에
special 특별한
raise money 모금하다, 돈을 모으다
the homeless 노숙자들

07

정답 ⑤

W: Look. It's a notice for our group art project.
봐. 그것은 우리의 그룹 미술 프로젝트 공지 사항이야.

M: Oh, we have to draw a group of characters.
오, 우리는 한 무리의 캐릭터를 그려야 하네.

W: Sounds fun. We have to prepare a few things.
재미있어 보여. 우리가 몇 가지를 준비해야 해.

M: Let's see. We need pencils, erasers, and a ruler.
어디 보자. 우리는 연필, 지우개, 그리고 자가 필요하네.

W: We also need colored pencils. But we don't have to get drawing paper.
우리는 색연필도 필요해. 하지만 우리가 도화지는 가져올 필요 가 없어.

M: Right. The art teacher will give it to us.
그래. 미술 선생님이 우리에게 그것을 주실 거야.

W: I'll prepare the pencils, erasers, and a ruler. Can you get the colored pencils?
내가 연필, 지우개 그리고 자를 준비할게. 네가 색연필을 가져 올 수 있니?

M: Sure. I'll bring them tomorrow.
물론이지. 내가 내일 색연필을 가져올게.

한 무리의 캐릭터를 그리는 활동에 도화지, 연필, 지우개, 자, 그 리고 색연필이 필요한데 도화지는 미술 선생님이 주실 예정이며, 여자가 연필, 지우개, 자를 준비하고, 남자는 색연필을 내일 가져 오기로 했다.

a group of 한 무리의　　　　ruler 자
colored pencil 색연필　　　　don't have to ~할 필요가 없다

08

정답 ⑤

M: Jane, I want to rent a bike. Do you know how?
Jane, 나 자전거를 빌리고 싶어. 너 어떻게 하는지 알아?

W: Sure. You can use Seoul Bike. It's a public rental bike service.
물론이지. 너는 서울 자전거를 사용할 수 있어. 그것은 공공 대 여 자전거 서비스야.

M: Sounds good! How can I use it?
좋네! 내가 그것을 어떻게 사용할 수 있어?

W: First, download the Seoul Bike application. Then, sign up to create an account.
먼저, 서울 자전거 앱을 다운로드 해. 그리고 나서, 이용 계정을

만들기 위해 회원 가입을 해.

M: Okay. And then what?
응. 그다음엔 뭘 해?

W: Buy a pass. There are various passes. You can even buy a one-time pass.
탑승권을 사. 다양한 탑승권이 있어. 너는 1회권도 살 수 있어.

M: It's easy. I'll download the application now.
쉽네. 내가 지금 앱을 다운받을게.

Solution

서울 자전거 사용법을 여자에게서 들은 남자는 '지금 앱을 다운받겠다'고 대화 끝에 얘기했으므로, 남자는 대화 직후에 서울 자전거 앱을 다운받을 것이다.

Vocabulary

rental 대여, 임대	application 앱, 응용 프로그램
sign up 가입하다, 등록하다	account 이용 계정
pass 탑승권, 통행증	various 다양한

09

정답 ④

Script

W: Guess what? A new study cafe is opening up in the building right in front of our school.
그거 알아? 우리 학교 바로 앞 건물에 새로운 스터디 카페가 문을 열 거래.

M: Cool. When?
멋져. 언제?

W: On Friday, July 9th.
7월 9일 금요일이야.

M: Do they serve drinks? I have to have coffee when I study.
음료가 제공되나? 나는 공부할 때 커피를 마셔야 하거든.

W: They'll actually serve free coffee all day long.
사실 그들은 하루 종일 무료 커피를 제공할 거야.

M: Sounds great.
좋네.

W: You should sign up for a membership by the end of this weekend. You'll get a 20% discount.
너는 이번 주말까지 회원 가입을 해야 해. 너는 20% 할인을 받게 될 거야.

M: That's awesome! Thanks.
그거 굉장하다! 고마워.

Solution

스터디 카페의 위치는 학교 바로 앞 건물이고, 7월 9일 금요일에 새로 문을 연다. 스터디 카페에서 하루 종일 무료 커피를 제공해 주며, 이번 주말까지 회원가입을 하면 20% 할인을 받을 수 있다. 그러나 연간 회원권 가격은 언급되지 않았다.

Vocabulary

actually 사실(은), 실제로	all day long 하루 종일
membership 회원	awesome 광장한, 기막히게 좋은

10

정답 ⑤

Script

M: Hello, everyone. I know you're busy working on your report about K-pop. I just want to tell you one thing. You can use information from books or web pages for your report. But you have to write down where you get it from. Remember. Just copying something is not allowed. You must also include where you found it. Good luck on your report.
여러분, 안녕하세요. 나는 여러분들이 K-pop에 대한 보고서를 작성하느라 바쁘다는 것을 압니다. 나는 여러분들에게 한 가지만 얘기하고 싶어요. 여러분들은 보고서를 위해 책이나 웹페이지의 정보를 사용할 수 있어요. 그러나 여러분들은 그것을 어디에서 가져왔는지 적어야 합니다. 기억하세요. 그냥 무엇인가를 베끼는 것은 허용되지 않아요. 여러분이 그것을 어디에서 찾았는지도 포함해야 해요. 여러분의 보고서에 행운을 빌어요.

Solution

남자는 학생들이 보고서를 작성할 때 출처를 밝히지 않고 베끼는 것은 허용되지 않으니, 책이나 웹페이지에서 타인의 정보를 이용할 경우 그것을 어디에서 찾았는지 적어야 함을 학생들에게 강조하고 있다.

Vocabulary

copy 베끼다	allow 허락하다
include 포함하다	

11

정답 ⑤

Script

M: Have you heard of *Snow Crash*?
너 *Snow Crash*라고 들어봤니?

W: No, what is it?
아니, 그게 뭐야?

M: It's a science fiction novel. The word metaverse was first used in it.
그것은 공상과학소설이야. metaverse라는 단어가 거기에서 처음으로 쓰였어.

W: Oh, really? That's interesting. Who is the author?
오, 정말? 그거 흥미롭네. 작가가 누구야?

M: The American writer Neal Stephenson wrote it.

It was published in 1992.

미국 작가 Neal Stephenson이 그것을 썼어. 그것은 1992년에 출판됐어.

W: I see. How was the word metaverse used in the novel?

그렇구나. metaverse라는 단어가 소설에서 어떻게 쓰였어?

M: In the story, metaverse is the name of an online world.

이야기에서, metaverse는 온라인 세계의 이름이야.

metaverse는 미래의 미국이 아니라 이야기 속 온라인 세계의 이름이다.

science fiction 공상과학   word 단어

publish 출판하다

12

정답 ⑤

[Telephone rings.]

[전화벨이 울린다.]

W: Hello, this is the *Multicultural Family Support Center*. How may I help you?

안녕하세요. 다문화가족지원센터입니다. 무엇을 도와드릴까요?

M: Hi, I'm interested in doing volunteer work there.

안녕하세요. 저는 그곳에서 봉사활동 하는 것에 관심이 있습니다.

W: Oh, great. Can you teach Korean? We have children from multicultural families.

오, 좋습니다. 당신은 한국어를 가르칠 수 있나요? 이곳에는 다문화 가정의 아이들이 있습니다.

M: Sure. When can I visit there?

물론이죠. 제가 언제 그곳에 방문할 수 있나요?

W: The children come here around 4 p.m. Can you visit us after 5?

아이들은 오후 4시쯤 여기에 옵니다. 당신은 5시 이후에 우리를 방문할 수 있나요?

M: Yes. I'll be there after school.

네. 제가 방과 후에 그곳에 갈게요.

W: How often can you volunteer?

당신은 얼마나 자주 봉사활동을 할 수 있나요?

M: Twice a week. Is that okay?

일주일에 두 번입니다. 그것은 괜찮나요?

W: That's perfect.

아주 좋습니다.

남자는 다문화가족지원센터에서 봉사활동을 하고 싶어서 이에 관해 문의하기 위해 전화를 했다.

multicultural 다문화의   support 지원, 도움

perfect 더할 나위 없이 좋은, 완벽한

13

정답 ③

M: The school festival is coming up. I'm so excited.

학교 축제가 다가오고 있어. 나 너무 신나.

W: Me, too. It's for three days, from May 10th to the 12th, right?

나도 그래. 학교 축제는 5월 10일부터 12일까지 3일간 하는 거야, 그렇지?

M: Yes. And on May 11th, the famous rock band *Happy Memory* is performing at our school. I can't believe it.

응. 그리고 5월 11일에는 유명한 록 밴드인 *Happy Memory*가 우리 학교에서 공연할 거야. 믿을 수가 없어.

W: Right. It's really surprising. What time is the concert?

맞아. 정말 놀라워. 콘서트는 몇 시야?

M: It's at 8 p.m. How about having dinner together before the concert?

저녁 8시야. 콘서트 전에 같이 저녁 먹는 게 어때?

W: Sounds good! Let's have some pizza.

좋아! 피자 먹자.

M: All right.

알았어.

학교 축제는 5월 10일부터 12일까지이고, 록밴드는 5월 11일에 온다고 했다.

come up (어떤 행사나 때가) 다가오다

perform 공연하다   How about ~? ~은 어때?

14

정답 ⑤

W: Thank you for taking such good care of her.

그녀를 그렇게 잘 보살펴 주셔서 정말 감사합니다.

M: My pleasure.

천만에요.

W: Can she go for walks?

그녀는 산책을 갈 수 있나요?

M: She can take very short walks. But don't let her run for about two weeks.

그녀는 아주 짧은 산책은 할 수 있어요. 하지만 대략 2주 동안은 그녀가 뛰게 놔두지 마세요.

W: I see. And should I give her medicine?

알겠습니다. 그리고 제가 그녀에게 약을 줘야 하나요?

M: Yes. Twice a day. And you should get a step. Then she doesn't have to jump up onto the bed or sofa.

네. 하루에 두 번 주세요. 그리고 당신은 계단을 사야 합니다. 그러면 그녀는 침대나 소파 위로 뛰어오를 필요가 없습니다.

W: Okay, I will.

네, 그럴게요.

M: Remember that poodles don't have very strong legs.

푸들은 별로 튼튼한 다리를 가지고 있지는 않다는 것을 기억하세요.

Solution

대화에서 '그녀'가 가리키는 것은 '푸들'이며 여자는 '푸들 보호자'이다. 남자가 푸들에게 하루 두 번 약을 주고 계단을 사 주라고 여자에게 조언하는 것으로 보아 남자는 '수의사'임을 알 수 있다.

Vocabulary

take care of 돌보다   go for walks 산책을 가다
let (~하게) 놓아두다   step 계단

15

정답 ⑤

Script

W: Finally, the final exams are over. I've been really stressed out.

드디어 기말시험이 끝났어. 나 정말 스트레스가 쌓였어.

M: Do you have any special plans?

너 어떤 특별한 계획이 있니?

W: Not really. How about you?

별로. 너는 어때?

M: Well, I'd like to go see a movie. *A Missing Child* is really popular these days.

음, 나는 영화 보러 가고 싶어. 요즘 *A Missing Child*가 정말 인기 많아.

W: Oh, I've heard about that movie. It's a horror movie, right?

오, 그 영화에 대해 들어본 적이 있어. 그거 공포 영화야, 그렇지?

M: Yes. I like watching horror movies when I'm stressed. How about going to see it together?

응. 나는 스트레스를 받았을 때 공포 영화 보는 것을 좋아해. 그거 함께 보러 가는 거 어때?

W: Okay, let's go.

좋아, 가자.

Solution

남자는 여자에게 요즘 인기 있는 공포 영화를 함께 보러 가자고 제안하고 있다.

Vocabulary

final exam 기말고사   stressed out 스트레스가 쌓인
go see a movie 영화 보러 가다
horror 공포

16

정답 ④

Script

W: James, what are the clothes in front of the door for?

James, 문 앞에 있는 옷들은 어디에 쓸 거야?

M: I'm going to donate them to the school flea market.

저는 학교 벼룩시장에 그것들을 기부할 거예요.

W: Oh, who's putting on the flea market?

오, 누가 벼룩시장을 준비하고 있어?

M: The student council is.

학생회요.

W: Cool. What are they going to do with the money?

멋지네. 그들은 그 돈으로 뭐 할 건데?

M: They're raising money to help children in poor countries.

그들은 그 가난한 나라의 어린이들을 돕기 위해 돈을 모으고 있어요.

W: How nice! I'll find some things to donate, too.

정말 착하구나! 나도 기부할 물건들을 찾아볼게.

M: Thanks, Mom.

감사합니다, 엄마.

Solution

남자의 학교 학생회에서 가난한 나라의 어린이들을 돕기 위한 기금 모금을 위해 벼룩시장을 열 계획이다.

Vocabulary

donate 기부하다   flea market 벼룩시장
put on 행사를 준비하다   student council 학생회

17

정답 ③

Script

① M: What did you think of the book?
그 책 어땠어?

W: Well, it was boring.
음, 그거 지루했어.

② M: How do you like your new smartphone?
너의 새 스마트폰 어때?

W: I'm really happy with it.
나 그것에 정말 만족해.

③ M: Is it okay to take pictures here?
여기서 사진 찍어도 되나요?

W: Of course. Go ahead.
물론입니다. 찍으세요.

④ M: Can I get a discount?
제가 할인을 받을 수 있나요?

W: Sure. I'll take $5 off.
그럼요. 제가 5달러 깎아 드릴게요.

⑤ M: Can you make it to the subway station at 2 p.m.?
너 오후 2시에 지하철역에 시간 맞춰 올 수 있어?

W: I'm afraid not. How about 2:30?
나 안 될 것 같아. 2시 30분 어때?

Solution

그림은 미술관에서 사진을 찍을 수 있는지의 여부를 물어보는 상황이므로 ③이 정답이다.

Vocabulary

boring 지루한   discount 할인
make it 시간 맞춰 가다

18

정답 ④

Script

M: These are giant pandas. They're a symbol of China. The tail of them is 10 to 15 cm and it is the second-longest in the bear family. Giant pandas live from 20 to 30 years. Their main food is bamboo. They eat 18 kg of bamboo every day.
이들은 자이언트 판다입니다. 그들은 중국의 상징입니다. 그들의 꼬리는 10에서 15cm이고 그것은 곰과에서 두 번째로 깁니다. 자이언트 판다는 20년에서 30년까지 삽니다. 그들의 주식은 대나무입니다. 그들은 매일 18kg의 대나무를 먹습니다.

Solution

자이언트 판다는 중국의 상징이며, 꼬리 길이는 10에서 15cm 이다. 수명은 20년에서 30년까지이며 매일 18kg의 대나무를 먹지만, 몸무게는 언급되지 않았다.

Vocabulary

giant 거대한   symbol 상징
family (동식물 분류상의) 과   main 주된
bamboo 대나무

19

정답 ②

Script

W: Hi, Jason. Take a look at my profile picture.
안녕, Jason. 내 프로필 사진 좀 봐.

M: Okay. Wow, you look amazing.
응. 와, 너 멋져 보여.

W: Thanks. You know, I stopped eating flour and worked out for about 6 months.
고마워. 너도 알다시피, 나는 약 6개월 동안 밀가루 먹는 것을 멈추고 운동을 했어.

M: How did you do it? I cannot live without flour.
너 어떻게 그렇게 했어? 나는 밀가루 없이는 살 수 없어.

W: It was hard. I love flour, too.
그거 어려웠어. 나도 밀가루를 아주 좋아해.

M: Are you eating flour nowadays?
너 요즘 밀가루를 먹고 있니?

W: Yeah! Let's pig out on pizza and spaghetti tonight.
응! 오늘 밤 피자와 스파게티를 많이 먹자.

M: "Pig out"? What does that mean?
"Pig out"? 그게 무슨 뜻이야?

W: It means to eat a lot.
그것은 많이 먹는다는 뜻이야.

Solution

남자가 여자에게 "pig out"의 의미를 물었으므로, 여자는 ② '그것은 많이 먹는다는 뜻이야.'라고 의미를 설명해 주면 자연스럽다.
① 너에게 달렸어.
③ 너 채소를 먹는 게 좋겠어.
④ 나는 단것을 그만 먹어야 했어.
⑤ 너는 훌륭한 사진작가야.

Vocabulary

take a look at 보다   flour 밀가루
work out 운동하다   pig out 많이 먹다, 게걸스럽게 먹다

20

정답 ⑤

M: Hi, Jane. What are you doing?
안녕, Jane. 너 뭐 하고 있어?

W: Hi, Kevin. I'm booking a ticket to the Frida Kahlo exhibition, online.
안녕, Kevin. 나는 Frida Kahlo 전시회 티켓을 온라인으로 예매 중이야.

M: Who is Frida Kahlo? I've never heard of her.
Frida Kahlo는 누구니? 나는 그녀에 대해 들어본 적이 없어.

W: She was a Mexican painter. Even the *Louvre Museum* has bought some of her paintings.
그녀는 멕시코 화가였어. 심지어 루브르 박물관도 그녀의 그림들 중 일부를 샀어.

M: Wow. So she's pretty famous?
우와. 그래서 그녀가 꽤 유명해?

W: Yeah. And her life was tough. But she kept drawing pictures.
그래. 그리고 그녀의 삶은 힘들었어. 하지만 그녀는 계속 그림을 그렸어.

M: Wow, I'd like to check out her paintings, too. Can I join you?
우와, 나도 그녀의 그림을 살펴보고 싶어. 내가 너랑 같이 가도 돼?

W: Sure. I'll book one more ticket for you.
그래. 내가 너를 위해 표를 한 장 더 예매할게.

Solution

'우와, 나도 그녀의 그림을 살펴보고 싶어. 내가 너랑 같이 가도 돼?'라는 남자의 말에 여자가 ⑤ '그래. 내가 너를 위해 표를 한 장 더 예매할게.'라고 말하는 것이 자연스럽다.
① 너 멕시코에 가본 적 있니?
② 루브르 박물관은 어디에 있어?
③ 나는 그림 그리기에 관심이 있어.
④ Frida Kahlo는 멕시코 화가였어.

Vocabulary

book 예매하다   pretty 꽤
tough 힘든   check out 살펴보다

 Fun with Comics   본문 65쪽

소년: 나 와이셔츠 샀어.	소녀: 뭐라고? 무슨 셔츠? 왜 셔츠라고? 소년: 와이셔츠 말이야.

소년: 이것이 그 셔츠야. 이것 봐봐.	소녀: 너 드레스셔츠 말하는구나. 좋아 보인다.

How to Listen

– 그는 수업에 결석했다.
– 나는 내 팀을 지지해야 한다.

Mini Check-up

〈보기〉 그녀는 Mark에게 편지를 보냈다.

1. They wanted to adop(t) Kathy.
   그들은 Kathy를 입양하기를 원했다.

2. Aun(t) Laura made this scarf for me.
   Laura 고모가 나를 위해 이 스카프를 만들어 주셨다.

MY COACH

문법, 독해, 단어, 쓰기까지 내신 시험 대비 최적화!
중학생을 위해 준비된 완벽한 영어 특화 시리즈

07회 영어듣기능력평가

본문 66~69쪽

01 ②	02 ③	03 ④	04 ①	05 ①
06 ②	07 ④	08 ③	09 ③	10 ②
11 ⑤	12 ⑤	13 ③	14 ①	15 ⑤
16 ④	17 ②	18 ⑤	19 ③	20 ⑤

01

정답 ②

Script

W: Welcome to *Weather California*. Tomorrow, San Francisco and Sacramento will be really windy. In San Jose, there will be a little bit of rain and clouds, so when you go out, be sure to take an umbrella with you. However, in Los Angeles, it will be warm and sunny, so get outside and enjoy the good weather.

*Weather California*에 오신 것을 환영합니다. 내일 샌프란시스코와 새크라멘토 지역은 매우 많은 바람이 불 것입니다. 산호세 지역은 약간 비가 내리고 구름이 낄 것이므로, 외출을 할 때 반드시 우산을 가져가세요. 하지만 로스앤젤레스 지역은 따뜻하고 화창할 것이므로, 밖으로 나가서서 좋은 날씨를 즐기세요.

Solution

바람이 불고 약간 비가 오는 다른 지역과는 달리 로스앤젤레스의 내일 날씨는 따뜻하고 화창할 것이다.

Vocabulary

weather 날씨　　　　　　windy 바람이 부는
go out 외출하다　　　　　enjoy 즐기다

02

정답 ③

Script

M: Excuse me. I'm looking to buy a soccer ball.
실례합니다. 저는 축구공을 사려고 보는 중입니다.

W: Okay. Our soccer balls are right here. This one has many stars on it.
네. 축구공들은 바로 여기 있습니다. 이 축구공에 많은 별이 그려져 있어요.

M: It's nice, but I want one with just an individual picture on it.
멋지네요, 하지만 전 하나의 그림만이 그려진 것을 원해요.

W: Then, how about this one with a lightning bolt?
그럼, 번개가 그려진 이것은 어떠세요?

M: I want to have something different. Do you have a ball with one big star?
전 좀 다른 것을 사고 싶어요. 하나의 큰 별이 그려진 공을 가지고 있으세요?

W: Yes, we do. Right here. Do you want it?
네, 있습니다. 바로 여기 있어요. 이 공으로 하시겠어요?

M: Yes. I'll take it.
네. 그것으로 하겠습니다.

Solution

남자는 여러 개의 그림이 그려진 축구공보다는 하나의 그림이 그려진 공을 사고자 한다. 여자가 하나의 번개가 그려진 공을 추천하나 남자는 하나의 큰 별이 그려진 공을 구입하고자 하므로 가장 적절한 것은 ③이다.

Vocabulary

soccer 축구　　　　　　individual 단일의
lightning bolt 번개　　　　different 다른

03

정답 ④

Script

[Cellphone rings.]
[휴대전화가 울린다.]

W: Hi, Sam.
안녕, Sam.

M: Ella, where are you? Do you have time to meet up now?
Ella, 너 어디니? 너 지금 나 만날 시간 있니?

W: Sorry, I can't. I'm at the school gym now.
미안한데 만날 수 없어. 나 지금 학교 체육관에 있거든.

M: Really? Why are you there?
정말? 왜 거기에 있니?

W: Actually, I'm trying out for the school volleyball team.
사실, 나는 학교 배구팀에 들어가려고 지원 중이야.

M: Oh, that's cool. Have you been practicing volleyball?
오, 멋지다. 너 배구 연습 해오고 있었어?

W: No, so I'm worried I won't make the team.
아니, 그래서 팀에 못 들어 갈까 봐 걱정돼.

M: You can do it! Just do your best!
넌 할 수 있을 거야! 그저 최선을 다하길!

Solution

여자는 곧 배구팀에 들어갈 시험을 보기 위해 학교 체육관에 있는데 최근에 연습을 못해서 팀에 못 들어갈까 봐 걱정을 하고 있다.

① 수줍은　　　　　② 지루한　　　　　③ 기쁜
④ 걱정하는, 긴장되는　　⑤ 실망스러운

Vocabulary

meet up 만나다
try out for (팀원 등을 위한 경쟁에) 지원하다
volleyball 배구　　　　　practice 연습하다

04

정답 ①

Script

W: Chris, did you do anything special on holiday yesterday?
　Chris, 어제 휴일에 특별한 무언가를 했니?

M: I went fishing with my dad. I caught a big fish! How about you?
　나는 아빠랑 낚시를 갔었어. 나는 큰 물고기를 잡았어! 너는 어땠니?

W: Wow! That sounds like fun. I went to the science museum with my mom.
　와! 재미있었겠다. 나는 엄마와 함께 과학 박물관에 갔었어.

M: Oh! What did you do there?
　오! 거기에서 뭘 했니?

W: I did a science experiment. I made a big bubble. Then, I watched a video about space.
　나는 과학실험을 했어. 큰 비눗방울을 만들었지. 그러고 나서 우주에 관한 영상을 봤어.

M: Sounds fun! Let's go to the museum together some time.
　재미있었겠다! 언제 그 박물관 같이 가자.

W: Yes, let's do that.
　응, 그러자.

Solution

어제 남자는 아빠와 함께 낚시를 갔고, 여자는 과학 박물관을 방문해서 과학실험을 하고 우주에 관한 영상도 보았다.

Vocabulary

special 특별한　　　　museum 박물관
experiment 실험　　　　space 우주

05

정답 ①

Script

M: Look at all of the cars here.
　여기 모든 차들 좀 봐요.

W: There are so many cars. We'll have to wait for a while.
　정말 차들이 많네요. 우리는 한동안 기다려야 할 것 같아요.

M: Right. Look at that car! It's so shiny.
　맞아요. 저 차 좀 보세요! 저 차 정말 반짝거려요.

W: Yeah. Should we wash the inside of our car?
　그렇네요. 우리 차 내부를 세차해야 할까요?

M: Yeah, we should. It's been a while since we washed the inside.
　네, 해야 해요. 내부 세차한 지 좀 되었어요.

W: Okay. Then the inside and outside will be clean.
　그래요. 그러면 내부, 외부 모두 깨끗해질 거예요.

M: Let's park our car over there and wait.
　우리 차 저쪽에 주차하고 기다리죠.

Solution

차에 대한 이야기가 나오고 차의 내부 세차에 대한 이야기가 나오므로, 대화하는 장소로 가장 적절한 것은 ①이다.

Vocabulary

shiny 빛나는　　　　　wash 세차하다
inside 내부　　　　　　outside 외부

06

정답 ②

Script

[Cellphone rings.]
[휴대전화가 울린다.]

M: Hi, Sarah.
　안녕, Sarah.

W: Hi, Michael. Are you having a good summer?
　안녕, Michael. 여름 잘 보내고 있니?

M: Yes, I'm having a lot of fun. We haven't hung out for a while.
　응, 아주 재미있게 보내고 있어. 우리 한참을 같이 놀지 못했네.

W: That's why I'm calling you. Do you have time this Saturday afternoon?
　그래서 전화했어. 이번 주 토요일 오후에 시간 있니?

M: Yes, I do.
　응, 시간 있어.

W: That's great! Can you come to *Grand Park* near my house? I'll bring a volleyball and board games.
　잘됐네! 우리 집 근처에 있는 *Grand Park*로 올 수 있니? 내가 배구공과 보드게임들 챙겨 나갈게.

M: Of course, I can.
　물론, 그럴 수 있어.

Solution

여자가 이번 주 토요일 오후에 여자의 집 근처 공원에서 만날 수 있는지 묻자 남자는 갈 수 있다고 승낙했다.

07

정답 ④

Script

M: Let's start working on our social studies project tomorrow. We should make the interview sheet first.
내일 사회 과목 프로젝트 시작하자. 우리는 인터뷰 지부터 만들어야 해.

W: Good idea. What do we need to make it?
좋은 생각이야. 그것을 만들려면 우리 뭐가 필요할까?

M: I can bring my laptop.
나는 노트북을 가져올 수 있어.

W: Okay. How about our textbook? Do you think we'll need it?
그래. 교과서는 어때? 네 생각에 그게 필요할 것 같아?

M: I don't think so. Can you search for some materials online and print them out?
그렇지 않을 것 같아. 온라인 자료들 좀 찾아서 출력해 올 수 있어?

W: Of course. I'll bring them.
물론이지. 내가 자료들을 가져갈게.

M: Great!
좋아!

Solution
사회 과목 프로젝트에 쓸 인터뷰 지를 만들기 위해 남자는 노트북을 가져오기로 했고, 여자는 온라인 자료들을 출력해서 가져오기로 했으므로, 가장 적절한 것은 ④이다.

Vocabulary
project 프로젝트   bring 가져오다
search 검색하다   material 자료

08

정답 ③

Script

W: Hey, James. How have you been? Are you still taking tennis lessons?
야, James. 어떻게 지내니? 여전히 테니스 레슨 받고 있니?

M: Yes, I am. But I don't feel like I'm improving.
응, 받고 있어. 그런데 실력이 느는 것 같질 않아.

W: Really? I heard about a good coach in town. Do you want his contact information?
정말? 우리 동네에 좋은 코치님에 대해 들었어. 너 그 코치님의 연락처를 원하니?

M: Sure. How can I get it?
응. 내가 그것을 어떻게 받을 수 있을까?

W: I have his business card at home.
내가 집에 그분 명함을 가지고 있어.

M: Can you send me his number when you go home?
너 집에 가면 나에게 그분 연락처 좀 보내 줄 수 있니?

W: Rather, how about going to my home now?
차라리, 지금 우리 집에 가는 건 어때?

M: Okay, let's do that.
그래, 그렇게 하자.

Solution
남자가 여자에게 집에 가면 테니스 코치의 연락처를 보내 달라고 했으나 여자가 집으로 같이 가자고 해서 같이 여자의 집으로 가기로 했다.

Vocabulary
lesson 강습   improve 향상하다
town 동네, 마을   business card 명함
rather 차라리

09

정답 ③

Script

W: Ben, what are you reading?
Ben, 너 뭐 읽고 있어?

M: I'm reading the book, *Pa Rang Sae*. It's a touching story about a bluebird.
나는 '파랑새'라는 책을 읽고 있어. 파랑새에 관한 감동적인 이야기야.

W: Sounds interesting. Who is the author?
흥미로운걸. 작가가 누구니?

M: The author is Min Sun Lee. She's Korean and is so popular these days.
작가는 이민선이야. 그분은 한국인이고 요즘 매우 유명하셔.

W: I see. When was it published? This year?
그렇구나. 그것은 언제 출판되었니? 올해?

M: No, it was published on October 14th, 2019. More than ten million copies of this book have been sold.
아니, 2019년 10월 14일에 출판되었어. 이 책은 천만 부 이상이 팔렸어.

W: That's amazing.
놀랍네.

제목은 파랑새, 작가는 이민선, 출간일은 2019년 10월 14일이고, 판매 부수는 천만 부 이상이라고 했으므로, 언급하지 않은 것은 가격이다.

touching 감동적인	bluebird 파랑새
author 작가	publish 출판하다

10

정답 ②

M: Good morning, everyone! Tomorrow night, Thursday, May 19th, we are hosting *Novels & Numbers Night* as a book fair event. From 5:30 to 7:00 there will be a family math event. To participate, you need to sign up first. After 7:00, you will have time to write a letter to your favorite book's character in Room 1. Enjoy our book fair event.
좋은 아침입니다, 여러분! 5월 19일 목요일 내일 밤에 우리는 북 페어 행사로 *Novels & Numbers Night*을 개최합니다. 5시 30분부터 7시까지 우리는 가족 수학 행사가 있을 것입니다. 참여하기 위해서, 여러분은 우선 등록을 해야 합니다. 7시 이후에 여러분은 1번 교실에서 여러분이 좋아하는 책 등장인물에게 편지를 쓸 시간을 가질 것입니다. 우리의 북 페어 행사를 즐기세요.

북 페어 행사인 *Novels & Numbers Night*의 세부 행사인 가족 수학 행사와 좋아하는 책 등장인물에게 편지 쓰기를 소개했다.

event 행사	participate 참여하다
sign up 등록하다	character 등장인물

11

정답 ⑤

W: Jace, have you heard of the *Venus Summer Camp*?
Jace, 너 'Venus 여름 캠프'에 대해 들어봤니?

M: Yes, I heard the campsite is in the mountains.
응, 나는 그 캠프장이 산속에 있다고 들었어.

W: Right. And the theme this year is *Water Week*. Campers will swim in the pool. Also, they will go to a stream.
맞아. 그리고 올해 주제는 *Water Week*래. 캠프 참여자들은

수영장에서 수영을 할 거야. 게다가, 개울에도 갈 거야.

M: It will be a lot of fun. Is the camp free?
정말 재미있겠다. 그 캠프는 무료니?

W: No, it's $300 a week. Do you want to sign up for it?
아니, 1주당 300달러야. 너 거기에 등록하기를 원하니?

M: Yeah. Let's sign up together.
응. 같이 등록하자.

W: Okay. I will ask my mom.
그래. 엄마에게 여쭤볼게.

캠프 참가비는 무료가 아니라 1주당 300달러라고 했으므로, 대화 내용과 일치하지 않는 것은 ⑤이다.

campsite 캠프장	theme 주제
stream 개울	together 함께

12

정답 ⑤

[Cellphone rings.]
[휴대전화가 울린다.]

W: Hello, Dad! What's up?
여보세요, 아빠! 무슨 일이세요?

M: Hi, Edita! Are you having lunch at school now?
안녕, Edita! 너 지금 학교에서 점심 먹는 중이니?

W: Yes, I am eating with my friends.
네, 친구들과 먹고 있어요.

M: Okay. Do you remember you have a dentist appointment at 4 today?
응. 오늘 4시에 치과 예약 있는 것을 기억하니?

W: Ah! I forgot! Are you coming to pick me up at school?
아! 잊고 있었어요! 학교에 저를 데리러 오실 건가요?

M: Yes. I forgot to remind you this morning. I will be there at 3:30.
응. 오늘 아침에 너한테 상기시켜 주는 것을 깜빡했어. 3시 30분에 거기로 갈게.

W: Okay. See you then.
네. 그때 봐요.

아빠가 딸에게 오늘 4시에 치과 예약이 있어서 3시 30분에 학교에서 만날 오늘의 일정을 확인시켜 주기 위해 전화를 걸었다.

remember 기억하다	dentist 치과

appointment 약속　　　　remind 상기시키다, 생각나게 하다

고 싶으신가요?

13

정답 ③

Script

M: Hello! Welcome to *Central Sports*. What can I do for you?
안녕하세요! *Central Sports*에 오신 것을 환영합니다. 무엇을 도와드릴까요?

W: Hi! I'd like to register for your swimming class. How much is it?
안녕하세요! 저는 수영 수업을 등록하고 싶습니다. 얼마인가요?

M: It's $100 per month. But if you register for three months, you get a 50-dollar discount.
한 달에 100달러입니다. 하지만 손님께서 3개월을 등록하신다면 50달러의 할인이 있습니다.

W: Oh, that's a good deal. I will register for three months.
오, 그거 좋은 거래네요. 3개월 등록하겠습니다.

M: Okay, the total is $250. Let me help you register. Just fill out this form.
네, 총 250달러입니다. 제가 등록을 도와드리죠. 이 양식 좀 작성해 주세요.

W: I will.
그럴게요.

Solution

수영 수업은 한 달에 100달러이나 3개월을 등록하면 50달러 할인이 있다고 했으므로, 총 3개월 금액 300달러에서 50달러를 할인하면 지불해야 할 금액은 250달러이다.

Vocabulary

register 등록하다　　　　discount 할인
fill out 작성하다　　　　form 양식

14

정답 ①

Script

W: Hello. Please have a seat here. So you are going to use this photo for your passport, right?
안녕하세요. 여기 앉으세요. 그래서 이 사진을 여권에 사용하실 예정이시죠, 맞나요?

M: Yes, that's right. I hope I look okay.
네, 맞습니다. 괜찮아 보이면 좋겠어요.

W: You look fine. Do you want to look in the mirror before I take your passport picture?
좋아 보이세요. 제가 여권 사진을 찍어 드리기 전에 거울을 보

M: It's okay. I'm ready.
괜찮습니다. 준비되었습니다.

W: Okay. Look here. After I count to three, I will take your picture. Don't blink.
알겠습니다. 여기를 보세요. 제가 셋까지 센 후에, 당신의 사진을 찍을 겁니다. 눈 깜빡이지 마세요.

M: Alright.
알겠습니다.

Solution

남자는 여권용 사진을 찍기를 원하고 여자는 남자의 사진을 찍으려고 하므로, 두 사람의 관계로 가장 적절한 것은 ①이다.

Vocabulary

passport 여권　　　　mirror 거울
count 숫자를 세다　　　　blink 눈을 깜박이다

15

정답 ⑤

Script

W: Hi, Bill. You look great.
안녕, Bill. 너 좋아 보인다.

M: Hi, Vivian. Thanks. Actually, I've been exercising these days.
안녕, Vivian. 고마워. 사실, 나 요즘 운동을 해.

W: Really? I thought you didn't like to exercise.
정말? 나는 네가 운동하는 것을 좋아하지 않는다고 생각했어.

M: Right. I really disliked it. But then I joined a jogging club. Now I really like it.
맞아. 나 정말 싫어했어. 그렇긴 한데 나 조깅 클럽에 가입했거든. 지금은 그것을 정말 좋아해.

W: Wow, that's good for you.
와, 잘된 일이네.

M: I jog with the club members every day. I feel a lot healthier. How about joining the jogging club?
나는 매일 클럽 회원들과 조깅을 하고 있어. 훨씬 더 건강해진 것을 느껴. 조깅 클럽에 가입하는 게 어때?

W: Sure. That'll be great!
좋아. 정말 좋겠는걸!

Solution

운동을 좋아하지 않던 남자가 조깅 클럽에 가입하여 건강이 좋아지면서 여자에게도 조깅 클럽에 가입하기를 제안하므로, 가장 적절한 것은 ⑤이다.

Vocabulary

exercise 운동하다　　　　dislike 싫어하다
join 가입하다, 참여하다　　　　healthy 건강한

16

정답 ④

Script

W: Lucas, where are you going?
Lucas, 너 어디 가는 길이니?

M: Mom, I'm going back to school.
엄마, 저 학교로 다시 가요.

W: Why are you going back?
왜 다시 학교로 가니?

M: You already forgot? I am going to start practicing English musicals with my friends every Friday.
벌써 잊으셨어요? 저 매주 금요일 친구들과 영어 뮤지컬 연습 시작할 거예요.

W: Oh, yeah. Now I remember. So when will you be back home?
아, 그렇지. 지금 생각났어. 그래서 언제 집에 돌아올 거니?

M: In about two hours.
두 시간쯤 후에요.

W: Then when you're almost done, could you send me a message? I can pick you up.
그럼 너 거의 끝났을 때 나에게 메시지를 보내 줄 수 있니? 내가 너 데리러 갈 수 있어.

M: Thanks. I'll text you.
감사해요. 메시지 보낼게요.

Solution

남자는 매주 금요일 친구들과 영어 뮤지컬 연습을 시작하게 되어서 다시 학교로 가는 길이다.

Vocabulary

go back 되돌아가다   forget 잊다
pick up 데리러 가다   text 문자를 보내다

17

정답 ②

Script

① M: Where is your water tube?
네 물놀이 튜브 어디 있니?

W: I cannot remember where I put it.
그것을 어디 두었는지 기억이 안 나요.

② M: Are you okay? The sign says, "Slippery."
괜찮니? 표지판에 '미끄러움'이라고 쓰여 있단다.

W: I'm okay. I'll be careful.
괜찮아요. 주의할게요.

③ M: Watch out for that puddle!
저 물웅덩이 조심하렴!

W: Oh, I didn't see it. Thank you.
오, 그것을 보지 못했어요. 고맙습니다.

④ M: Do you know where the water tube slide is?
튜브 미끄럼틀이 어디 있는지 아니?

W: Maybe behind the pool.
아마도 수영장 뒤에요.

⑤ M: Don't run. We have enough time.
뛰지 말렴. 우리 충분히 시간이 있어.

W: I don't want to miss the bus.
전 버스를 놓치고 싶지 않아요.

Solution

여자아이가 수영장에서 넘어져서 남자가 도와주는 상황이고 표지판에 'SLIPPERY'라고 쓰여 있으므로 가장 적절한 대화는 ②이다.

Vocabulary

remember 기억하다   slippery 미끄러운
careful 주의하는   puddle 웅덩이

18

정답 ⑤

Script

M: Discover wild Africa in Napu! In our safari, Westvelly, you can see wild lions, hopping rhinos and tall giraffes. From wild monkeys to beautiful zebras, nearly 900 animals live in our 400 m² area. Our safari vehicles are safe, and our guides are experienced. So don't worry about safety. Come for a fun safari!
Napu에서 야생의 아프리카를 발견하세요! 우리의 사파리, Westvelly에서, 당신은 야생 사자, 뛰노는 코뿔소, 그리고 키가 큰 기린들을 볼 수 있습니다. 야생 원숭이에서 아름다운 얼룩말까지, 거의 900마리의 동물들이 면적 400m²에 달하는 우리 지역에 삽니다. 우리의 사파리 차량은 안전하고 가이드들은 경험이 많습니다. 그러니 안전에 대해서는 걱정하지 마세요. 재미난 사파리로 오세요!

Solution

Napu에 위치해 있고, 사파리 이름은 Westvelly이고, 동물의 수는 거의 900마리이며 면적은 400m²에 달한다고 했으므로, 언급하지 않은 것은 주의할 점이다.

Vocabulary

hop 깡충깡충 뛰다   rhino 코뿔소
vehicle 차량   experienced 경험이 많은

19

정답 ③

Script

W: Do you know our kids have no school <u>next week</u>?
다음 주에 우리 애들 학교 수업 없는 것 알아요?

M: I know. It's spring break.
알지요. 봄방학이네요.

W: How about <u>taking a trip</u> to Hawaii?
하와이로 여행 가는 거 어때요?

M: Good idea. We've been talking about it for a long time.
좋은 생각이에요. 우리 오랫동안 그것에 대해 이야기해왔잖아요.

W: Yeah. So we should <u>look into flight tickets</u> and a good hotel to stay at.
네. 그럼 우리 비행기 표와 머무를 좋은 호텔을 알아봐야겠어요.

M: Okay. Let's start doing that tonight.
네. 오늘 밤에 그것을 시작하죠.

W: All right. <u>How many days</u> will we stay there?
좋아요. 우리 거기에 며칠 머무를까요?

M: Let's stay for 5 days.
5일 동안 머무르죠.

Solution

아이들의 봄방학을 맞이해서 하와이로 여행 갈 예정인데 여자가 그곳에 얼마나 오랫동안 머무를지 묻고 있으므로, 가장 적절한 것은 ③이다.
① 나는 당신과 함께하고 싶어요.
② 정말 재미있을 것 같아요!
④ 아이들이 거기 가고 싶어 해요.
⑤ 나는 이미 우리의 비행기 표를 샀어요.

Vocabulary

break 방학　　　　　　　　take a trip 여행 가다
look into 조사하다　　　　　tonight 오늘 밤

20

정답 ⑤

Script

W: Hi, Eric. What are you looking at?
안녕, Eric. 너 뭐 보고 있니?

M: It's a brochure for <u>the music festival</u> this Saturday.
이번 주 토요일 음악 축제에 관한 안내 책자야.

W: Oh, that sounds great! <u>Tell me more</u> about it.
오, 그거 좋은데! 그것에 대해 더 말해 줘.

M: An orchestra <u>is performing</u> on the lawn in front

of city hall. It's all free.
관현악단이 시청 앞 잔디에서 연주할 거야. 그것은 모두 무료래.

W: That's great! Is there anything else?
좋은데! 그밖에 다른 게 있니?

M: Yes. There will be a flea market <u>for donations</u>. You can donate to it.
응. 기부를 위한 벼룩시장이 있을 거야. 너 거기에 기부할 수 있어.

W: What can I donate to the flea market?
내가 벼룩시장에 무엇을 기부할 수 있을까?

M: You can donate clothes.
<u>너는 옷을 기부할 수 있어.</u>

Solution

남자가 음악 축제에 관한 안내 책자를 보면서 여자에게 설명해 주고 있는데 여자는 음악 축제에서 열릴 벼룩시장에 무엇을 기부할 수 있을지 묻고 있으므로, 가장 적절한 것은 ⑤이다.
① 좋은 생각이야.
② 나는 바이올린을 연주할 수 있어.
③ 너 댄스 음악 좋아하는구나.
④ 그 축제에 가자.

Vocabulary

brochure 안내 책자　　　　festival 축제
perform 연주하다　　　　　donation 기부

🐳 Fun with Comics

본문 75쪽

소녀: 런던 여행은 어땠어? 외국인: 멋졌어. 난 멋진 sweet shop에 갔지.	소녀: (Sweet shop?)
소녀: 그 가게에서 무엇을 살 수 있어? 외국인: 사탕이나 초콜릿같이 단 것들이지.	소녀: 오. 알겠어. 그것은 사탕 가게군.

How to Listen

– 그것을 여기로 가져올 수 있나요?
– 그는 그의 셔츠를 찾고 있게 될 거예요.

Mini Check-up

1. N
너는 파티에 올 거니?

2. O
나는 저기 너머로 가고 있어.

01 ①	02 ③	03 ③	04 ②	05 ①
06 ①	07 ③	08 ②	09 ③	10 ⑤
11 ④	12 ④	13 ③	14 ⑤	15 ⑤
16 ④	17 ②	18 ④	19 ②	20 ⑤

01

정답 ①

Script

W: Good morning. Here's the *Weekly Weather Report*. On Monday, in the morning it'll be snowy, but in the afternoon the snow will stop. On Tuesday and Wednesday, it'll be sunny. Wednesday will be the hottest day of the week. Thursday morning, it'll start raining and it will rain till Sunday. Then, be careful on slippery roads. Thank you.
좋은 아침입니다. *Weekly Weather Report*입니다. 월요일 아침에는 눈이 내리겠지만, 오후에는 눈이 멈출 것입니다. 화요일과 수요일에는 화창할 것입니다. 수요일은 이번 주 중 가장 더운 날이 될 것입니다. 목요일 아침에는 비가 오기 시작해서 일요일까지 비가 내릴 것입니다. 그러면 미끄러운 도로에서 주의하세요. 감사합니다.

Solution

월요일에는 눈이 오고 화요일과 수요일에는 화창하지만 목요일 아침에 비가 오기 시작하여 일요일까지 비가 내릴 것이라고 했다.

Vocabulary

snowy 눈이 내리는   sunny 화창한, 해가 비치는
careful 주의 깊은   slippery 미끄러운

02

정답 ③

Script

W: Hello, may I help you?
안녕하세요. 도와드릴까요?

M: Yes. I'm looking for a necklace to celebrate my 15th wedding anniversary.
네. 결혼 15주년을 기념할 목걸이를 찾고 있어요.

W: Congratulations. We have these heart-shaped and square pendants.
축하드립니다. 저희는 하트 모양 펜던트와 네모난 모양의 펜던

트를 가지고 있습니다.

M: I prefer a heart-shaped one.
저는 하트 모양의 것이 더 좋네요.

W: I see. There are three colors of heart-shaped pendant necklaces, red, purple, and green.
알겠습니다. 하트 모양의 펜던트 목걸이는 세 가지 색깔이 있는데, 빨강, 보라, 초록색입니다.

M: Oh! My wife will like the purple one. I'll take that one.
오! 제 아내는 보라색을 좋아할 거예요. 그것으로 하겠습니다.

W: Okay. That's a good choice.
네. 좋은 선택이시네요.

Solution

남자는 하트 모양의 펜던트와 네모난 모양의 펜던트 중에 하트 모양이 좋다고 했고, 하트 모양의 펜던트 중 보라색이 좋다고 했으므로, 가장 적절한 것은 ③이다.

Vocabulary

necklace 목걸이   celebrate 기념하다
anniversary 기념일   square 네모난

03

정답 ③

Script

W: Jason, where are you going?
Jason, 어디 가는 거야?

M: I'm going to the library to pick up my phone.
도서관에 휴대전화를 가지러 가는 중이야.

W: What? Picking up the phone? What happened?
뭐라고? 휴대전화를 가지러? 무슨 일이 있었니?

M: Um... Yesterday, I was charging it at the library and I forgot to take it when I left the library. When I realized, the library was already closed.
음… 어제 내가 도서관에서 그것을 충전하고 있었는데 도서관을 나설 때 그것을 가져가야 할 것을 잊어버렸어. 내가 깨달았을 땐, 도서관이 이미 닫았더라고.

W: I see. Did you call the library to check if your phone is still there?
그랬구나. 너 네 휴대전화가 아직 거기에 있는지 도서관에 전화로 확인했니?

M: Yes. Fortunately, the librarian is holding on to my phone.
응. 다행히도, 사서 선생님이 내 휴대전화를 가지고 계시데.

Solution

남자는 어제 도서관에서 휴대전화를 충전하다가 안 가져왔으나 다행히도 도서관 사서 선생님이 휴대전화를 가지고 있어서 안도

하였다.

① 슬픈   ② 화난   ③ 안도하는
④ 흥분한   ⑤ 당혹스러운

Vocabulary

charge 충전하다   realize 깨닫다
fortunately 다행히도   librarian 도서관 사서
hold on to 맡아 주다, 보관하다

04

정답 ②

Script

W: Hey, guess what I made for you.
안녕, 내가 너를 위해 무엇을 만들었는지 추측해봐.

M: I have no idea. What is it?
모르겠어. 그게 뭔데?

W: It's a dyed t-shirt! I made it at summer camp yesterday.
염색한 티셔츠야! 내가 어제 여름 캠프에서 그것을 만들었어.

M: Oh, the colors are so nice! I love blue. Thanks. I like it a lot.
오, 색깔이 너무 멋지다! 나는 파란색을 정말 좋아해. 고마워. 나는 이 옷이 너무 좋아.

W: Mine is pink. Have you ever had a dyed t-shirt?
내 것은 핑크색이야. 너 염색한 티셔츠 가져 본 적 있어?

M: No, this is my first one. Thanks a lot.
아니, 이게 나의 첫 번째 것이야. 정말 고마워.

W: It's my pleasure!
천만에!

Solution

여자가 어제 남자에게 선물로 주기 위해서 여름 캠프에서 티셔츠를 자신의 것은 핑크색으로 남자의 것은 파란색으로 염색하였다.

Vocabulary

guess 추측하다   dyed 염색한
mine 나의 것   pleasure 기쁨

05

정답 ①

Script

W: I just saw sea horses. What are you looking at?
나는 막 해마를 봤어. 너 뭐 보고 있니?

M: Those are jellyfish. They're my favorite because they move so slowly, just like me.
저것들은 해파리들이야. 내가 가장 좋아하는 것이야. 왜냐하면 그것들은 딱 나처럼 매우 느리게 움직여.

W: Oh, they are cool! Let's go over there. There are so many people here.
오, 멋진걸! 저쪽으로 가 보자. 여기 아주 많은 사람들이 있어.

M: Wow! Some divers are feeding the fish. The fish are following them. That's so interesting.
와! 잠수부들이 물고기에게 먹이를 주고 있어. 물고기들이 그들을 따라다니고 있어. 매우 흥미로운걸.

W: Look! There are turtles swimming around, too. They're so big!
봐! 주변을 헤엄치고 있는 거북이들도 있다. 그것들은 정말 큰걸!

M: Yeah, they are.
응, 그러네.

Solution

해마, 해파리, 거북이를 볼 수 있고 잠수부가 물고기에게 먹이를 주는 모습을 볼 수 있는 장소는 수족관이다.

Vocabulary

sea horse 해마   jellyfish 해파리
diver 잠수부   feed 먹이를 주다
follow 따르다

06

정답 ①

Script

W: Honey, have you seen the swimming pool key? I can't find it anywhere.
여보, 수영장 열쇠 보았나요? 어디서도 찾을 수가 없어요.

M: Ryan used it last night. He went to the swimming pool with his friends.
Ryan이 어젯밤에 그것을 사용했었어요. 그는 친구들과 수영장에 갔어요.

W: Oh. Did Ryan use it? I thought you brought him to the swimming pool with the key.
오. Ryan이 그것을 사용했었어요? 나는 당신이 그 열쇠를 가지고 수영장에 Ryan을 데려갔다고 생각했었어요.

M: No, I was busy, so I gave the key to Ryan.
아니요, 내가 바빠서 Ryan에게 열쇠를 주었어요.

W: Maybe he lost it.
Ryan이 열쇠를 잃어버렸을지도 모르겠네요.

M: I feel like it's my fault. Sorry.
내 잘못인 것 같네요. 미안해요.

Solution

남자가 자신이 바빠서 수영장에 Ryan을 데려가지 못하고 열쇠를 직접 사용하도록 주어서, Ryan이 열쇠를 잃어버린 것은 자신의 잘못인 것 같아 후회하고 있다.

Vocabulary

anywhere 어디에서도   use 사용하다
lose 잃어버리다   fault 잘못

07

Script

M: I am so happy it's spring. I wonder if there's a nice garden to go to this Sunday.
봄이어서 너무 좋아. 나는 이번 일요일에 갈 만한 좋은 정원이 있는지 궁금해.

W: I heard there's a rose festival at *Flower Hills* garden this weekend.
이번 주말에 *Flower Hills* 정원에서 장미 축제가 열릴 거라고 들었어.

M: Really? Let's go there. I like roses a lot.
정말? 거기에 가자. 나는 장미를 엄청 좋아해.

W: Okay, sounds good. I will bring sandwiches and fruit. There are picnic tables there.
그래, 좋은 생각인걸. 나는 샌드위치와 과일을 가져갈게. 거기에 피크닉 테이블들이 있어.

M: All right. I'll bring cold drinks.
알겠어. 나는 차가운 음료수를 가져갈게.

W: That'll be great!
그거 좋을 것 같아!

Solution

남자와 여자가 이번 일요일에 *Flower Hills* 정원에 갈 예정인데 여자는 샌드위치와 과일을 가져갈 것이고 남자는 차가운 음료수를 가져갈 예정이다.

Vocabulary

wonder 궁금하다   garden 정원
weekend 주말   bring 가져오다

08

Script

W: David, what are you going to do this Saturday?
David, 너 이번 주 토요일에 무엇을 할 예정이니?

M: I don't have any plans yet.
나는 아직 어떤 계획도 없어.

W: Then, how about going boating at *Lake Panorama*? We can rent a boat online.
그럼, *Panorama* 호수에 보트 타러 가는 것 어때? 우리는 온라인으로 보트를 빌릴 수 있어.

M: Sure. That sounds like fun! What kind of boat should we rent?
물론이지. 재미있겠는걸! 어떤 종류의 보트를 빌려야 할까?

W: How about a pedal boat? We can look around the beautiful scenery while pedaling around on the boat.
페달 보트 어때? 우리는 보트에서 페달을 밟으면서 아름다운 경치를 둘러볼 수 있어.

M: That's a great idea! Let's rent one.
좋은 생각인걸! 하나 빌리자.

Solution

여자와 남자는 이번주 토요일에 *Panorama* 호수로 보트를 타러 가기로 하고 페달 보트를 온라인으로 빌리기로 하였다.

Vocabulary

plan 계획   rent 빌리다
pedal 페달; 페달을 밟다   scenery 경치

09

Script

W: Bill, what are you searching for on your phone?
Bill, 너는 휴대전화로 뭘 찾아보고 있니?

M: I'm searching for any current art exhibitions at the *Modern Art Gallery*.
나는 *Modern Art Gallery*에서 현재 전시 중인 예술 전시회에 대해 찾아보고 있어.

W: When are you going to the gallery?
너 그 미술관에 언제 가려고 하니?

M: I was planning on going there on Tuesday, but they're closed on Tuesdays. So, I'm going on Thursday.
나는 화요일에 거기에 가려고 계획 중이었는데, 화요일에는 문을 닫아. 그래서 목요일에 가려고 해.

W: Is it free?
무료니?

M: No. Kids are free, but it's $25 for adults.
아니. 아이들은 무료지만 어른은 25달러야.

W: Not that expensive. Then, what exhibition do you want to see?
그렇게 비싸지는 않네. 그럼, 너 무슨 전시회 보기를 원하니?

M: I want to see the one about modern German arts.
나는 현대 독일 예술에 관한 것을 보고 싶어.

Solution

남자는 *Modern Art Gallery*가 화요일에 쉬어서 목요일에 갈 예정이고, 어른 입장료는 25달러이며 현대 독일 예술에 관한 전시회를 볼 예정이라고 했으므로, 언급하지 않은 것은 연령 제한이다.

Vocabulary

search for ~을 찾다   current 현재의
exhibition 전시회   modern 현대의
expensive 비싼

10

정답 ⑤

Script

W: Hello, students. I'd like to tell you <u>how to use</u> the school library website. First, log in to the website <u>with your ID</u> and password. Second, type in your favorite genre in the search box. The search engine will <u>recommend books</u> to you. Finally, when you click on a book, the school library website will show you <u>where the book is</u>. Thanks for listening.

안녕하세요, 학생 여러분. 저는 학교 도서관 웹사이트를 사용하는 방법에 대해 여러분께 이야기하고 싶습니다. 첫 번째, 여러분의 아이디와 패스워드로 웹사이트에 로그인하세요. 두 번째, 검색 창에 여러분이 좋아하는 장르를 입력하세요. 검색 엔진은 여러분에게 책을 추천해 줄 거예요. 마지막으로, 여러분이 하나의 책을 클릭하면, 학교 도서관 웹사이트에서 그 책이 어디 있는지 여러분에게 보여 줄 겁니다. 들어 주셔서 감사해요.

Solution

여자는 학교 도서관 웹사이트 사용 방법에 대해 로그인하기, 장르 검색하기, 책 위치 찾기 순서로 설명하고 있다.

Vocabulary

library 도서관   log in 로그인하다
search 검색   recommend 추천하다
finally 마지막으로

11

정답 ④

Script

W: Mark, have you heard about the *Nature Journal Program* at *Sono Museum*?

Mark, *Sono* 박물관의 *Nature Journal Program*에 대해 들어봤니?

M: No, but it <u>sounds interesting</u>! What exactly is it?

아니, 하지만 흥미로운걸! 그것은 정확히 뭐니?

W: In the program, participants <u>observe plants</u> and sketch them. Then, they add information about the plants.

그 프로그램에서 참가자들은 식물을 관찰하고 그것을 스케치해. 그리고 나서 그들은 식물에 대한 정보를 추가하는 거야.

M: Sounds fun! When is it?

재미있겠는걸! 그게 언제니?

W: It's <u>on Wednesday</u>, July 13th.

7월 13일 수요일이야.

M: Great! I am free that day. How much does it cost?

좋다! 그날 나 시간이 돼. 그것은 비용이 얼마니?

W: It's <u>free for students</u>. Let's sign up together.

학생들은 무료야. 함께 등록하자.

M: Let's do that.

그렇게 하자.

Solution

Sono 박물관의 *Nature Journal Program*은 7월 13일 수요일에 진행될 것이라고 했으므로, 내용과 일치하지 않는 것은 ④이다.

Vocabulary

exactly 정확하게   participant 참가자
observe 관찰하다   sign up ~에 등록하다

12

정답 ④

Script

[Telephone rings.]
[전화벨이 울린다.]

W: Hello, how can I help you?

여보세요, 어떻게 도와드릴까요?

M: Hi, I <u>ordered a tennis racket</u> 6 days ago, but I haven't received it yet.

안녕하세요, 저는 6일 전에 테니스 라켓을 주문했지만 아직 그것을 받지 못했어요.

W: I am sorry for <u>the delay</u>. What's your order number?

지연되어서 죄송합니다. 주문 번호는 무엇인가요?

M: It's A1234. Can I know when I can get it?

A1234입니다. 제가 그것을 언제 받을 수 있을지 알 수 있을까요?

W: Okay. It shows that you'll <u>get it tomorrow</u>. Again, I'm so sorry for the delay.

네. 내일 상품을 받으실 것으로 보입니다. 다시 한번 지연에 대해서 대단히 죄송합니다.

M: It's okay. I just need to get it tomorrow. Thanks for <u>your help</u>.

괜찮습니다. 단지 내일은 꼭 그것을 받아야 해서요. 도와주셔서 감사합니다.

W: Have a good day!

좋은 하루 보내세요!

남자가 테니스 라켓을 주문한 지 6일이 지났으나 아직 물건을 받지 못해서 언제 도착하는지 확인하고자 전화하였다.

order 주문하다   receive 받다
delay 지연   order number 주문 번호
tomorrow 내일

13

정답 ③

W: Hello.
안녕하세요.

M: Hello. What would you like to order?
안녕하세요. 무엇으로 주문하시겠어요?

W: I'd like to have a caffe latte, please. That's $5, right?
저는 카페라테 부탁드립니다. 5달러 맞지요?

M: Right. And if you want oat milk instead of regular milk, an additional $1 will be added.
맞습니다. 그리고 손님께서 일반 우유 대신에 귀리 우유로 원하신다면, 1달러가 더 추가됩니다.

W: Oh! Then I'll have oat milk. I think it tastes better.
오! 그러면 저는 귀리 우유로 할게요. 제 생각에 그게 맛이 더 좋거든요.

M: Okay. Your total is $6. Will you pay by card?
알겠습니다. 총 6달러입니다. 신용카드로 계산하시나요?

W: Yes, I will.
네, 그럴게요.

5달러짜리 카페라테를 주문하려는 여자는 1달러를 더 내고 귀리 우유로 변경했으므로, 지불해야 할 금액은 총 6달러이다.

order 주문하다   oat milk 귀리 우유
instead of ~ 대신에   additional 추가의

14

정답 ⑤

[Cellphone rings.]
[휴대전화가 울린다.]

M: Hello?
여보세요?

W: Hello. I'm calling about the used cellphone you're selling online. Is it still for sale?
안녕하세요. 저는 당신이 온라인에서 판매 중인 중고 휴대전화에 대해 여쭤보려고 전화드렸습니다. 아직 그것을 팔고 계시나요?

M: Yes, it is.
네, 그렇습니다.

W: Great. Does it work well? And are there any scratches on it?
좋네요. 그것이 잘 작동하나요? 그리고 그것에 긁힌 자국이 있나요?

M: Yes, it does. And there are no scratches. I can send you a short video of the phone and its features if you want.
네, 잘 작동합니다. 그리고 긁힌 자국은 없어요. 당신이 원하시면 그 휴대전화와 그것의 기능에 대한 짧은 영상을 보내 드릴 수 있어요.

W: That would be great!
그러면 좋을 것 같아요!

M: Okay. I'll send you a video right away.
알겠습니다. 제가 바로 영상을 보내 드릴게요.

W: Thanks.
고맙습니다.

여자는 남자가 온라인에서 판매 중인 중고 휴대전화를 사고자 하므로, 두 사람의 관계로 가장 적절한 것은 ⑤이다.

sell 팔다   scratch 긁힌 자국
send 보내다   right away 즉시, 당장

15

정답 ⑤

W: Mike, have you seen my red dress anywhere?
Mike, 내 빨간 드레스 어딘가에서 봤나요?

M: Ah. I noticed it had some stains on it, so I took it to the cleaners.
아. 내가 거기 얼룩이 있는 걸 보고, 그것을 세탁소에 가져다주었어요.

W: Thanks. Then have you got my dress back from the cleaners?
고마워요. 그럼 세탁소에서 제 드레스를 찾아왔나요?

M: I am sorry that I forgot to pick it up.
미안한데 그것을 찾아오는 것을 잊었어요.

W: It's okay. If you have time to go there today, could you pick it up for me?

괜찮아요. 당신이 오늘 거기에 갈 시간이 있으면 날 위해 그걸 좀 찾아다 줄 수 있나요?

M: Sure. I'll go in a little while.
물론이죠. 조금 있다가 갈게요.

W: Thanks.
고마워요.

남자가 얼룩이 묻은 여자의 빨간 드레스를 세탁소에 맡기고서 찾아오지 않은 상황에서 여자가 그 옷을 찾아오는 것을 남자에게 부탁하였다.

Vocabulary

stain 얼룩   cleaners 세탁소
forget 잊다   while 잠시, 동안

16

정답 ④

Script

M: Ellie, why do you look so tired?
Ellie, 너 왜 그렇게 지쳐 보이니?

W: Today I went to rent a car, but I wasn't able to rent one.
오늘 나는 자동차를 빌리러 갔지만 그것을 빌릴 수 없었어.

M: Why not?
왜 못 빌렸는데?

W: I forgot to bring my credit card. I just took my driver's license.
나는 내 신용카드를 가져가는 것을 잊었어. 나는 운전면허증만 가져갔어.

M: Oh, so are you going to go back to the rental shop?
오, 그러면 너 자동차 대여점에 되돌아갈 거니?

W: Yes. I need to because I am going on a business trip tomorrow.
응. 나는 내일 출장을 가야 해서 그래야만 해.

M: I hope it goes well this time!
이번에는 잘 진행되기를 바라!

Solution
여자는 내일 출장을 가야 해서 차를 빌리려고 하였으나 운전면허증만 가져가고 신용카드를 가져가지 않아서 차를 빌리지 못했다.

Vocabulary

tired 지친   license 면허증
rental 대여, 임대   business trip 출장

17

정답 ②

Script

① M: I want to buy that toy robot.
저 로봇 장난감 사고 싶어요.

W: But, you already have so many robots.
하지만 너 이미 아주 많은 로봇을 가지고 있잖니.

② M: Zoey, we are going to a park this afternoon. Choose one of the balloons.
Zoey, 우리는 오늘 오후에 공원에 갈 거야. 풍선 중 하나를 선택하렴.

W: Um... I love dolphins! It looks like a real dolphin.
음… 저는 돌고래를 정말 좋아해요! 저거 진짜 돌고래처럼 보여요.

③ M: That dinosaur looks scary.
저 공룡은 무서워 보이네.

W: That's just a paper dinosaur.
저건 그냥 종이 공룡이에요.

④ M: How beautiful your dress is!
네 드레스 정말 아름답구나!

W: It's my favorite! I love the hearts on it.
제가 가장 좋아하는 거예요! 그 위에 그려진 하트 무늬들이 너무 좋아요.

⑤ M: Look at the wallpaper. It's so pretty!
벽지 좀 보렴. 너무 예쁘네!

W: I like it because it's pink.
저는 저것이 핑크색이어서 좋아요.

Solution
아빠와 딸이 풍선 가게에서 돌고래 풍선을 가리키며 대화하는 상황이므로, 그림의 상황에 가장 적절한 것은 ②이다.

Vocabulary

dinosaur 공룡   scary 무서운
favorite (가장) 좋아하는 것   wallpaper 벽지

18

정답 ④

Script

W: Hello! Welcome to *Evergreen* Campground. I'd like to tell you some of our rules here. First, checkout time is at 12. Second, the speed limit inside the campground is 10 kilometers per hour. Third, you can have a dog, but it must always be on a leash. Fourth, throw out recyclable waste in the appropriate container in the trash area. Thank you and enjoy your stay!

안녕하세요! *Evergreen* 캠핑장에 오신 것을 환영합니다. 제가 여러분께 여기에서의 몇몇 규칙을 말씀드리고자 합니다. 첫 번째, 체크아웃 시간은 12시입니다. 두 번째, 캠핑장 내에서 제한 속도는 시속 10km입니다. 세 번째, 여러분은 개를 데리고 있을 수 있습니다만, 항상 목줄을 채우셔야만 합니다. 네 번째, 쓰레기장의 적절한 컨테이너에 재활용 쓰레기를 버려 주세요. 감사드리고 여기서의 캠핑을 즐기세요!

Solution

체크아웃 시간은 12시이고, 차량 제한 속도는 시속 10km이고, 목줄을 유지하는 경우 개 동반이 가능하고, 재활용 쓰레기는 적절한 컨테이너에 버리라고 했으므로 언급하지 않은 것은 세면장 사용 규칙이다.

Vocabulary

speed limit 제한 속도   leash 목줄
recyclable 재활용할 수 있는   appropriate 적절한
container 컨테이너, 용기

19

정답 ②

Script

M: Kate, I need to buy some hiking shoes.
Kate, 나는 하이킹 신발을 사야 해.

W: Are you going hiking?
너 하이킹 가려고 하니?

M: Yes. I am going to *Yosemite National Park* this weekend.
응. 나는 이번 주말에 *Yosemite* 국립공원에 가려고 해.

W: That will be fun! I have been there before. It would be safer to wear hiking shoes.
재미있겠다! 나는 전에 거기에 가 봤거든. 하이킹 신발을 신는 것이 더 안전할 거야.

M: Oh! I didn't know you've been there. How was it?
오! 네가 거기 가 본지 몰랐네. 어땠어?

W: It was so amazing! You'll feel the same way.
정말 좋았어! 너도 동감할 거야.

M: What should I bring besides my hiking shoes?
내가 하이킹 신발 외에 무엇을 가져가야 할까?

W: Bring a big bottle of water.
큰 물병을 가져가렴.

Solution

남자는 주말에 *Yosemite* 국립공원을 갈 예정인데, 이미 *Yosemite*에 가 봤다는 여자에게 하이킹 신발 외에 무엇을 가져가야 하는지 묻고 있으므로, 가장 적절한 것은 ②이다.

① 나는 거기에서 그것이 마음에 들지 않았어.
③ 하이킹 신발은 비싸네.
④ 나는 이틀 동안 하이킹 가려고 해.
⑤ 수영하러 가는 것 어때?

Vocabulary

national 국립의   safe 안전한
amazing 놀라운   besides ~ 외에

20

정답 ⑤

Script

M: Paula, *Teachers' Day* is next week.
Paula, '스승의 날'이 다음 주네.

W: I know. Are you planning on getting something for Ms. Stevens?
나도 알아. 너 Stevens 선생님을 위해 뭔가를 사려고 계획 중이니?

M: Yeah. I'm planning on giving her some flowers and a card. How about you?
응. 나는 선생님께 꽃과 카드를 드리려고 계획 중이야. 너는 어때?

W: I'm going to write her a thank-you letter. What type of flowers are you going to get her?
나는 선생님께 감사 편지를 쓰려고 해. 무슨 꽃을 선생님께 드리려고 하니?

M: Roses.
장미.

W: She'll love them!
선생님이 정말 좋아하실 거야!

M: By the way, I don't know which card to give her. Can you help me choose one?
그런데, 나는 선생님께 어떤 카드를 드려야 할지 모르겠어. 너 내가 하나(카드) 고르는 것을 도와줄 수 있니?

W: Of course. I can help you decide.
물론이지. 네가 결정하는 것을 도울 수 있어.

Solution

'스승의 날'이 다음 주여서 남자는 꽃과 카드를 선생님께 드리려고 하는데 카드 고르는 것을 도와줄 수 있는지 여자에게 묻고 있으므로, 가장 적절한 것은 ⑤이다.
① 나는 카드를 사고 싶어.
② 응, 나는 Stevens 선생님을 도와드릴 거야.
③ 오, 너의 꽃들 예쁘다.
④ 나는 스승의 날을 잊었었네.

Vocabulary

plan on ~할 예정[계획]이다   thank-you letter 감사 편지
type 종류   choose 선택하다

Fun with Comics
본문 85쪽

소녀: 나는 지금 도서관에 가야 해.	소녀: 난 몇 권의 책을 빌려주길 원해.
소년: 왜?	소년: 뭐라고? 넌 몇 권의 책을 빌리고 싶다는 거지?
소녀: 하하… 맞아. 난 내일 독서왕 선발대회에서 가격을 받길 원해. 소년: 이봐! 가격이 아니야. 그것은 상이지.	소녀: 오, 이런! 정말 혼란스러워.

How to Listen

– 그것은 무슨 의미니?
– 그는 아파하고 있어.

Mini Check-up

1. I'll be there in May.
   나는 5월에 거기에 있을 거야.
2. He can believe it now.
   그는 이제 그것을 믿을 수 있어.

기초 학력 진단평가

새로운 교육 내용을 이수하는데 필수적인
교과별 기본 학습 내용을 미리 점검!

🎧 09회 영어듣기능력평가

본문 86~89쪽

01 ①	02 ④	03 ③	04 ⑤	05 ④
06 ②	07 ①	08 ③	09 ④	10 ④
11 ⑤	12 ⑤	13 ②	14 ③	15 ⑤
16 ②	17 ①	18 ②	19 ③	20 ②

01

정답 ①

Script

M: Welcome to *Korea Weather*. Tomorrow, in Seoul, there will be a lot of snow. It'll be slippery on the roads, so be careful when you go out. In Daegu, it will be rainy in the morning but in the afternoon the rain will stop. In Mokpo, it'll be sunny, but in Busan, it'll be cloudy all day long tomorrow.

*Korea Weather*에 오신 것을 환영합니다. 내일 서울에는 많은 눈이 내릴 것입니다. 길이 미끄러울 것이니 외출할 때 조심하세요. 대구에는 오전에는 비가 오다가 오후에는 비가 그치겠습니다. 목포는 맑을 것이지만, 부산에는 내일 하루 종일 구름이 끼겠습니다.

Solution

서울에는 눈이 내리고, 대구에는 비가 내리며, 목포에는 내일 날씨가 맑지만, 부산에는 내일 하루 종일 구름이 낄 것이라고 했다.

Vocabulary

slippery 미끄러운　　　careful 조심하는
cloudy 구름이 낀　　　all day long 하루 종일

02

정답 ④

Script

W: Dad, I need a new swim cap. This one is too small for me.
아빠, 저 새 수영 모자가 필요해요. 이것은 저에게 너무 작아요.

M: Okay. I'll order one online. What color would you like? There are blue, red or yellow.
그렇구나. 내가 온라인으로 그것을 주문해 줄게. 무슨 색이 좋니? 파란색, 빨간색 노란색이 있네.

W: I'd like a blue one. My old one is yellow.
저는 파란색 모자가 좋아요. 제 예전 모자가 노란색이에요.

M: Oh! This one has a pattern on it.
오! 이 수영 모자는 무늬가 있어.

W: Let's see. What's the pattern?
어디 봐요. 무슨 무늬인데요?

M: It has flowers on it.
꽃무늬가 그려져 있어.

W: It's cool. I will take that.
멋지네요. 그것으로 할게요.

M: Okay. Let me order it.
알겠어. 그것으로 주문할게.

Solution

여자의 수영 모자가 작아져서 남자가 새 수영 모자를 주문해 주려고 하는 상황에서 여자는 파란색에 꽃무늬가 있는 수영 모자를 원하고 있다.

Vocabulary

order 주문하다   online 온라인으로

pattern 무늬   cool 멋진

03

정답 ③

Script

[Cellphone rings.]
[휴대전화가 울린다.]

M: Hi, Mina!
안녕, Mina!

W: Eric, are you near your computer now?
Eric, 너 지금 컴퓨터 가까이에 있니?

M: Yes. What's the matter?
응. 무슨 일이야?

W: I'm at the airport now. I am sure I booked my flight ticket. But I can't find my ticket on the app now.
내가 지금 공항에 있거든. 난 내가 비행기 표를 예약했다고 확신해. 그런데 지금 앱으로 내 티켓을 찾을 수가 없어.

M: Did you try to look for it in your email?
너 그것을 이메일에서 찾아봤니?

W: I tried but my phone's Internet is not working. That's why I am calling you. I don't have much time.
시도해 봤지만 내 휴대전화의 인터넷이 작동하지 않아. 그래서 전화했어. 내가 시간이 별로 없어.

M: Okay. Just wait. I'll turn on my computer.
그렇구나. 기다려 봐. 내가 컴퓨터를 켤게.

Solution

공항에서 여자는 예약했던 비행기 표를 앱으로 찾을 수가 없고, 휴대전화의 인터넷도 작동하지 않는 상황이므로, 여자의 심정으로 가장 적절한 것은 ③이다.

① 수줍은   ② 지루한   ③ 초조해하는
④ 재미난   ⑤ 흥겨운

Vocabulary

matter 문제   flight 비행기, 비행

look for ~을 찾다   turn on ~을 켜다

04

정답 ⑤

Script

W: Matt, you look so tired.
Matt, 너 너무 피곤해 보여.

M: My dog got sick in the middle of the night so I had to take her to the vet.
내 반려견이 한밤중에 아파서 동물 병원에 데려가야만 했거든.

W: Oh, no. Is she okay now?
어머, 맙소사. 지금은 괜찮니?

M: Yes, she is better. But she is still at the vet.
응. 나아졌어. 하지만 아직 동물 병원에 있어.

W: I'm glad to hear she's better. So are you going to pick her up after school?
나아졌다니 다행이야. 그래서 너 방과 후에 너의 반려견을 데리러 갈 거니?

M: No. My mom's going to do that. I will just rest.
아니. 엄마가 그렇게 하실 거야. 나는 그냥 쉬려고.

W: That's good. Try to go to bed early tonight.
그거 좋네. 오늘 밤은 일찍 잠자리에 들도록 해 봐.

Solution

남자는 어젯밤에 반려견이 아파서 동물 병원에 데려갔었고 방과 후에는 휴식을 취할 예정이라고 하였으므로, 남자가 어제 한 일은 반려견 데리고 동물 병원 가기이다.

Vocabulary

vet 동물 병원, 수의사   pick up 데리러 가다

rest 휴식을 취하다   go to bed 잠자리에 들다

05

정답 ④

Script

M: What time does the movie start?
영화는 몇 시에 시작하니?

W: It starts in 15 minutes.
그것은 15분 후에 시작할 거야.

M: Good. We have time to buy some popcorn and drinks.
좋네. 우리는 팝콘과 음료를 살 시간이 있어.

W: Yeah. It's my treat. You bought the movie tickets.

응. 내가 살게. 네가 영화 티켓을 샀잖아.

M: You don't need to. Your birthday is coming, so I wanted to treat you.

그럴 필요 없어. 너의 생일이 다가오고 있어서 내가 사고 싶었어.

W: Thanks. That's so kind of you. Then let's get the popcorn and drinks before the movie starts.

고마워. 정말 친절한걸. 그럼 영화 시작하기 전에 팝콘이랑 음료수를 사자.

M: Okay.

그러자.

Solution

남자가 영화 시작 시각을 여자에게 묻고, 여자와 영화 시작 전에 팝콘과 음료를 사러 가려는 상황이므로, 대화하는 장소는 영화관이다.

Vocabulary

popcorn 팝콘   drink 음료수
treat 대접; 대접하다   kind 친절한

06

정답 ②

Script

W: Nate, did you finish your project? You told me the deadline is tomorrow morning.

Nate, 너 프로젝트 끝냈니? 프로젝트 기한이 내일 아침이라고 나에게 말했잖니.

M: Not yet. I am working on it. I still have a lot to do.

아직 못 끝냈어요. 저 아직 작업 중이에요. 아직 할 일이 많아요.

W: Really? What happened? I thought you were almost done.

정말? 무슨 일이 있었던 거니? 나는 네가 거의 다했다고 생각했어.

M: While working on it yesterday, suddenly my computer just restarted.

어제 프로젝트 작업하는 동안, 컴퓨터가 갑자기 다시 시작되었어요.

W: So? Did you save your file?

그래서? 너 파일을 저장했었니?

M: No, I didn't. I lost everything. That's why I couldn't finish it yet.

아니요, 안 했어요. 모든 것을 다 잃었어요. 그래서 아직 프로젝트를 끝내지 못한 거예요.

W: You should always save your files while working on the computer.

너는 컴퓨터로 작업하는 동안에는 항상 너의 파일을 저장해야만 해.

Solution

남자가 프로젝트 작업을 하던 중 컴퓨터가 다시 시작되어 파일을 모두 잃어버렸다고 하자 여자가 컴퓨터로 작업하는 동안에는 항상 파일을 저장해야 한다고 조언하는 상황이다.

Vocabulary

finish 끝내다   deadline 기한
suddenly 갑자기   restart 다시 시작하다
save 저장하다

07

정답 ①

Script

W: Orion, my class is having a Christmas party next week.

Orion, 나의 학급은 다음 주에 크리스마스 파티를 하려고 해.

M: Sounds fun! Tell me more about the party.

재미있겠다! 파티에 대해 더 말해 줘.

W: Everybody will bring a Christmas ornament and decorate a Christmas tree.

모두 크리스마스 장식품을 가져오고 크리스마스 트리를 장식할 거야.

M: That's a great idea! So what are you bringing?

좋은 생각이네! 그래서 너는 무엇을 가져갈 거니?

W: I am bringing an angel wings ornament.

나는 천사 날개 장식품을 가져갈 거야.

M: Oh, I have a Santa Claus ornament. If you want, I can lend it to you.

오, 나에게 산타클로스 장식품이 있어. 네가 원한다면 빌려줄 수 있어.

W: Thanks. But I think my angel wings ornament is enough.

고마워. 하지만 내 천사 날개 장식품으로 충분하다고 생각해.

Solution

학급 크리스마스 파티 때 학생들은 크리스마스 장식품을 가져오고 크리스마스 트리를 장식할 예정인데 여자는 천사 날개 장식품을 가져가겠다고 했다.

Vocabulary

everybody 모두   ornament 장식품, 장식
decorate 장식하다   lend 빌려주다

08

정답 ③

Script

W: Hi, Paul. Where are you going?

안녕, Paul. 너 어디 가는 길이니?

M: I am going to the community center swimming

pool.
나는 주민센터 수영장에 가는 중이야.

W: Oh. Are you taking swimming lessons?
오. 너 수영 강습을 받고 있니?

M: Yeah. I'm learning the backstroke these days.
응. 요즘 배영을 배우고 있어.

W: That's good! Actually, I am interested in taking swimming lessons, too.
그것 좋다! 사실 나도 수영 강습에 관심이 있어.

M: Do you want to go to the community center to get some information about the lesson?
너 강습에 대한 정보 얻으러 주민센터에 가기를 원하니?

W: Yeah. Can I go with you?
응. 내가 너랑 같이 갈 수 있을까?

M: Of course. It takes only 5 minutes to get there.
물론이지. 거기 가는 데 5분밖에 안 걸려.

Solution
남자가 요즘 주민센터 수영장에서 배영 강습을 받는 중인데 여자도 수영 강습에 관심이 있어서 같이 주민센터에 가서 강습에 관한 정보를 얻고자 한다.

Vocabulary
community center 주민센터   lesson 강습
backstroke 배영   information 정보

09

정답 ④

Script

W: Have you heard about the new study room in the school library?
우리 학교 도서관의 새로운 스터디 룸에 대해 들어봤니?

M: Yeah. The study room is called "Hanwoori."
응. 그 스터디 룸 이름이 '한우리'라며.

W: I like that name.
난 그 이름이 좋아.

M: The room seats 50 students. There is a kiosk at the entrance. You just enter your ID to get a seat.
그 스터디 룸은 50명의 학생이 앉을 수 있어. 입구에 키오스크가 있어. 좌석을 얻으려면 거기에 너의 ID만 넣으면 돼.

W: Can you bring in drinks there?
너는 거기에 음료수를 가져갈 수 있니?

M: No. I heard that food and drinks aren't allowed.
아니. 나는 음식과 음료수는 허용되지 않는다고 들었어.

W: Okay. Makes sense.
그렇구나. 일리 있네.

Solution
스터디 룸 이름은 한우리이고, 동시에 50명을 수용할 수 있으며, 키오스크로 좌석을 받아 입장 가능하며, 음식과 음료수는 허용되지 않는다고 하였으므로, 언급하지 않은 것은 운영 시간이다.

Vocabulary
library 도서관   kiosk 키오스크, 무인기계
entrance 입구   allow 허용하다

10

정답 ④

Script

M: Hello, *Miracle Ferry* passengers. Thank you for using our ferry. Let me tell you a few things to keep in mind before we leave for the *Pier Building*. When moving to the deck from the cabin, hold on to the safety bar. Also, please avoid going up to the top deck to take pictures. Make sure you take your trash with you when you get off.
안녕하세요, *Miracle Ferry* 승객 여러분. 저희 페리를 이용해 주셔서 감사합니다. *Pier Building*으로 출발하기 전에 명심할 점 몇 가지를 말씀드리겠습니다. 선실에서 갑판으로 이동하실 때 안전바를 잡아 주세요. 또한, 사진을 찍기 위해 갑판 제일 위로 올라가는 것은 삼가해 주세요. 쓰레기는 내리실 때 반드시 가져가 주세요.

Solution
남자는 *Miracle Ferry* 승객들에게 안전바 잡기, 갑판 제일 위로 올라가지 않기, 쓰레기 가져가기와 같은 페리 이용 시 명심할 점을 안내하고 있다.

Vocabulary
deck 갑판   cabin 선실
avoid 피하다   trash 쓰레기

11

정답 ⑤

Script

W: Are you going to join the *Green Walk*?
너 *Green Walk*에 참여할 예정이니?

M: The *Green Walk*? What's that?
Green Walk? 그게 뭔데?

W: It's an event where people go for a walk and pick up trash along the way.
사람들이 산책을 하면서 길을 따라 쓰레기를 줍는 행사야.

M: That sounds great! When and where does it happen?

그거 좋은데! 언제, 어디에서 하니?

W: The event will be held tomorrow morning at *Grace Park*.

그 행사는 내일 아침에 *Grace* 공원에서 열릴 거야.

M: How long is the event?

그 행사는 얼마나 오랫동안 하니?

W: For 3 hours from 9 to 12. After the event, there will be lunch for everybody.

9시부터 12시까지 3시간 동안. 그 행사 후에 모두를 위한 점심 식사가 있을 거야.

M: Sounds fun. I'd like to go.

재밌겠는걸. 나도 가고 싶어.

Solution

*Green Walk*는 산책을 하면서 길을 따라 쓰레기를 줍는 행사로, 내일 아침 *Grace* 공원에서 3시간 동안 진행된 후 다 같이 점심을 먹을 것이라고 했으므로, 내용과 일치하지 않는 것은 ⑤이다.

Vocabulary

join 참여하다	event 행사
go for a walk 산책하다	pick up 줍다

12

정답 ⑤

Script

W: What are you searching for on the Internet?

인터넷으로 뭘 검색하니?

M: I am searching for how to cook a lemon cake.

레몬 케이크 만드는 방법을 검색하고 있어.

W: Why are you making a cake? Is someone's birthday coming up?

왜 케이크를 만들려고 해? 곧 누구 생일이니?

M: Yes. My mom's birthday is tomorrow.

응. 우리 엄마 생신이 내일이야.

W: Oh, that's great! So are you looking for a cookbook online?

오, 멋지다! 그래서 너 온라인에서 요리책을 찾는 중이야?

M: No. A lot of people put their own recipes online. I want to find an easy one to follow.

아니. 많은 사람들이 그들만의 레시피를 온라인에 올려놨어. 나는 따라 하기 쉬운 레시피를 찾고 싶어.

W: That's a good idea!

좋은 생각인걸!

Solution

남자는 엄마에게 드릴 생일 케이크 만드는 방법을 찾아보기 위해서 인터넷을 검색 중이다.

Vocabulary

search for ~을 검색하다	cookbook 요리책
recipe 레시피, 조리법	follow 따라 하다

13

정답 ②

Script

W: Hello. I'd like to buy some tickets.

안녕하세요. 표를 몇 장 사고 싶은데요.

M: Okay. How many tickets do you need?

네. 몇 장 필요하신가요?

W: Two adult tickets and two child tickets.

성인 두 장과 아이 두 장요.

M: How old are the children?

아이들은 몇 살인가요?

W: One is 8 years old and the other is 4 years old.

한 명은 8살이고 다른 한 명은 4살이에요.

M: Adults are $10, and children are $5. Children under five are free.

성인은 10달러이고 아이들은 5달러입니다. 5세 미만의 아이들은 무료입니다.

W: Then the total would be $25. Here's $30.

그럼 총 25달러이겠네요. 여기 30달러 있습니다.

M: Okay. Here's $5, your change.

네. 거스름돈 5달러 드릴게요.

Solution

여자는 성인 2장, 아이 2장의 표를 사고자 한다. 성인 표는 10달러이고, 아이 표는 5달러이나 한 아이는 4살이어서 무료이므로, 지불해야 할 금액은 총 25달러이다. 여자가 총 25달러에 대해 30달러를 지불했으므로 거스름돈은 5달러이다.

Vocabulary

ticket 표	under 미만의
total 총액, 총계	change 거스름돈

14

정답 ③

Script

W: Have you found out why the washing machine doesn't work well?

왜 세탁기가 잘 작동하지 않는지 알아냈나요?

M: Not yet. But the washing machine makes strange sounds like you said.

아직요. 하지만 말씀하신 대로 세탁기에서 이상한 소리가 나네요.

W: Yes, that's right.

네, 맞아요.

M: There's a problem but I can't find the reason

right now.
무슨 문제가 있지만 지금 당장은 그 원인을 찾아낼 수가 없네요.

W: Are you taking it to your repair center?
수리 센터로 가져가실 건가요?

M: Yes, I am. Is it okay with you?
네. 괜찮으시겠어요?

W: Yes. Please fix it well.
네. 잘 고쳐 주시길 부탁드려요.

세탁기 수리기사가 고객의 세탁기를 바로 수리할 수가 없어서 수리 센터로 가져가려는 상황이므로, 두 사람의 관계로 가장 적절한 것은 ③이다.

find out 알아내다   washing machine 세탁기
reason 이유   repair 수리

15

정답 ⑤

W: Have you heard about the team project contest? It's a contest for teams of two people.
팀 프로젝트 대회에 대해 들어봤니? 두 명이 한 팀이 되어 참여하는 대회야.

M: No, I haven't heard of it. Is there a theme?
아니, 들어본 적 없어. 주제가 있니?

W: Yeah. It's about finding ways to make our school cleaner.
응. 우리 학교를 더 깨끗하게 만드는 방법을 찾는 거야.

M: Sounds fun. Are you thinking of entering the contest?
재밌겠는걸. 너는 그 대회에 참여하는 것에 대해 생각 중이니?

W: Yes. Would you like to join me?
응. 나랑 같이 참여할래?

M: Sure. Let's do it together!
물론이야. 함께 해보자!

W: Okay. I'll get some materials for our contest.
응. 내가 우리 대회를 위한 자료를 좀 가져올게.

여자가 학교를 더 깨끗하게 만드는 방법 찾기에 관한 팀 프로젝트 대회에 참여할 예정으로, 남자에게 같이 참여해 보자고 제안을 하였다.

contest 대회   theme 주제
enter 참여하다   material 자료

16

정답 ②

M: Sarah, I am so sorry I'm late.
Sarah, 늦어서 정말 미안해.

W: It's okay. What happened? Did you miss the bus?
괜찮아. 무슨 일 있었니? 버스를 놓쳤니?

M: No, I didn't. My mom asked me to get something from my uncle right when I was about to leave.
아니, 버스를 놓치진 않았어. 내가 집을 막 나서려고 할 때 우리 엄마가 삼촌에게서 뭐 좀 받아오라고 부탁하셨거든.

W: So did you meet up with him?
그래서 삼촌은 만났어?

M: Yes. But he was little late. That's why I am late.
응. 하지만 삼촌이 약간 늦으셨어. 그게 내가 늦은 이유야.

W: I see. No worries. I already bought our movie tickets.
그랬구나. 걱정 마. 내가 이미 영화 티켓을 샀어.

M: Thank you. Let's get in there.
고마워. 들어가자.

남자는 여자를 만나기 전에 엄마의 부탁으로 삼촌을 만나기로 했으나 삼촌이 약간 늦게 오셔서 여자와의 약속에 늦었으므로 가장 적절한 것은 ②이다.

late 늦은   miss 놓치다
uncle 삼촌   worry 걱정

17

정답 ①

① M: Mom, my ice cream is melting.
엄마, 제 아이스크림이 녹고 있어요.

W: Don't worry. Let me wipe it for you.
걱정하지 말렴. 내가 닦아 줄게.

② M: I want to buy a new bicycle.
새 자전거 사고 싶어요.

W: No, you recently got one.
안 돼. 너 최근에 샀잖니.

③ M: I will make ice cream for Dad.
아빠를 위해 아이스크림을 만들 거예요.

W: You are such a good son.
너는 정말 좋은 아들이야.

④ M: My hands are so dirty from playing with clay.

점토를 갖고 놀아서 제 손이 너무 더러워요.

W: Go to the bathroom and wash your hands.
화장실에 가서 손을 닦으렴.

⑤ **M:** This bicycle is too big for me.
이 자전거는 저한테 너무 커요.

W: I think you can handle it.
나는 네가 다룰 수 있을 거라고 생각해.

남자가 먹는 아이스크림이 녹아 손에 흘러서 여자가 닦아 주고 있는 상황이므로 가장 적절한 대화는 ①이다.

melt 녹다	wipe 닦다
clay 점토	handle 다루다

18

정답 ②

W: Can I have your attention, please? Next week is *Saving Water* week. We're having this special week because *Earth Day* is approaching. All students and teachers at our school are encouraged to participate. First, when you're washing your hands in the restroom, turn off the water. Second, instead of running the water, use a cup to rinse your mouth. Thank you for listening.

주목해 주시겠어요? 다음 주는 *Saving Water* 주간입니다. '지구의 날'이 다가오고 있기 때문에 우리는 이 특별한 주간을 가지려고 합니다. 우리 학교의 모든 학생들과 선생님들이 참여하도록 장려됩니다. 우선, 화장실에서 손을 닦을 때 물을 잠그세요. 둘째, 물을 틀어 놓는 것 대신에, 입을 헹굴 때 컵을 사용하세요. 들어 주서서 감사합니다.

Saving Water 주간의 실시 기간은 다음 주이고, '지구의 날'이 다가와서 이 행사를 실시하며, 참가 대상은 모든 학생과 선생님들이고, 구체적인 실천 내용이 두 가지 제시되었으므로, 언급하지 않은 것은 ②이다.

attention 주목, 주의	approach 다가오다
encourage 장려하다	participate 참여하다

19

정답 ③

W: Scott, have you finished your homework?

Scott, 너 숙제 다했니?

M: Yes, I have, Mom.
네, 다했어요, 엄마.

W: Great. Do you want to go shopping with me? I am going to the department store.
잘했네. 너 나와 함께 쇼핑 갈래? 백화점 가려고 하는데.

M: Sure. I'll go with you.
물론이죠, 엄마. 저 같이 갈래요.

W: All right. Is there anything you need?
알겠어. 너 뭐 필요한 것 있니?

M: Yeah. I need a new pair of jeans. All of mine are really old.
네. 저 새 청바지가 필요해요. 모든 제 청바지가 정말 낡았어요.

W: Okay. Do you need anything else?
그렇구나. 다른 필요한 것 있니?

M: I need new shoes, too.
저는 새 신발도 필요해요.

여자는 남자와 함께 백화점으로 쇼핑을 가려는 상황에서 남자에게 새 청바지 외에 필요한 또 다른 것이 있는지 묻고 있으므로, 가장 적절한 것은 ③이다.

① 저는 엄마의 운동화가 좋아요.
② 저는 쇼핑 가는 것을 좋아하지 않아요.
④ 저는 이 청바지를 환불하려고요.
⑤ 저는 숙제를 끝내야 해요.

finish 끝내다	go shopping 쇼핑 가다
department store 백화점	need 필요하다

20

정답 ②

W: Dad, look at the beach! It's so pretty.
아빠, 해변 좀 봐요! 너무 예뻐요.

M: Yes, it is. Are you going to change into your swimsuit?
응, 예쁘네. 너 수영복으로 갈아입을 거니?

W: Yes. I'll go change in the bathroom.
네. 화장실에서 갈아입을 거예요.

M: Okay. And make sure you wear your swim goggles.
알겠어. 그리고 너 물안경 쓰는 거 잊지 말렴.

W: All right.
알겠어요.

M: And have you put on sunscreen?

그리고 너 선크림 발랐니?

W: No, I haven't yet. It's hard for me to put it <u>on my back</u>.
아니요, 아직 안 발랐어요. 제가 제 등에 선크림 바르는 것이 어려워요.

M: <u>Let me help you.</u>
내가 도와줄게.

여자가 수영을 하러 바다에 들어가기 전에 선크림을 바르지 않았는데 남자에게 자신의 등에 선크림을 스스로 바르는 것이 어렵다고 했으므로, 가장 적절한 것은 ②이다.
① 나는 그것이 필요하지 않아.
③ 나는 스낵을 원해.
④ 수영은 좋은 운동이야.
⑤ 너 수영복 새로 사야 할 것 같아.

Vocabulary

beach 해변　　　　　　swim goggles 물안경
put on 바르다　　　　　sunscreen 선크림
hard 어려운

 Fun with Comics　　　　　본문 95쪽

소년: 수미야, 여기서 뭐 하고 있니?	소년: 뭐? eye shopping? 넌 눈을 살 수 있니?
소녀: 오, Mike. 난 eye shopping 중이야.	
소녀: 오, 아니야. 난 아무것도 사지 않고 여기 주변을 단지 둘러보고 있을 뿐이야.	소년: 넌 window shopping을 의미하는구나. 계속하렴.
소년: 아하. 알겠다.	

How to Listen

– 그 펜 좀 집어 주렴.
– 새로운 선생님이 우리를 좋아하실까?

Mini **Check-up**

1. I'd like you to take <u>it</u> to the school.
   저는 당신이 그것을 학교로 가져다주었으면 해요.

2. She is going to make <u>an apple</u> pie.
   그녀는 사과 파이를 만들 예정이야.

 10회 영어듣기능력평가

본문 96~99쪽

01 ①	02 ②	03 ④	04 ③	05 ④
06 ②	07 ①	08 ⑤	09 ③	10 ④
11 ⑤	12 ⑤	13 ③	14 ②	15 ④
16 ⑤	17 ③	18 ②	19 ①	20 ⑤

01

정답 ①

M: Let's <u>have a look at</u> the weekly weather report in Seoul. It'll <u>rain cats and dogs</u> on Monday. So don't forget your umbrella <u>on your way to</u> work. On Tuesday there will be thunder and lightning. The weather will be sunny and hot from Wednesday through Friday. Saturday will be <u>partly cloudy</u> with a gentle wind.
서울의 주간 일기예보를 살펴봅시다. 월요일에는 비가 억수같이 내릴 것입니다. 따라서 출근길에 우산을 잊지 마세요. 화요일에는 천둥과 번개가 칠 것입니다. 수요일부터 금요일까지 날씨는 맑고 덥겠습니다. 토요일에는 부분적으로 구름이 끼고 바람이 약하게 불 것으로 예상됩니다.

토요일에는 부분적으로 구름이 끼고 바람이 약하게 불 것으로 예상된다고 했으므로 구름과 바람을 표현한 그림인 ①이 정답이다.

Vocabulary

weekly weather report 주간 일기예보
rain cats and dogs 비가 억수같이 퍼붓는다
thunder 천둥　　　　　　　lightning 번개
partly 부분적으로
a gentle wind 부드러운 바람[미풍]

02

정답 ②

M: Hannah, <u>how was school</u> today?
Hannah, 오늘 학교 어땠어?

W: Great! Dad, look at this! I drew this picture in my art class.
좋았어요! 아빠, 이것 좀 봐요! 제가 미술 시간에 이 그림을 그렸어요.

M: You did? The birds are so cute.
그랬어? 그 새들이 정말 귀엽구나.

W: At first, I thought of drawing cats. But I changed my mind.
처음에, 저는 고양이를 그리려고 생각했어요. 하지만 저는 마음을 바꿨어요.

M: It looks like the baby bird is talking to the mother bird. What do these letters mean?
아기 새가 어미 새와 이야기하고 있는 것 같구나. 이 글자들은 무엇을 의미하니?

W: They're the first letters of my name, Hannah, and Mom's name, Jane.
그 글자들은 내 이름 Hannah, 그리고 엄마 이름 Jane의 첫 글자들이에요.

아기 새가 어미 새와 이야기하고 있는 것 같다고 했으므로 새 두 마리가 있는지 확인한다. ①과 ② 중 Hannah와 엄마 이름 Jane의 첫 글자 H와 J가 제시되어 있는 ②가 가장 적절하다.

art class 미술 수업   cute 귀여운
letter 글자   mean 의미하다

03

정답 ④

M: Hey, what's up, Mandy? You look very happy.
이봐, 무슨 일이야, Mandy? 너 아주 행복해 보인다.

W: Yes, I am. My favorite music group is back with a new song.
응, 맞아. 내가 가장 좋아하는 음악 그룹이 새로운 음악으로 돌아왔거든.

M: Oh, cool! What's the title of the song?
오, 잘됐네! 그 노래의 제목이 뭐야?

W: It's 'Blue Sky.'
그건 'Blue Sky'야.

M: What is the song about?
그 노래는 무엇에 대한 거야?

W: It's about a teenager's really big dream.
한 십 대의 정말로 큰 꿈에 관한 이야기야.

M: I'd like to hear that song.
나도 그 노래를 듣고 싶어.

W: Let's listen to it together. Put these earphones on.
같이 들어보자. 이 이어폰을 껴.

자신이 가장 좋아하는 밴드가 새로운 음악을 발표했고, 남자가 여자에게 'You look very happy.'라고 말한 것으로 봐서 여자

의 기분이 좋은 상태임을 알 수 있다. 따라서 '신이 난, 들뜬, 흥분한'이라는 뜻의 ④가 여자의 심정을 가장 적절하게 설명해 주는 말이다.

① 속상한   ② 지루한
③ 걱정하는   ⑤ 긴장한

teenager 십 대(나이가 13~19세인 사람)
put on ~을 끼다[입다, 걸치다]   earphone 이어폰

04

정답 ③

M: Jisu, this is for you.
지수야, 이거 널 위한 거야.

W: Oh, thank you. What is it?
오, 고마워. 그게 뭔데?

M: It's a teacup candle. I made it at school yesterday.
그건 찻잔 양초야. 내가 어제 학교에서 그것을 만들었어.

W: Wow! It's so cute and it smells sweet. Was it easy to make?
와! 그것은 정말 귀엽고 달콤한 냄새가 나네. 만들기 쉬웠니?

M: Yes, it was. All I used was an old teacup and candle wax.
응, 그랬어. 내가 사용한 건 오래된 찻잔과 양초 왁스가 전부였거든.

W: I want to try making my own this weekend!
이번 주말에 내 것을 만들어 보고 싶어!

M: I'll text you how to make one.
어떻게 만드는지 내가 너에게 문자로 알려 줄게.

남자가 어제 학교에서 찻잔 양초를 만들었다고 이야기하고 있으므로 정답은 ③이다.

teacup 찻잔   candle 양초
smell 냄새가 나다   wax 왁스, 밀랍

05

정답 ④

M: Hello. How may I help you?
안녕하세요. 어떻게 도와드릴까요?

W: Hi. I'd like to ride a bike along the Han River.
안녕하세요. 저는 한강을 자전거로 돌아보고 싶어요.

M: Okay. The Han River bike path is great for biking.

좋습니다. 한강 자전거 길은 자전거 타기에 아주 좋아요.

W: That's good. How much is the rental fee?
그거 잘됐군요. 대여료가 얼마예요?

M: 5,000 won for a standard bike. For a two-person bike, it's 7,000 won.
일반 자전거는 5,000원입니다. 2인용 자전거는 7,000원입니다.

W: And is that per hour?
그게 한 시간 당인가요?

M: Yes, it is.
네, 그렇습니다.

W: Do I need to pay extra for a helmet?
헬멧을 사용하려면 추가 요금을 내야 하나요?

M: No. A helmet and a cellphone holder come with the bike for free.
아니요. 헬멧과 휴대전화기 거치대는 자전거와 함께 무료로 제공됩니다.

자전거 대여료와 헬멧, 휴대전화기 거치대 등에 관한 이야기를 나누고 있으므로 대화 장소는 자전거 대여점이다.

Vocabulary

ride 타다	bike path 자전거 도로
rental fee 대여료, 사용료	
cellphone holder 휴대전화기 거치대	

06

정답 ②

Script

W: Dad, I've already spent my allowance. Could you give me a little extra pocket money?
아빠, 제가 벌써 용돈을 다 썼어요. 저에게 용돈을 좀 더 주실 수 있나요?

M: Really? You just got your allowance yesterday. What did you spend it on?
정말? 어제 막 용돈을 받았잖아. 그걸 어디에 쓴 거니?

W: I bought some clothes for my field trip.
저는 체험학습을 위해 옷을 좀 샀어요.

M: Then why do you need more money?
그럼 왜 돈이 더 필요한 거야?

W: I'd like to get some ice cream with my friends later.
저는 그 후에 친구들과 아이스크림을 먹고 싶거든요.

M: Why don't you start planning your spending? You should learn how to save money.
지출 계획을 세우는 게 어때? 너는 돈을 저축하는 법을 배워야 해.

Solution
용돈을 옷을 사는 데 모두 써 버린 딸에게 아빠는 지출 계획을 세우고, 돈을 저축하는 법을 배워야 한다고 조언하고 있다.

Vocabulary

allowance 용돈	extra 추가의
pocket money 용돈	field trip 체험학습, 견학
spending 지출	save 저축하다

07

정답 ①

Script

M: Is the cookie dough ready?
쿠키 반죽이 준비되었니?

W: It seems like something's missing.
뭔가 빠진 것 같아.

M: Did you put everything?
모든 것을 넣었니?

W: I put butter, milk, eggs, and flour. Oh, my goodness. I forgot to add sugar!
나는 버터, 우유, 계란, 그리고 밀가루를 넣었어. 오, 맙소사. 내가 설탕 넣는 것을 잊었구나!

M: Oh my. Good thing we caught it. How much do you need?
오, 저런. 우리가 그것을 알아내서 다행이다. 얼마나 필요한데?

W: I added 1 kg of flour and 450 g of butter. I need the same amount of sugar as butter.
나는 밀가루 1kg과 버터 450g을 첨가했어. 나는 버터와 같은 양의 설탕이 필요해.

M: All right. I'll go get some.
좋아. 내가 가서 갖고올게.

Solution
여자가 쿠키 반죽을 만들기 위해 버터, 우유, 계란, 밀가루를 넣었지만, 아직 설탕을 넣지 않았다고 했으므로 남자가 가져올 물건은 설탕이다.

Vocabulary

dough 반죽	flour 밀가루
add 추가하다	catch 알아차리다
amount 양	

08

정답 ⑤

Script

W: Ryan, are you almost finished setting up Jane's birthday party?
Ryan, 너 Jane의 생일 파티 준비는 거의 다 끝냈니?

M: Yeah, just about.

응, 거의 다 됐어.

W: Great. So <u>have you hung</u> the balloons on the wall?

좋아. 그럼 풍선을 벽에 매달아 놨어?

M: Yes.

그래.

W: That's good. And did you put the drinks and cake in the fridge?

잘됐다. 그리고 음료수와 케이크를 냉장고에 넣었니?

M: No. I put them on the table outside.

아니. 밖에 있는 테이블 위에 올려놨는데.

W: It's pretty hot out and the <u>party doesn't start</u> for an hour, so you should put them in the refrigerator.

밖은 꽤 덥고 파티도 한 시간 동안은 시작하지 않으니까 그것들을 냉장고에 넣어 두어야 해.

M: Oh, I see. I'll <u>get on it.</u>

오, 알았어. 내가 처리할게.

Solution

파티 준비 점검 과정에서 여자가 날이 더워서 음료와 케이크를 냉장고에 넣어야 한다고 했고, 남자가 그렇게 하겠다고 언급하였으므로 대화 직후 남자는 곧바로 냉장고에 음식을 넣을 것이다.

Vocabulary

finish 끝내다, 마치다
set up (어떤 일이 있도록) 마련하다, 준비하다
just about 거의   hang 걸다
refrigerator 냉장고(=fridge)   get on 처리하다, 진행시키다

09

정답 ③

Script

M: What are you reading?

뭘 읽고 있니?

W: *Heidi*. It's a children's novel.

'하이디'. 그것은 아이들을 위한 소설이야.

M: Who's the writer?

작가는 누구니?

W: Johanna Spyri. She was a Swiss author. It was first <u>published</u> in 1881.

Johanna Spyri. 그녀는 스위스 작가였어. 그것은 1881년에 처음 출판되었어.

M: Who are the characters in the book?

그 책의 등장인물들은 누구니?

W: Heidi and Clara. Clara <u>couldn't walk</u>, and Heidi was her friend <u>who helped</u> her walk.

Heidi와 Clara야. Clara는 걸을 수 없었고, Heidi는 그녀가

걷도록 도와주었던 그녀의 친구였지.

M: I'd like to read it, too.

나도 읽고 싶어.

W: You should. The book also has cool illustrations. <u>You'll love it</u>, too.

꼭 읽어 봐야 해. 그 책에는 멋진 삽화들도 있어. 너도 그것을 정말 좋아할 거야.

Solution

'하이디'라는 책에 대하여 저자의 이름과 국적, 초판 출판 연도, 등장인물들은 소개되었으나 판매 부수는 언급되지 않았다.

Vocabulary

novel 소설   author 작가, 저자
publish 출판[발행]하다   illustration 삽화

10

정답 ④

Script

W: Do you want to <u>take perfect selfies</u>? Then use this application. It's <u>easy to use</u>. First download the app and open it. Then tap the camera icon to take the selfie. It has many <u>different kinds of</u> filters. You can also edit your selfies after taking them. You can whiten your teeth and brighten your eyes. This way, every selfie is perfect and <u>ready to share.</u>

완벽한 셀피를 원하시나요? 그렇다면 이 앱을 사용하세요. 그것은 사용하기 쉬워요. 먼저 앱을 내려받고 그것을 열어 보세요. 그런 다음 셀피 사진을 찍기 위해 카메라 아이콘을 살짝 두드리세요. 그것은 많은 다양한 종류의 필터를 가지고 있습니다. 셀피를 찍은 후에 편집할 수도 있습니다. 여러분은 이를 하얗게 하고 눈을 밝게 할 수 있습니다. 이런 식으로, 모든 셀피는 완벽하며 공유할 준비가 됩니다.

Solution

완벽한 셀피를 얻기 위한 셀피 앱과 그 기능을 안내하고 있으므로 정답은 ④이다.

Vocabulary

selfie 셀피(스마트폰 등으로 찍은 자신의 사진)
application 앱, 응용 프로그램
tap (가볍게) 톡톡 두드리다   whiten 하얗게 만들다
brighten 환하게 하다   share 공유하다

11

정답 ⑤

Script

W: Look at this ad. It's for a summer camp for

middle school students. How about signing up our kids for it?

이 광고 좀 봐요. 그건 중학생들을 위한 여름 캠프예요. 우리 애들을 등록시키는 게 어때요?

M: Okay. When is it?

좋아요. 그게 언제예요?

W: It's from July 4th to July 7th.

7월 4일부터 7월 7일까지예요.

M: That works. What will they do there?

좋아요. 그들은 거기서 무엇을 하나요?

W: They'll play sports and have campfires.

그들은 스포츠 경기를 하고 캠프파이어를 할 거예요.

M: Sounds like fun.

재미있을 것 같아요.

W: Yeah. And they're not allowed to use smartphones or any social media during the camp.

그래요. 그리고 그들은 캠프 기간 동안 스마트폰이나 어떤 소셜 미디어도 사용할 수 없어요.

M: Great! So they'll unplug from technology.

잘됐네요! 그럼 그들은 기술로부터 분리되겠군요.

Solution

중학생들을 위한 여름 캠프를 소개하는 광고를 보고 나누는 대화이다. 광고에는 캠프 기간, 하는 일 등이 소개되어 있으며 캠프 기간 동안 스마트폰, 소셜 미디어 등을 사용할 수 없으므로 기술과 단절된 생활을 해야 한다는 것을 알 수 있다. 따라서 ⑤가 대화의 내용과 일치하지 않는다.

Vocabulary

campfire 캠프파이어 　　social media 소셜 미디어
during ~ 동안 　　unplug 플러그를 뽑다
technology 기술

12

정답 ⑤

Script

[Cellphone rings.]
[휴대전화가 울린다.]

W: Hey, Tim. What's up?

이봐, Tim. 무슨 일이야?

M: Hi, Christie. Would you like to go volunteer plogging with me this weekend?

안녕, Christie. 이번 주말에 나랑 같이 플로깅 봉사활동 하러 갈래?

W: What's plogging?

플로깅이 뭔데?

M: It's jogging plus 'plocka upp.'

그건 조깅 더하기 'plocka upp'인데.

W: What does 'plocka upp' mean? Is it an English word?

'plocka upp'이 무슨 뜻이지? 그것은 영어 단어니?

M: Actually, it's a Swedish word. It means 'pick up.'

사실 그건 스웨덴어 단어야. 그건 '줍다'라는 뜻이야.

W: I see. So does plogging mean picking up something while jogging?

그렇구나. 그렇다면, plogging은 조깅하는 동안 무언가를 줍는 것을 의미하는 거니?

M: Yeah. Specifically, it means picking up trash. Do you want to do it with me this weekend?

그래. 구체적으로는 쓰레기를 줍는 것을 의미해. 이번 주말에 나랑 같이 할래?

W: Sure, I'd love to.

물론이지. 나도 하고 싶어.

Solution

남자가 여자에게 Would you like to go volunteer plogging with me this weekend?(이번 주말에 나랑 같이 플로깅 봉사활동 하러 갈래?)라며 주말에 함께 봉사활동을 하자고 제안하고 있다.

Vocabulary

volunteer 자원봉사 활동(을 하다)
actually 사실
Swedish 스웨덴어; 스웨덴 사람(의)
specifically 구체적으로 　　trash 쓰레기

13

정답 ③

Script

[Telephone rings.]
[전화벨이 울린다.]

W: *ABC Hotel.* How may I help you?

ABC 호텔입니다. 무엇을 도와드릴까요?

M: Hi, I'd like to book a room.

안녕하세요, 방을 하나 예약하고 싶은데요.

W: When would you like to stay?

언제 머무르시겠습니까?

M: On July 21st.

7월 21일에요.

W: All right. An ocean view room is 300 dollars per night. A standard room is 250 dollars.

좋습니다. 오션뷰 룸은 1박에 300달러입니다. 스탠더드 룸은 250달러입니다.

M: I'd like an ocean view room.

오션뷰 룸으로 하겠습니다.

W: Okay. Let me book that for you. And you'll get a 20 percent discount on that day.

좋아요. 그럼 그것을 예약해 드릴게요. 당신은 그날 20% 할인을 받으실 거예요.

M: Wow, it's a great deal.

와, 그것은 정말 싸네요.

Solution

바다가 보이는 방은 300달러인데 20% 할인되므로 60달러 할인 금액을 뺀 240달러를 지불하면 된다.

Vocabulary

book 예약하다

ocean view room 오션뷰 룸(바다가 보이는 객실)

per ~당[마다], 각[매] ~에 대하여   standard 일반적인, 보통의

discount 할인   deal 거래

14

정답 ②

Script

M: The next soccer match will be tough. We'll have to play our best.

다음 축구 경기는 힘들 거야. 우리는 최선을 다해 경기해야 해.

W: Okay. And we should practice a lot this week.

알겠습니다. 그럼 이번 주에는 연습을 많이 해야겠어요.

M: All right. We'll focus on some new offensive plays and defensive positions.

그래. 우리는 몇 가지 새로운 공격 플레이와 수비 포지션에 초점을 맞출 거야.

W: Sounds good. When should we practice next?

좋아요. 다음 연습은 언제 할까요?

M: We'll have practice on Wednesday morning.

수요일 아침에 연습할 거야.

W: Okay. I'll text the team to meet at the field at 8:30 a.m. on Wednesday.

알겠습니다. 수요일 오전 8시 30분에 경기장에서 만나기로 팀에게 문자 보내겠습니다.

M: I'll see you then.

그럼 그때 보자.

Solution

축구 경기와 축구 연습 일정 등에 대해 이야기를 나누고 있으므로 대화를 나누는 사람은 코치와 선수라고 볼 수 있다.

Vocabulary

match 경기, 시합   offensive 공격의

defensive 수비[방어]의   position 위치

text 메시지를 보내다

15

정답 ④

Script

W: Eric, can you do me a favor?

Eric, 부탁 하나만 들어줄래?

M: Sure. What is it?

물론이지. 부탁이 뭔데?

W: I can't find my badminton racket. I need one for my P.E. class tomorrow. Could you please lend me yours?

내 배드민턴 라켓을 못 찾겠어. 내일 체육 수업 시간에 필요한데. 너의 것을 빌려줄 수 있니?

M: Well, I don't have one. But my sister does.

글쎄, 난 없어. 하지만 내 여동생은 있어.

W: Oh. Could you ask her to lend me hers?

아. 그녀에게 자기 것 좀 내게 빌려주라고 부탁해 줄래?

M: Okay. I will. Then I'll bring it tomorrow to your classroom.

알았어. 그럴게. 그럼 내가 내일 너의 반에 그걸 가져다줄게.

Solution

체육 시간에 필요한 배드민턴 라켓을 찾지 못해 친구에게 빌려 달라고 부탁하는 내용의 대화이므로 여자가 남자에게 부탁한 일은 '라켓 빌려주기'이다.

Vocabulary

favor 부탁, 호의   P.E. class 체육 수업

lend 빌려주다   bring 가져오다

16

정답 ⑤

Script

W: Oh, Pete, didn't you go home earlier?

오, Pete, 너 아까 집에 가지 않았니?

M: Yes, I did, Ms. Brown. On my way home, I realized that I left my science notebook in my classroom.

네, 그랬어요, Brown 선생님. 집에 가는 길에, 제가 저의 과학 공책을 교실에 두고 온 것을 알게 되었어요.

W: You can pick it up tomorrow.

너는 그것을 내일 찾아가도 되잖아.

M: Yes, but I need it for my science project.

네, 하지만 과학 프로젝트를 위해서 그것이 필요하거든요.

W: Then I'll come with you.

그럼 나도 같이 가 줄게.

M: Thanks. Could you please open the classroom?

고맙습니다. 교실 문을 열어 주실 수 있을까요?

W: Sure. No problem.
물론이지. 문제없어.

Solution
과학 프로젝트를 위해서 필요한 과학 공책을 가지러 다시 교실로 가고 있으므로 남자가 학교에 다시 간 이유는 ⑤가 가장 적절하다.

Vocabulary
on one's way 가는[오는] 중인   notebook 공책
need 필요하다

17

정답 ③

Script

① **W:** How may I help you?
무엇을 도와드릴까요?

M: I'm looking for a gift box for a friend's birthday gift.
친구 생일 선물을 위한 선물 상자를 찾고 있어요.

② **W:** Would you like some popcorn?
팝콘 좀 드시겠어요?

M: Yes. I'd like some caramel popcorn.
네. 캐러멜 팝콘 주세요.

③ **W:** Wake up! It's already 7:30.
일어나렴! 벌써 7시 30분이야.

M: Oh, no! I'm so sleepy. I need more sleep.
오, 안 돼요! 너무 졸려요. 잠이 더 필요해요.

④ **W:** Be careful! The soup is really hot.
조심해! 수프가 매우 뜨겁단다.

M: Okay. I will.
네. 그럴게요.

⑤ **W:** Do you have this in a larger size?
이걸로 더 큰 치수 있나요?

M: Let me check. I'll be right back.
제가 확인해 볼게요. 곧 돌아올게요.

Solution
그림은 아침 시간에 엄마가 아들을 깨우고 있는 상황이다. 7시 30분이라고 하며 아들을 깨우고 있는 엄마의 말로 미루어 ③이 그림에 알맞은 상황이다.

Vocabulary
already 벌써   careful 조심스러운
be back 돌아오다   right 곧, 바로

18

정답 ②

Script

W: It's Minji's birthday in three days. We're going

to have a surprise party for her on that day. We're going to surprise her at 8 a.m. in her classroom. Let's meet at 7:30 in front of the school front entrance. You guys get the cake and balloons. I'll buy some candy and drinks. Do not tell Minji about the party.
3일 뒤면 민지 생일이야. 우리는 그날 민지를 위해 깜짝 파티를 열 예정이야. 오전 8시에 그녀의 교실에서 그녀를 놀라게 할 거야. 우리는 7시 30분에 학교 정문 앞에서 만나자. 너희들이 케이크와 풍선을 준비해. 내가 사탕과 마실 것을 살게. 절대 민지에게 파티에 대해 말하지 마.

Solution
파티 주인공, 장소, 만날 시각, 준비물은 언급되었으나 구체적인 날짜 정보는 제시되어 있지 않으므로 정답은 ②이다.

Vocabulary
in front of ~ 앞에서   entrance 입구, 출입구, 현관
candy 사탕, 단 것(사탕 및 초콜릿류)
drink 마실 것, 음료

19

정답 ①

Script

M: Hey, Jenny. Here's the menu. What do you want to eat?
안녕, Jenny. 여기 메뉴가 있어. 무엇을 먹고 싶니?

W: I'd like to have pizza or pasta.
나는 피자나 파스타를 먹고 싶어.

M: Then how about having pepperoni and onion pizza?
그럼 페퍼로니와 양파 피자를 먹는 건 어때?

W: But I don't like onions on my pizza.
하지만 나는 피자에 양파가 들어가는 것을 좋아하지 않아.

M: Then how about Gorgonzola pizza?
그럼 고르곤졸라 피자는 어때?

W: I've never tried it. What's on it?
나는 그것을 한 번도 안 먹어 봤어. 위에 뭐가 있는데?

M: It has only cheese. You can dip it in honey.
그것은 치즈밖에 없어. 꿀에 찍어 먹을 수 있어.

W: Okay. Let's order it.
좋아. 그것을 주문하자.

Solution
피자 토핑으로 양파를 좋아하지 않는 여자에게 치즈만 들어 있는 피자인 고르곤졸라를 권하고 있으므로 먹어 보겠다는 응답이 와야 자연스럽다. 따라서 정답은 '그것을 주문하자'라는 말인 ①이다.
② 그럼 피자를 먹자.

③ 난 디저트로 쿠키를 먹고 싶어.

④ 네가 가장 좋아하는 종류의 파스타는 무엇이니?

⑤ 점심으로 피자 어때?

Vocabulary

pepperoni 페퍼로니(소시지의 일종)

onion 양파   try 먹어 보다

dip 찍다

20

정답 ⑤

Script

W: May I help you?
도와드릴까요?

M: I'm looking for a winter jacket.
저는 겨울 재킷을 찾고 있어요.

W: We just got these ones in. They come in either black or white.
이것들이 방금 들어왔어요. 그것들은 검정색 또는 흰색으로 나옵니다.

M: Oh, they're both really nice. I especially like the white one. How much is it?
오, 둘 다 정말 좋아요. 저는 특히 흰색을 좋아합니다. 그것은 얼마인가요?

W: It's seventy dollars.
70달러입니다.

M: That's more than I was hoping to spend. Could you come down a little, please?
그것은 제가 쓰려고 하는 돈보다 좀 비싸네요. 조금 깎아 주시겠어요?

W: I'm sorry, but I can't go any lower.
죄송하지만, 더 깎아 드릴 수가 없어요.

M: Okay. Can I try it on?
알겠습니다. 제가 그것을 입어 봐도 될까요?

W: Sure. The fitting room is over there.
물론이죠. 탈의실은 저쪽에 있습니다.

Solution

옷을 입어 봐도 되느냐는 손님의 질문에 점원이 응답하는 내용이므로 탈의실에 대한 안내가 있는 ⑤가 어울리는 응답이다.

① 도와드릴까요?

② 이것은 얼마인가요?

③ 시계는 저쪽에 있습니다.

④ 물론이죠. 당신은 환불 받을 수 있습니다.

Vocabulary

come down (가격을) 내리다   try on 입어 보다

fitting room 탈의실   refund 환불

Fun with Comics

본문 105쪽

소녀: 방과 후에 너 무엇을 할 거야? 소년: 나 오늘 언약이 있어.	소녀: 다시 얘기해 줄래?
소녀: 너 나랑 같이 뭐 하는 거 어때? 소년: 미안, 나 지금 가 봐야 해. 소녀: 내일은 무슨 계획이 있니?	소년: 그래. 나는 친구와 예약이 있어.

How to Listen

– 나는 다음번에 더 잘할 거야.

– 추운 날이다.

Mini Check-up

1. I think it's not safe for you.
나는 그것이 너를 위해서 안전하지 않다고 생각해.

2. I guess so.
나는 그렇게 생각해.

고등예비과정

압도적인 선택! 고교 입문 1위!
예비 고1을 위한 특별한 학습전략

11회 영어듣기능력평가

01 ③	02 ③	03 ⑤	04 ③	05 ①
06 ②	07 ③	08 ①	09 ④	10 ④
11 ④	12 ⑤	13 ②	14 ①	15 ②
16 ③	17 ③	18 ①	19 ⑤	20 ⑤

01

정답 ③

Script

M: I went on a trip to Jeju Island last weekend. The weather forecast said it would be nice, but it was wrong. It said it would be sunny and hot, so we were going to go to the beach. However, as soon as we arrived at the airport, it began to pour. There was even thunder and lightning.
나는 지난 주말에 제주도로 여행을 갔다. 일기예보에서 날씨가 좋을 거라고 했는데, 그것은 틀렸다. 일기예보에서는 날씨가 화창하고 더울 거라고 해서 우리는 해변으로 수영하러 갈 예정이었다. 하지만, 우리가 공항에 도착하자마자, 비가 쏟아지기 시작했다. 심지어 천둥과 번개까지 쳤다.

Solution

날씨가 화창하고 더울 거라는 일기예보와는 달리 폭우가 내리고 번개가 쳤으므로 정답은 ③이다.

Vocabulary

go on a trip to ~로 여행을 떠나다
weather forecast 일기예보   as soon as ~하자마자
arrive at ~에 도착하다   airport 공항
pour (비가) 마구 쏟아지다

02

정답 ③

Script

W: Look. What do you think of that T-shirt?
봐. 저기 있는 티셔츠 어때?

M: The red one?
빨간 거요?

W: Yeah, the one with fireworks on it.
응, 불꽃놀이 무늬가 그려져 있는 것 말이야.

M: It's not my style.
그건 제 스타일이 아니에요.

W: How about the blue one?
파란색은 어때?

M: You mean the one with a large slice of watermelon on it?
큰 수박 한 조각이 있는 것 말이죠?

W: Yeah. You like blue.
응. 네가 파란색을 좋아하잖아.

M: Yeah, but I think the yellow one with flowers on it is really cool. I'd like to take it.
네, 하지만 꽃이 그려진 노란색이 정말 멋진 것 같아요. 그걸로 할게요.

Solution

남자는 꽃이 그려진 노란색 티셔츠를 사겠다고 했으므로 정답은 ③이다.

Vocabulary

firework 불꽃놀이   a slice of 한 조각의
watermelon 수박

03

정답 ⑤

Script

W: You got a new haircut, didn't you?
너 새로 머리 잘랐구나, 그렇지 않니?

M: Yeah.
그래.

W: It sounds like you don't like it.
네가 그걸 좋아하지 않는 것처럼 들리는데.

M: Well, I just wanted a trim, but my stylist cut it too short. I don't like it.
그냥 다듬고 싶었는데, 미용사가 너무 짧게 잘랐어. 나는 맘에 안 들어.

W: Maybe it's not what you wanted but it still looks good.
네가 원하던 건 아닐지 몰라도 좋아 보여.

M: But I have school tomorrow and I don't want my friends to see my hair so short.
하지만 내일 나는 학교에 가야 하는데 난 내 친구들이 내 머리가 이렇게 짧은 걸 안 봤으면 해.

W: Just relax. You look fine.
진정해. 너 괜찮아 보여.

Solution

새로 머리를 자른 남자가 머리 모양이 마음에 들지 않는다며 실망하고 있다.
① 지루한   ② 겁나는   ③ 기쁜
④ 신이 난, 들뜬   ⑤ 실망한

Vocabulary

haircut 이발, 머리 깎기   trim 다듬기
stylist 헤어 스타일리스트, 미용사 relax 진정하다, 안심하다

11회 정답과 해설 **75**

04

정답 ③

Script

W: Were you at home last night? I drove by your house and your lights were off.
어젯밤에 집에 있었니? 내가 차로 너희 집을 지나가는데 불이 꺼져 있더라.

M: No, I wasn't at home. I was out.
아니, 나는 집에 없었어. 나는 외출했었어.

W: Where were you at?
너는 어디에 있었는데?

M: I was at the movie theater with Jane. We saw the movie *Last Summer*.
나는 Jane과 함께 영화관에 있었어. 우리는 *Last Summer*라는 영화를 봤어.

W: Oh, cool. Did you like it?
오, 멋지다. 그거 괜찮았니?

M: Yeah, I really loved it. It has a really good story and fantastic music.
그래, 정말 좋았어. 그것은 정말 좋은 이야기와 환상적인 음악을 갖고 있어.

W: Cool. I want to see it, too.
멋지다. 나도 그 영화를 보고 싶다.

M: Yeah, you should.
그래, 꼭 봐야 해.

Solution

남자는 어젯밤에 친구와 함께 영화를 보았다고 말하고 있으므로 정답은 ③이다.

Vocabulary

movie theater 영화관
fantastic 기막히게 좋은, 환상적인
cool 멋진, 끝내주는

05

정답 ①

Script

W: What seems to be the problem?
뭐가 문제인 것 같아요?

M: I have a sore throat and cough.
목이 아프고 기침이 나요.

W: Anything else?
다른 증상은요?

M: Yeah. I also have a runny nose and headache.
네. 콧물과 두통도 있어요.

W: I see. I think you have a cold. I suggest that you go home and get some rest.

그렇군요. 제 생각에 당신은 감기에 걸린 것 같아요. 나는 당신이 집에 가서 휴식을 좀 취할 것을 제안합니다.

M: Okay, I will.
네, 그렇게 할게요.

W: Also, drink lots of warm water. And take some medicine. If you don't feel better in a couple of days, please come back.
또한, 따뜻한 물을 많이 마시세요. 그리고 약 좀 드시고요. 며칠 안에 몸이 좀 나아지지 않으면 다시 오세요.

M: All right. Thank you.
알겠습니다. 감사합니다.

Solution

남자가 감기 증상을 말하고 증상에 따라 의사 선생님이 처방을 내려 주고 있으므로 대화가 일어나고 있는 장소는 병원이 적절하다.

Vocabulary

seem ~인 것 같다, 보이다   sore throat 인후염
cough 기침   suggest 제안하다
medicine 약   a couple of 두서너 개의, 몇 개의

06

정답 ②

Script

M: Tom's angry at you. What happened?
Tom이 너에게 화가 났더라. 무슨 일이니?

W: Last night I found his diary on his desk.
어젯밤에 그의 책상 위에서 그의 일기장을 발견했어요.

M: So did you read it?
그래서, 그것을 읽었니?

W: Yeah. At least I started to. But then Tom came in the room and saw me reading it.
네. 적어도 저는 읽기 시작했죠. 그런데 그때 Tom이 방에 들어왔고 제가 그것을 읽는 것을 봤어요.

M: I think you need to apologize to him.
나는 네가 그에게 사과해야 한다고 생각해.

W: You're right. I felt bad so I baked some cookies for him. Dad, could you please give these cookies to him?
맞아요. 제가 후회되어서 그를 위해 쿠키를 구웠어요. 아빠, 이 쿠키 좀 그에게 전해 주시겠어요?

Solution

마지막 말에서 여자는 아빠에게 자신이 만든 쿠키를 Tom에게 대신 전해 달라고 부탁하고 있으므로 정답은 ②이다.

Vocabulary

at least 적어도   apologize 사과하다
feel bad 후회하다
bake (음식을) 굽다, (음식 등이) 구워지다

07

정답 ③

Script

[Telephone rings.]
[전화벨이 울린다.]

M: Hello. This is *Dress World*. How may I help you?
여보세요. *Dress World*입니다. 어떻게 도와드릴까요?

W: Hello. I bought a dress from your website.
여보세요. 저는 당신의 웹사이트에서 드레스를 한 벌 샀어요.

M: All right. Is there a problem with it?
그렇군요. 그것에 무슨 문제라도 있나요?

W: Well, I don't like the color, so I'd like to exchange it for a different color.
음, 색깔이 마음에 안 들어서 다른 색으로 교환하고 싶어요.

M: Okay. There's no charge for exchanging a dress for the same one in a different color. But you do have to pay for the delivery.
알겠습니다. 같은 드레스를 다른 색상으로 교환하시면 수수료가 없습니다. 하지만 배송비는 고객님께서 지불하셔야 합니다.

W: Okay. How long will it take to do the exchange?
알았어요. 제가 교환하는 데 얼마나 시간이 필요합니까?

M: About 5 days.
약 5일 정도요.

Solution

웹사이트에서 드레스를 샀는데 다른 색으로 교환하고 싶다는 내용이므로 여자가 교환할 것은 드레스이다.

Vocabulary

exchange 교환하다; 교환   charge 요금
delivery 배달, 배송

08

정답 ①

Script

W: Dean, I'm afraid it's going to rain all day.
Dean, 유감스럽게도 종일 비가 올 것 같아.

M: Oh, no! We're supposed to go to the amusement park.
오, 안 돼! 우리 놀이공원에 가기로 되어 있잖아.

W: I know. I think we need to change our plan.
맞아. 우리 계획을 바꿔야 할 것 같아.

M: What else can we do?
우리가 다른 무엇을 할 수 있을까?

W: We need to be indoors. How about going to the shopping mall?
우리는 실내에 있어야 해. 쇼핑몰에 가는 게 어때?

M: That's a good idea.
좋은 생각이야.

W: Let's go right away.
지금 바로 가자.

M: Okay.
알았어.

Solution

비가 와서 놀이공원에 가지 않고 대신 쇼핑몰에 가자고 제안하고, 여자가 마지막에 '지금 바로 가자'고 말하고 있으므로 대화를 마친 후 바로 다음에 할 일은 '쇼핑몰에 가기'이다.

Vocabulary

be supposed to ~하기로 되어 있다
amusement park 놀이공원   indoors 실내에서
right away 곧바로, 곧, 즉시

09

정답 ④

Script

W: Hello, Mr. Lee. Can you tell me about the UCC video contest?
안녕하세요, 이 선생님. UCC 영상 공모전에 대해 저에게 알려 주시겠어요?

M: Sure. What would you like to know?
물론이지. 무엇을 알고 싶니?

W: What's the topic?
주제가 뭐죠?

M: Korean culture. Anything such as K-pop, Korean movies, TV shows, or food.
한국 문화란다. K-pop, 한국 영화, TV쇼나 음식과 같은 것이지.

W: Can I enter the contest?
제가 대회에 참가해도 될까요?

M: Of course. All first and second year students can.
물론이지. 1학년과 2학년 학생들이 모두 참여할 수 있단다.

W: Great. How long do the videos have to be? And do I have to make subtitles?
좋아요. 영상은 얼마나 길어야 하나요? 그리고 자막을 만들어야 할까요?

M: Three to five minutes. If you speak English in the video, please add Korean subtitles.
3분에서 5분 정도. 네가 영상에서 영어로 말한다면, 한국어 자막을 달아 주렴.

Solution

UCC 영상 공모전에 관해 묻고 답하는 대화에서 UCC의 영상 주제, 참가 대상, 제출할 영상의 길이, 자막 추가에 대한 언급은

있었으나 영상 제출 방법은 나와 있지 않으므로 정답은 ④이다.

Vocabulary

topic 주제   culture 문화
such as ~과 같은   subtitle 자막
add 더하다

10

정답 ④

Script

M: Hello. Welcome to the library. I'm the librarian, Mr. Kim. I'd like to give you a few tips to keep our library quiet and pleasant. First, it's important to speak softly. Second, walk slowly and do not run in the library. Third, do not eat or drink anything in the library. Fourth, clean up after yourself, before you leave the library.
안녕하세요. 도서관에 온 걸 환영해요. 저는 사서인 김 선생님입니다. 우리 도서관을 조용하고 쾌적하게 유지하기 위한 몇 가지 방법을 안내할게요. 첫째, 조용하게 말하는 것이 중요합니다. 둘째, 도서관에서는 천천히 걷고 달리지 마세요. 셋째, 도서관에서는 어떤 것도 먹거나 마시지 마세요. 넷째, 도서관을 떠나기 전에 뒷정리를 하세요.

Solution

도서관을 조용하고 쾌적하게 유지하기 위해 지켜야 할 규칙을 안내하고 있으므로 남자가 하는 말의 내용은 도서관 에티켓에 관한 것이다.

Vocabulary

librarian 사서   a few 몇 가지의
pleasant 쾌적한, 즐거운, 기분 좋은
softly 조용히, 부드럽게
clean up after 뒤를 깨끗이 청소하다

11

정답 ④

Script

W: Mr. Yun, can you tell me about *Johnson's Flea Market*?
윤 선생님, 'Johnson의 벼룩시장'에 대해 말씀해 주실 수 있나요?

M: Sure. It opens on Sundays from 9 a.m. to 6 p.m. at *Central Square Park* on Johnson Street.
물론이죠. 그건 일요일마다 오전 9시부터 오후 6시까지 Johnson가의 *Central Square* 공원에서 진행됩니다.

W: How many sellers are there?
판매자는 몇 명입니까?

M: More than 100 sellers.
100명 이상이요.

W: Is there an entrance fee for the flea market?
벼룩시장에 입장료는 있나요?

M: No. It's free! Parking is also free and is first come first served.
아니요. 무료입니다! 주차도 또한 무료이며 선착순입니다.

Solution

Johnson의 벼룩시장의 입장료와 주차료는 둘 다 무료라고 했으므로 ④는 틀린 설명이다.

Vocabulary

flea market 벼룩시장   entrance fee 입장료
first come first served 선착순

12

정답 ⑤

Script

[Telephone rings.]
[전화벨이 울린다.]

W: Hello. *ABC Chicken*. How may I help you?
여보세요. *ABC* 치킨입니다. 무엇을 도와드릴까요?

M: Hi. I just ordered a boneless chicken wings combo for delivery.
안녕하세요. 방금 순살 닭 날개 콤보를 배달 주문했어요.

W: Okay. Do you want to add something to your order?
네. 주문에 무언가 추가하길 원하시나요?

M: No. I'd like to make a change. Instead of having it delivered, I'd like to pick it up myself.
아니요. 제가 바꾸고 싶은 게 있어요. 배달 받는 대신, 제가 직접 음식을 가져갈게요.

W: Alright. Can I have the last four digits of your phone number?
좋습니다. 당신의 전화번호 뒷자리 네 자리를 알려 주시겠어요?

M: Sure. 1118.
물론이죠. 1118입니다.

Solution

매장에 전화를 걸어 배달 주문했던 음식을 매장 방문 포장으로 바꾸는 내용이므로 ⑤가 정답이다.

Vocabulary

boneless 뼈가 없는   wing 날개
delivery 배달   deliver 배달하다
digit (0에서 9까지의 아라비아) 숫자

13

정답 ②

Script

W: Welcome to *Ocean Land*. What can I do for

you?

*Ocean Land*에 오신 걸 환영합니다. 무엇을 도와드릴까요?

M: Hi, how much does it cost to enter the water park?

안녕하세요, 워터파크에 입장하는 데 비용이 얼마나 드나요?

W: It costs 10 dollars. But it's the vacation season, so you can get a 20 percent discount.

10달러인데요. 휴가철이라 20% 할인을 받을 수 있어요.

M: Oh, good. When do you close today?

오, 좋아요. 오늘은 몇 시에 폐장하나요?

W: We close at 6 today.

오늘은 6시에 폐장합니다.

M: Thanks for the information.

정보 감사합니다.

W: My pleasure.

천만에요.

Solution

워터파크 입장료가 10달러인데 휴가철이라 20% 할인이 된다고 했으므로 남자가 지불할 금액은 8달러이다.

Vocabulary

enter 입장하다   vacation season 휴가철

information 정보   pleasure 기쁨

14

정답 ①

Script

W: Hello, sir. It's Seatbelt Safety Awareness month, so we're checking to see if everyone is wearing a seat belt. I see you're not wearing one.

안녕하세요. '안전벨트 안전 인식'의 달이라서, 우리는 모든 사람이 안전벨트를 매고 있는지 보려고 확인 중입니다. 당신은 안전벨트를 안 매고 계시군요.

M: Oh, I'm sorry. I forgot to put it on. I always wear it, but today I just completely forgot.

오, 죄송해요. 그것(안전벨트)을 매는 것을 잊었어요. 저는 항상 안전벨트를 하지만, 오늘은 완전히 잊어버렸네요.

W: Well, there's a fine for driving without a seat belt.

음, 안전벨트 없이 운전하면 벌금이 있어요.

M: How much is it?

얼마예요?

W: It is 30 dollars.

30달러요.

M: I see. How can I pay the fine?

알겠습니다. 제가 벌금을 어떻게 낼 수 있나요?

W: You can pay online using a credit card.

신용카드로 온라인 결제할 수 있습니다.

Solution

안전벨트를 매지 않아 단속에 걸린 운전자와 벌금에 대해 안내해 주는 경찰관이 나누는 대화이므로 정답은 ①이다.

Vocabulary

awareness (무엇의 중요성에 대한) 인식, 의식

put on 입다, 쓰다, 신다   fine 벌금; 벌금을 부과하다

credit card 신용카드

15

정답 ②

Script

W: My family is moving to New York next month.

우리 가족은 다음 달에 뉴욕으로 이사가.

M: Really? Why are you moving?

정말? 왜 이사해?

W: My dad found a new job there.

아빠가 그곳에서 새 직장을 구하셨어.

M: I'll miss you, but I'm happy for you and your family.

네가 그리울 거야, 하지만 너와 네 가족에겐 잘됐다.

W: Thanks. But I'm so worried.

고마워. 하지만 너무 걱정돼.

M: I understand. Moving is a big change, and it can be stressful.

이해해. 이사하는 것은 큰 변화이고 많은 스트레스를 줄 수 있지.

W: Yeah. How will I make new friends?

그래. 내가 어떻게 새 친구들을 사귈 수 있을까?

M: Try joining a club at your new school. That's a great way to make new friends.

너의 새 학교에서 동아리에 가입해 봐. 그것은 새로운 친구들을 사귈 수 있는 좋은 방법이야.

Solution

뉴욕으로 이사를 가게 된 친구에게 새 친구들을 사귀는 방법으로 동아리에 가입할 것을 제안하고 있으므로 정답은 ②이다.

Vocabulary

move 이사가다   stressful 스트레스가 많은

join 가입하다, 참가하다   make friends 친구를 사귀다

16

정답 ③

Script

W: Jim, where are you heading?

Jim, 어디 가고 있어?

M: I'm going to the science lab.
나는 과학 실험실에 가고 있어.

W: Why's that?
왜?

M: I have a science debate.
과학 토론 대회가 있거든.

W: That's on Friday though, isn't it?
하지만 그건 금요일인데, 그렇지 않니?

M: Yeah, but my team is meeting and deciding on our debate order.
맞아, 하지만 우리 팀은 만나서 토론 순서를 정할 거야.

W: I see. What's the debate topic?
알겠어. 토론 주제가 뭐니?

M: It's 'Will robots increase our quality of life?'
주제는 '로봇이 우리의 삶의 질을 높일 수 있을까?'야.

W: Sounds interesting.
재미있겠다.

Solution

금요일에 있을 과학 토론 대회를 위해서 팀원들의 토론 순서를 정할 것이라고 했으므로 정답은 ③이다.

Vocabulary

science lab 과학 실험실, 과학실   debate 토론, 토의, 논의
increase 높이다   quality 질

17

정답 ③

Script

① W: What's wrong with your leg?
다리가 왜 그래?

M: I hurt it while playing soccer.
축구 경기 중에 다쳤어.

② W: What time do I need to get up?
제가 몇 시에 일어나야 하나요?

M: You should wake up at 6 a.m.
너는 아침 6시에 일어나야 한다.

③ W: I'd like to return these books.
이 책들을 반납하고 싶은데.

M: You can return them in the book drop. It's right there.
도서 반환통을 이용해서 책들을 반납할 수 있어. 그것은 바로 저쪽에 있어.

④ W: Let's listen to this song. It's by my favorite band.
이 음악을 들어보자. 내가 좋아하는 밴드 거야.

M: Okay. Sounds cool.
좋아. 멋있겠다.

⑤ W: Can I try this dress on?
제가 이 드레스를 입어 봐도 될까요?

M: Yeah. The fitting room is right over there.
네. 탈의실은 바로 저쪽에 있어요.

Solution

그림은 도서관 밖에 있는 도서 반환통을 이용해서 책을 반납하라는 내용을 묘사하고 있으므로 이 그림의 상황에 가장 적절한 대화는 ③이다.

Vocabulary

return 반납하다
book drop 도서 반환통, 도서 반납함
try on 입어 보다   fitting room 탈의실

18

정답 ①

Script

W: Attention, please. This is the campus broadcasting station with an announcement. We do a school radio broadcast every Friday from 1 p.m. to 1:30 p.m. during lunchtime. If you want to request a song, please fill out a song request form. In the form, please write your name, the song you want to hear, and why that song is special to you. We will give out snacks by lottery to the people who hand in their song requests.
안내 말씀 드리겠습니다. 캠퍼스 방송국에서 알려드립니다. 우리는 매주 금요일 오후 점심시간에 1시부터 1시 30분까지 학교 라디오 방송을 합니다. 노래를 신청하고자 하면, 음악 신청 양식을 작성해 주세요. 양식 안에 여러분의 이름, 듣고 싶은 노래, 그리고 왜 그 노래가 여러분에게 특별한지를 적어 주세요. 신청곡을 제출해 주신 분들께 추첨을 통해 간식을 드립니다.

Solution

방송 요일, 시간, 음악 신청서 작성 방법, 음악 사연 제공자에 대한 선물 등은 안내 내용에 포함되어 있으나 방송 진행자에 대한 내용은 제시되어 있지 않으므로 정답은 ①이다.

Vocabulary

broadcasting station 방송국
announcement 알림, 공고   broadcast 방송; 방송하다
lunchtime 점심시간   request 신청하다; 신청
lottery 추첨   hand in 제출하다

19

정답 ⑤

Script

W: Jim, what happened to your forehead? It's black

and blue.

Jim, 이마가 왜 그래? 시퍼렇게 멍들었네.

M: Something happened this morning. It's <u>really embarrassing</u>.

오늘 아침에 일이 벌어졌는데. 정말 당황스러운 일이거든.

W: What happened?

무슨 일인데?

M: When my homeroom teacher called out my name, I stood up and <u>walked to the front</u> of the classroom.

담임 선생님이 내 이름을 부르셔서, 나는 일어서서 교실 앞쪽으로 걸어갔어.

W: What happened next?

그다음에 무슨 일이 있었어?

M: I <u>tripped and fell</u>. Then I bumped my head on a table. It hurt really bad.

내가 발을 헛디뎌서 넘어졌어. 그리고는 테이블에 머리를 부딪쳤어. 너무 아팠어.

W: <u>I'm sorry to hear that.</u>

그거 안됐구나.

친구가 넘어져서 이마를 부딪쳐 멍이 든 상황을 말하고 있고 매우 아팠다고 했으므로 이에 대한 응답으로 유감의 뜻을 전하는 ⑤가 가장 적절하다.
① 잘됐다.
② 축하해!
③ 천만에.
④ 그게 무슨 말이야?

Vocabulary

forehead 이마   embarrassing 당황스러운
trip 발을 헛디디다   fall 넘어지다
bump 부딪치다

20

정답 ⑤

Script

M: Look at that! There's a 'Sold out' sign in the ticket box office window.

저것 좀 봐! 매표소 창구에 '매진'이라는 표시가 있어.

W: Oh, no. I've wanted to see this movie <u>for so long</u>.

오, 안 돼. 난 이 영화를 너무 오랫동안 보고 싶었어.

M: Me, too. I was really <u>looking forward to</u> it.

나도 그래. 나는 그 영화를 정말 기대하고 있었어.

W: Well, there's nothing we can do. Maybe we can

see it next week.

글쎄, 어쩔 수 없지. 아마도 다음 주에는 그 영화를 볼 수 있을 거야.

M: Yeah, let's come again next week. <u>What shall we do today instead?</u>

응. 다음 주에 다시 오자. 대신 오늘 뭐 할까?

W: <u>How about taking a walk in the park?</u>

공원에서 산책하는 것은 어때?

Solution

영화를 보러 간 두 친구가 영화 티켓이 매진되었다는 것을 알고 다른 할 일을 생각하고 있으므로 What shall we do today instead?(대신 오늘 뭐 할까?)라는 질문에 대한 응답으로 ⑤가 가장 적절하다.
① 나는 그 표를 산 것을 후회해.
② 직장을 잃었다니 안됐다.
③ 병원에 가 보는 게 어때?
④ 다음 주제로 넘어갈까?

Vocabulary

sold out (콘서트 · 시합 등의) 표가 매진된
sign 표시, 표지판   box office (극장의) 매표소
look forward to 고대하다   instead 대신

Fun with Comics   본문 115쪽

손님: 카스테라(castera) 있어요?	손님: 음… 카스텔라(castella) 있어요?
점원: 다시 말씀해 주시겠어요?	점원: 없는 것 같습니다.
손님: 앗, 저것이 내가 원하는 것이에요.	손님: 스펀지 케이크요?
점원: 오, 스펀지 케이크!	점원: 네. 그것을 스펀지 케이크라고 불러요.

How to Listen

– 당신이 그녀를 소개시켜 주시겠어요?
– 만나서 반갑습니다.

Mini Check-up

1. Did you finish your homework?
   너는 너의 숙제를 끝냈니?
2. I thought it made you happy.
   나는 그것이 당신을 기쁘게 할 거라 생각했어요.
3. Would you like some bread?
   빵 좀 드시겠어요?
4. I bet you'll win!
   나는 네가 이길 거라고 확신해!

01 ⑤	02 ①	03 ③	04 ④	05 ②
06 ④	07 ⑤	08 ③	09 ⑤	10 ④
11 ②	12 ④	13 ④	14 ⑤	15 ③
16 ⑤	17 ⑤	18 ④	19 ③	20 ⑤

01

정답 ⑤

Script

W: Hello, everyone. Let's have a look at today's weather around the world. Beijing is extremely cloudy. It's raining in Hong Kong right now. Thunder and storms are expected in Istanbul later today. It's sunny in Rome right now. It's perfect there for outdoor activities.
안녕하세요, 여러분. 오늘의 세계 날씨를 살펴봅시다. 베이징은 매우 흐립니다. 홍콩은 지금 비가 오고 있어요. 오늘 늦게 이스탄불에 천둥과 폭풍이 올 것으로 예상됩니다. 로마는 지금 날씨가 맑습니다. 그곳은 야외 활동을 하기에 완벽합니다.

Solution

로마의 현재 날씨는 맑으며 야외 활동을 하기에 완벽하다고 했으므로 정답은 ⑤이다.

Vocabulary

have a look at ~을 한 번 슬쩍 보다
extremely 매우
storm 폭풍
thunder 천둥
outdoor 야외의

02

정답 ①

Script

W: All of the puppies in this picture are so cute.
이 사진 속 강아지들이 모두 귀엽네.

M: One of them is mine.
그것들 중 하나는 내 거야.

W: Really? Which one is yours? Is it the one rolling a ball?
정말? 어느 강아지가 너의 것이야? 그것은 공을 굴리고 있는 강아지니?

M: No. My puppy isn't playing with a ball.
아니. 내 강아지는 공을 가지고 놀고 있지 않아.

W: Oh, then is this puppy yours? The one with a blue ribbon on its tail.
오, 그럼 이 강아지가 너의 것이니? 꼬리에 파란 리본을 달고 있는 거 말이야.

M: No. My puppy is wearing a red ribbon on her neck.
아니야. 내 강아지는 목에 빨간 리본을 달고 있어.

W: Ah, this one. She's so cute.
아, 이거구나. 아주 귀여워.

Solution

남자의 강아지는 공을 가지고 놀고 있지 않으며 빨간 리본을 목에 달고 있는 것이므로 ①이 정답이다.

Vocabulary

puppy 강아지
tail 꼬리
roll 굴리다
neck 목

03

정답 ③

Script

M: Jimin, you seem down. Is everything okay?
지민아, 너 풀이 죽어 보이네. 모든 것이 괜찮니?

W: Not really.
그렇진 않아.

M: What's wrong?
무슨 일이야?

W: Well, I don't think I'm going to win the English speech contest today.
글쎄. 나는 오늘 영어 말하기 대회에서 우승할 것 같지 않아.

M: You've practiced a lot though. I think you have a good chance of winning.
그래도 너는 연습을 많이 해 왔잖아. 나는 네가 우승할 가능성이 크다고 생각해.

W: But I'm worried that I'll forget my speech. And last night I had a sore throat, so I couldn't practice.
하지만 나는 내가 말할 것을 잊어버릴까 봐 걱정돼. 그리고 어젯밤에 나는 목이 아파서 연습할 수가 없었거든.

M: It's okay. You can do it!
괜찮아. 넌 할 수 있어!

Solution

목이 아파서 연습을 제대로 못 한 상태로 영어 말하기 대회에 참가해야 하므로 여자의 심정은 ③이 적절하다.
① 화가 난   ② 행복한   ③ 초조한
④ 놀란   ⑤ 당황한

Vocabulary

speech 말, 연설
though (문장 끝 또는 속에 와서) 그래도, 그러나
chance 가능성
sore throat 인후염, 인두염

04

Script

W: Do you like basketball?
너는 농구 좋아하니?

M: Yeah! I always play it after school. How about you?
그래! 나는 방과 후에 항상 농구를 해. 너는 어때?

W: I don't like basketball very much. I really like swimming though.
나는 농구를 별로 좋아하지 않아. 난 그래도 수영을 아주 좋아해.

M: Really? Do you swim every day?
정말? 너는 매일 수영을 하니?

W: Not every day. I take swimming lessons three times a week, on Monday, Wednesday, and Friday.
매일은 아니고. 나는 일주일에 세 번 월요일, 수요일, 금요일에 수영 강습을 받아.

M: Oh, so you went swimming yesterday, didn't you?
오, 너 어제 수영 갔겠네, 그렇지 않니?

W: Yes, I did. Yesterday was Friday.
응, 그랬지. 어제는 금요일이었잖아.

Solution

여자는 일주일에 세 번 월, 수, 금요일에 수영 강습이 있는데, 어제가 금요일이었고 수영을 갔었다고 했으므로 정답은 ④이다.

Vocabulary

after school 방과 후에
take lessons 수업을 받다
three times a week 일주일에 세 번

05

Script

W: Mr. Kim, may I touch the artworks here?
김 선생님, 제가 여기서 예술 작품을 만져봐도 될까요?

M: No. And try not to get too close, either. You may bump into them.
아니. 그리고 너무 가까이도 가지 않도록 하렴. 그것들과 부딪힐 수도 있으니까.

W: Okay. Can I drink water here?
네. 제가 여기서 물을 마셔도 되나요?

M: No, you can't. No food, drink, or gum is allowed inside.
아니, 안 돼. 음식, 음료, 껌은 안에서 허용되지 않아.

W: May I take photos of the works of art?
예술 작품의 사진을 좀 찍어도 될까요?

M: Yes, but not with flash. And be sure to walk. Don't run. And talk quietly with your friends. Let's go inside.
그래, 하지만 플래시는 사용하지 말아라. 그리고 꼭 걸어라. 뛰지 말아라. 그리고 친구들과 조용히 말하렴. 안으로 들어가자.

Solution

예술 작품 관람에 앞서 지켜야 할 규칙에 대해 묻고 답하고 있으므로 대화 장소는 ②이다.

Vocabulary

touch 만지다
bump into ~과 부딪히다
inside ~의 안(으로)
be sure to 꼭[반드시] ~하다
artwork 예술 작품
allow 허용하다, 허락하다
work of art 예술품, 작품

06

Script

W: Roy, what do you usually do on weekends?
Roy, 너는 주말에 보통 무엇을 하니?

M: I usually play baseball on Saturday morning. I also often cook with my little brother.
나는 토요일 아침엔 주로 야구를 해. 난 또한 종종 남동생과 함께 요리해.

W: Oh, you like cooking? Jane and I are going to an international food festival this Saturday. Would you like to come?
오, 너 요리하는 거 좋아하니? Jane과 나는 이번 토요일에 국제 음식 축제에 갈 거야. 너도 올래?

M: What time are you going there?
너희들 몇 시에 거기 갈 거야?

W: We're meeting at 12:30 at the bus stop.
우리는 12시 30분에 버스 정류장에서 만날 거야.

M: I have a lunch appointment at that time. I'm afraid I can't make it.
그 시간에 나 점심 약속이 있어. 아쉽지만 못 갈 거 같아.

Solution

남자는 마지막에 점심 약속이 있다면서 아쉽지만 갈 수 없다고 했으므로 거절의 의도로 말한 것이다.

Vocabulary

international 국제적인, 국제의
bus stop 버스 정류장
make it (모임 등에) 가다, 참석하다
festival 축제
appointment 약속

07

W: Tim, did you pack some sunscreen in your bag?
Tim, 가방에 자외선 차단제 좀 넣었니?

M: No. I want to get a suntan.
아니요. 저는 선탠하고 싶어요.

W: Well, be sure to take some mosquito spray.
그럼 모기 스프레이를 가지고 가는 것을 잊지 마라.

M: But there's not enough room in my bag for it.
하지만 제 가방에 그것을 위한 충분한 공간이 없어요.

W: Don't you remember all of the mosquito bites you got when you went camping last year?
작년에 캠핑 갔을 때 네가 물린 모기 자국 모두 기억 안 나니?

M: Yeah, okay. I'll make room for mosquito spray.
네, 알겠어요. 제가 모기 스프레이를 위한 공간을 좀 만들게요.

W: And what about a flashlight?
그리고 손전등은?

M: I don't need one. We're not going out for a night hike.
필요 없어요. 우리는 야간 하이킹을 가지 않거든요.

남자는 선탠을 하고 싶어서 자외선 차단제가 필요 없다고 했고, 야간 산행이 없어서 손전등을 갖고 가지 않겠다고 했다. 그러나 모기 스프레이는 꼭 가지고 가겠다고 했으므로 정답은 ⑤이다.

sunscreen 자외선 차단제   suntan 선탠, 볕에 그을음
mosquito spray 모기 스프레이
bite (짐승이나 곤충에게) 물린[쏘인] 상체[자국]
room 공간, 자리   flashlight 손전등

08

W: I signed up for the school cooking club. It's called *Frying Friends*. Do you want to join, too?
나 학교 요리 동아리에 가입했어. 그건 *Frying Friends*라고 불려. 너도 같이할래?

M: I'd love to, but I'm not a very good cook.
그러고 싶지만, 나는 요리를 잘 못 해.

W: Don't worry. You can learn how to cook in the club.
걱정하지 마. 너는 그 동아리에서 요리하는 법을 배울 수 있어.

M: When is the first meeting?
첫 모임이 언제야?

W: It's at 3:30 in the afternoon on Wednesday.
수요일 오후 3시 30분에 있어.

M: Okay. I'll sign up for the club right now.
알았어. 지금 바로 그 동아리에 가입할게.

W: Great!
좋아!

여자가 요리 동아리에 함께 가입할 것을 제안하였고 남자는 이를 수락하며 대화의 마지막 부분에서 지금 바로 동아리에 가입하겠다고 했으므로 대화 직후에 할 일은 ③이다.

sign up 가입하다, 등록하다   cook 요리사; 요리하다
right now 즉시, 당장

09

W: You know what? A huge shopping mall is opening nearby.
그거 알아? 근처에 거대한 쇼핑몰이 문을 열 거야.

M: Awesome!
그거 좋은데!

W: It is a yellow colored tall building. It has 70 small stores.
그것은 노란색으로 칠해진 높은 건물이야. 70개의 작은 상점들이 있어.

M: Cool. When is the mall opening?
멋지다. 쇼핑몰이 언제 문을 여는데?

W: It's opening next Wednesday, on June 30th. And there's going to be a big opening sale.
6월 30일, 다음 주 수요일에 문을 열 거야. 그리고 대규모 개업 기념 할인 판매가 있을 거야.

M: Really? I'd love to go there. Do you know the business hours?
정말? 나도 거기 가고 싶어. 그것의 영업 시간을 아니?

W: It's going to be open from 10 a.m. to 8 p.m.
그 쇼핑몰은 오전 10시부터 오후 8시까지 문을 열 거야.

M: I can't wait to go!
빨리 가고 싶다!

새로 문을 여는 쇼핑몰에 관한 대화로 건물 색깔, 매장 수, 개장일, 영업 시간에 관한 내용은 있으나 구체적인 주소는 언급되지 않았으므로 정답은 ⑤이다.

huge 커다란   nearby 근처의, 인근의
awesome 좋은, 멋진   business hour 영업 시간
can't wait 기다릴 수 없다, 너무 하고 싶다

10

정답 ④

Script

M: Hello! Welcome to *Sunshine Campground*. To maintain the fun and safety of everybody, please follow these rules. First, do not walk through other people's campsites. Instead, walk around them. Second, don't be noisy at night. Please keep the noise down. Lastly, make sure you throw out your trash. If you have any questions or need help, please visit the office.

안녕하세요! *Sunshine Campground*에 오신 것을 환영합니다. 모두의 즐거움과 안전을 유지하기 위해, 다음 규칙들을 따라 주세요. 첫째, 다른 사람의 캠프장을 가로질러 지나다니지 마세요. 대신, 그들 주변으로 걸어 다니세요. 둘째, 밤에 시끄럽게 하지 마세요. 소리를 낮춰 주세요. 마지막으로, 반드시 쓰레기를 버려 주세요. 질문이 있거나 도움이 필요하면 사무실로 방문해 주세요.

Solution

캠핑 공간, 소음 관리, 쓰레기 처리 등 캠프장에서 지켜야 할 규칙들을 안내하고 있으므로 정답은 ④이다.

Vocabulary

campground 캠프장, 야영지   maintain 유지하다
campsite 캠프장, 야영지   throw out 버리다
trash 쓰레기

11

정답 ②

Script

M: Rita, where did you go for your family trip?
Rita, 가족 여행은 어디로 갔니?

W: We went to London.
우리는 런던에 갔어.

M: Cool. When did you go there?
멋지다. 언제 그곳을 방문했니?

W: We went there in July.
우리는 7월에 그곳에 갔어.

M: How long did you stay there?
거기 얼마나 머물렀어?

W: We stayed there for 14 days.
우리는 그곳에서 14일 동안 머물렀어.

M: What did you do there?
거기서 무엇을 했어?

W: We watched a soccer game and visited the British Museum.
나는 축구 경기를 보고 대영 박물관을 방문했어.

M: What did you eat there?

그곳에서 무엇을 먹었니?

W: We ate a lot of fish and chips.
피시 앤 칩스를 많이 먹었어.

Solution

가족 여행으로 런던에 14일 동안 머물렀으므로 1주일간 머물렀다는 ②는 대화 내용과 일치하지 않는다.

Vocabulary

stay 머무르다   the British Museum 대영 박물관
fish and chips 피시 앤 칩스(생선 살에 튀김옷을 입혀 튀긴 것과 감자 튀김을 함께 먹는 음식)

12

정답 ④

Script

[Cellphone rings.]
[휴대전화가 울린다.]

W: Hi, Bruno. What's up?
안녕, Bruno. 무슨 일이야?

M: Hey, Grace. Are you free next Saturday afternoon?
안녕, Grace. 다음 주 토요일 오후에 시간 있어?

W: Yes. Why?
응. 왜?

M: I have two tickets for a musical. Would you like to go?
뮤지컬 표가 두 장 있어. 함께 갈래?

W: Sure! What musical?
물론이지! 무슨 뮤지컬인데?

M: *Anne of Green Gables.*
*Anne of Green Gables*야.

W: Wow, I can't wait. Thanks for inviting me.
와, 너무 기대돼. 초대해 주어서 고마워.

M: My pleasure. How about having lunch before the musical? There are a lot of nice restaurants around the theater.
천만에. 뮤지컬 전에 점심 먹는 거 어때? 극장 주변에는 멋진 식당이 많이 있어.

W: Sounds great. Lunch is on me.
좋아. 점심은 내가 살게.

Solution

남자는 여자에게 뮤지컬 표가 있다고 함께 가자고 제안하고 있으므로 정답은 ④이다.

Vocabulary

free 한가한   invite 초대하다
restaurant 식당   theater 극장
be on (사람)이 돈을 내다

13

Script

W: Excuse me, sir. Can I ask you something?
실례합니다. 제가 당신에게 뭐 좀 여쭤봐도 될까요?

M: Sure. Go ahead.
그럼요. 말씀하세요.

W: It's my first time here. I'm looking for *Dr. Park's Animal Hospital*. My cat is sick.
제가 여기 처음 와 봐서요. 저는 'Dr. Park의 동물병원'을 찾고 있어요. 제 고양이가 아프거든요.

M: Oh, I'm sorry to hear that. You're now on the second floor. You need to go up two more floors.
오, 정말 안됐군요. 당신은 지금 2층에 있습니다. 두 층 더 올라가셔야 합니다.

W: Oh, the animal hospital is on the fourth floor.
아, 동물병원은 4층에 있군요.

M: Exactly. Get off the elevator and turn right. You'll see it right away.
맞아요. 엘리베이터에서 내려서 오른쪽으로 도세요. 바로 보일 거예요.

Solution

현재 2층에 있고 두 층 더 올라가라고 했으므로 동물병원은 4층에 있다는 것을 알 수 있다.

Vocabulary

go ahead (허락, 진행) 그렇게 하세요, 어서 하세요
look for ~을 찾다
exactly (맞장구치는 말로) 맞아[바로 그거야], 정확히
get off 내리다

14

Script

W: Hello. Welcome to *Rainbow Second-hand Cars*. Are you looking to buy a car?
안녕하세요. *Rainbow* 중고차에 오신 것을 환영합니다. 차를 사려고 구경 중이세요?

M: Yes, I am. Could you help me?
네, 그렇습니다. 좀 도와주시겠어요?

W: Sure. What kind of car do you want?
물론이죠. 어떤 종류의 차를 원하세요?

M: I'm looking for a sedan.
저는 세단을 찾고 있어요.

W: How about this one? It's only two years old. It has a sunroof and power windows.
이것은 어떠세요? 그것은 단지 2년 동안 사용되었어요. 그것

은 선루프와 파워 윈도우를 가지고 있습니다.

M: Oh, it's exactly what I want. How much is it?
그게 바로 제가 원하는 거예요. 얼마예요?

W: It's 16,000 dollars.
16,000달러입니다.

M: Okay. It is in great condition. Can I pay by credit card?
좋아요. 그것은 상태가 아주 좋군요. 신용카드로 지불해도 될까요?

Solution

2년 동안 사용한 중고 자동차에 대해 소개해 주고 있으므로 중고차 판매원과 고객 사이의 대화라는 것을 알 수 있다.

Vocabulary

second-hand 중고의
sedan 세단형 자동차, 일반적인 4개의 문을 가진 승용차
sunroof (자동차의) 개폐식 천창 달린 지붕(=sunshine roof)

15

Script

W: Minsu, what are you doing?
민수야, 뭐 하고 있니?

M: I'm working on my math homework. My math teacher gave us a lot of homework.
난 수학 숙제를 하고 있어. 수학 선생님이 우리에게 숙제를 많이 내주셨거든.

W: How's it going?
어떻게 돼가?

M: Not very well. I'm having difficulty solving a few of these questions.
그다지 좋지는 않아. 나는 이 문제들 중 몇 가지를 푸는 데 어려움을 겪고 있어.

W: Let me see.
어디 보자.

M: Do you think you can help me? I really need your help.
나 도와줄 수 있을 거 같아? 난 정말 너의 도움이 필요하거든.

W: Sure. I have about an hour before I need to go to my tennis lesson.
물론이지. 테니스 강습 가기까지 한 시간 정도 남았어.

Solution

수학 숙제 중에 몇 가지 문제를 푸는 데 어려움을 겪는 남자가 여자에게 도움을 요청하고 있으므로 정답은 ③이다.

Vocabulary

work on (해결하기 위해) ~에 애쓰다, 공들이다
difficulty 어려움   solve (문제·수수께끼 등을) 풀다

16

정답 ⑤

Script

W: Did you get tickets to your favorite group's concert?
네가 가장 좋아하는 그룹의 콘서트 티켓을 구했니?

M: Please don't ask.
묻지 마세요.

W: Why not?
왜?

M: I couldn't get tickets. I was checking out and about to pay for them but then there was a disaster.
티켓을 구하지 못했어요. 내가 확인하고 계산을 하려는데 끔찍한 일이 있었어요.

W: What happened?
무슨 일이 일어났는데?

M: Suddenly the Internet shut down.
갑자기 인터넷 연결이 끊겼어요.

W: No way!
말도 안 돼!

M: And then after the Internet started working again, the tickets were already sold out.
그러고 나서 인터넷이 다시 작동하기 시작한 후, 티켓은 이미 매진됐어요.

W: I'm sorry to hear that. Hopefully some tickets will get canceled.
그 말을 들으니 안됐다. 일부 티켓이 취소되기를 바라.

Solution

남자가 자신이 좋아하는 콘서트 티켓 비용을 계산하기 직전에 갑자기 인터넷이 끊겨서 티켓을 구하지 못했으므로 정답은 ⑤이다.

Vocabulary

be about to 막 ~하려 하다   disaster 끔찍한 일, 재해, 재난
shut down (기계가) 멈추다, 정지하다
sold out 매진인   hopefully 바라건대
cancel 취소하다

17

정답 ⑤

Script

① W: What do you want to have?
무엇을 드시겠어요?

M: I'd like to have a cheeseburger and a cola.
치즈버거랑 콜라 한 잔 주세요.

② W: How do I look in this dress?
이 드레스 입으니 저 어때요?

M: Oh, you look great!
오, 멋져 보여요!

③ W: Jake, what are you doing?
Jake, 뭐 하고 있어요?

M: I'm packing for my trip to Busan.
부산 여행을 위해 짐을 싸고 있어요.

④ W: May I come in?
제가 들어가도 될까요?

M: Sure. Come and sit down.
물론이죠. 와서 앉으세요.

⑤ W: How can I help you?
무엇을 도와드릴까요?

M: Can I have something good for a cough?
기침에 좋은 것 좀 주시겠습니까?

Solution

그림은 약국을 묘사한 것으로, 기침 증상을 호소하는 남자가 약사에게 기침에 좋은 약을 요청하는 대화가 어울린다.

Vocabulary

pack 짐을 싸다   come in 들어가다
sit down 앉다   cough 기침

18

정답 ④

Script

W: Do you want to make an excellent speech? Preparing for a great speech takes a long time. It requires planning a few weeks beforehand. First, choose a topic, the main idea, and an interesting opening. Then add some images, tables, graphs or photos. And work on using good hand gestures and speaking confidently and clearly. And do your speech in front of a friend to practice making eye contact with the audience.
여러분은 훌륭한 연설을 하고 싶나요? 훌륭한 연설을 준비하는 것은 오랜 시간이 걸립니다. 그것은 몇 주 전에 계획을 세워야 합니다. 먼저 화제, 주제, 그리고 흥미로운 오프닝을 고르세요. 그리고 이미지, 표, 그래프 또는 사진들을 추가하세요. 그리고 좋은 손동작을 사용하고 자신감 있고 분명하게 말하는 것을 연습하세요. 그리고 청중들과 눈을 마주치는 연습을 하기 위해 친구 앞에서 연설을 해 보세요.

Solution

훌륭한 연설을 위해 준비할 수 있는 일들로 소개된 것 중 재미있는 농담의 준비에 대한 언급은 없으므로 정답은 ④이다.

Vocabulary

require 필요로 하다, 요구하다 beforehand 사전에, ~ 전에 미리
topic 화제, 주제 main idea 주제
confidently 자신 있게 clearly 분명하게, 확실히
eye contact 시선을 마주침 audience 청중

19

정답 ③

Script

W: Is everything going okay with your science report?
과학 보고서는 잘 되고 있니?

M: Well, I'm a little stressed out. I still need to do some research at the library.
글쎄, 나는 조금 스트레스를 받아. 나는 여전히 도서관에서 조사를 좀 해야 하거든.

W: If you need help, let me know.
네가 도움이 필요하면 나에게 알려줘.

M: Oh, really? Can you please help me find some books?
오, 정말? 그럼 책 찾는 거 도와줄 수 있니?

W: Sure. I have time for that. Let's go to the library.
응. 그럴 시간이 있어. 도서관에 가자.

M: Thanks a lot. You saved my life.
정말 고마워. 네가 나를 살렸다.

W: I'm glad I could help you.
도와주게 되어 기뻐.

Solution

과학 보고서를 위해 책을 찾는 것을 돕겠다는 친구에게 고마움을 표했을 때 친구가 대답할 수 있는 말은 '도와주게 되어 기쁘다'라는 내용인 ③이 가장 적절하다.
① 아마 다음 주말쯤.   ② 안됐구나.
④ 실망했겠다.   ⑤ 다른 것을 찾아보자.

Vocabulary

stressed out 스트레스로 지친, 스트레스가 쌓인
research 연구 조사
save (죽음 · 손상 · 손실 등에서) 구하다

20

정답 ⑤

Script

M: Hey, Jihee. What are you doing?
이봐, 지희야. 뭐 하고 있어?

W: I'm signing up for volunteer work.
봉사활동을 신청하고 있어.

M: What kind of volunteer work?
어떤 종류의 봉사활동인데?

W: I'm going to help cook and serve food to homeless people at a shelter.
나는 보호소에 있는 노숙자들에게 요리하고 음식을 대접하는 것을 도울 거야.

M: Really? I'd like to join you.
정말? 나도 함께하고 싶어.

W: Okay, cool.
좋아, 잘됐다.

M: How can I sign up?
어떻게 신청해야 해?

W: Visit this website and fill out the form.
이 웹사이트를 방문해서 양식을 작성해.

Solution

봉사활동을 함께하고 싶어 신청 방법을 묻는 친구에게 대답할 수 있는 말은 웹사이트를 방문하여 봉사활동 양식을 작성하라는 내용인 ⑤가 가장 적절하다.
① 33번 버스를 타.
② 그것은 너에게 많은 도움이 될 수 있어.
③ 밖에 나가서 찾아보자.
④ 너는 어떤 봉사활동을 했니?

Vocabulary

sign up 신청하다 volunteer work (자원) 봉사활동
homeless 집 없는 shelter 쉼터, 보호소
visit 방문하다 fill out 작성하다

 Fun with Comics 본문 125쪽

약사: 어떻게 도와드릴까요?	약사: 밴드요??
소년: 밴드 주세요	소년: 네. 손가락 베었을 때 그것을 사용하잖아요.
약사: 아, 알겠어요. 붕대를 말하는 거군요, 맞지요?	약사: 밴드가 아니라, 붕대 혹은 일회용 밴드라고 불러요.
소년: 붕대요?	소년: 아, 그렇군요.

How to Listen

– 당신의 표를 가져오세요.
– 나는 그들을 좋아해.

Mini Check-up

1. There's some water for our students.
우리 학생들을 위한 약간의 물이 있어요.

2. I'll tell her the truth.
내가 그녀에게 진실을 말할 거예요.

3. She loves him.
그녀는 그를 사랑합니다.

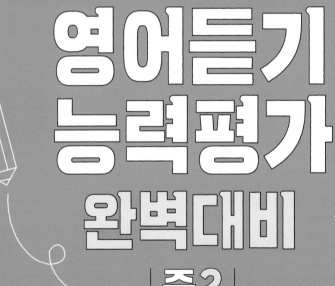

EBS

중학

전국 시·도교육청 주관 영어듣기능력평가 실전 대비서

영어듣기
능력평가
완벽대비

중2

+ **수학 전문가 100여 명의 노하우로 만든**
  수학 특화 시리즈

+ **연산 ε ▸ 개념 α ▸ 유형 β ▸ 고난도 Σ 의**
  단계별 영역 구성

+ **난이도별, 유형별 선택으로**
  사용자 맞춤형 학습

기본부터 심화까지 **단계별 수학**

연산 ε(6책) | **개념 α**(6책) | **유형 β**(6책) | **고난도 Σ**(6책)

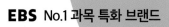

EBS No.1 과목 특화 브랜드

필독

중학 국어로 수능 잡기

✦ **필독** 중학 국어로 수능 잡기 시리즈

문학 ― 비문학 독해 ― 문법 ― 교과서 시 ― 교과서 소설